"博学而笃志，切问而近思。"

（《论语》）

博晓古今，可立一家之说；
学贯中西，或成经国之才。

1905

复旦博学·复旦博学·复旦博学·复旦博学·复旦博学·复旦博学

作者简介

　　张海鹰，男，复旦大学新闻学院教授。1983年毕业于北京广播学院新闻系，1991年毕业于英国威尔士大学加的夫学院，获新闻学硕士学位。1983年起在上海人民广播电台从事广播新闻工作，曾参与筹办上海人民广播电台英语台并主持工作。1993年加入香港《大公报》，任该报驻上海办事处主任、高级记者。1998年起在复旦大学新闻学院任教。

新 闻 与 传 播 学 系 列 教 材／新 世 纪 版

博學

网络传播概论新编

新　编

张 海 鹰　编著

JC

复旦大學 出版社

内 容 提 要

　　随着计算机网络技术的发展及其带来的巨大社会影响，网络传播已成为社会关注的热点，同时也成为多门学科的研究重点。进入21世纪以来，网络传播技术的发展之迅速，令人目不暇接。网络传播从技术到应用已不仅仅是互联网，还包括移动通信、传统传播网络（如广播电视网、有线电视网）的数字化以及传统媒体的数字化。而互联网本身，也从Web1.0向Web2.0发展，一些新技术、新应用不仅是对传统媒体的挑战，甚至也是对所谓"第四媒体"的挑战。本书吸收了20世纪90年代以来，国内外传播学研究者有关网络传播的研究成果，追踪新技术的发展，重新审视网络传播，将研究的视角从互联网扩展到移动媒体以及Web2.0应用等领域。

　　本书理论联系实际，内容丰富，语言深入浅出，可作为新闻传播专业的教材，也可作为新闻媒体（包括网络媒体）从业人员以及计算机网络管理人员和网络用户的辅助、参考读物。

　　本书配有多媒体教学资源，包括教学课件及电子书，教师可填写书后的反馈表索取。

目　录

绪　论

今天的世界丰富多彩,今天的世界瞬息万变,今天的世界充满了不确定因素而使人困惑。美国著名学者曼纽尔·卡斯特在《千年终结》一书中开宗明义地指出,世纪之交"是一个变动的时刻"。他写道:"在20世纪后1/4期间,一场以信息为中心的技术革命,改变了我们思考、生产、消费、贸易、管理、沟通、生活、死亡、战争,以及做爱的方式。一个动态的全球经济已经在地球各处建构起来,将全世界有价值的人及活动联结在一起……一个真实虚拟的文化,围绕着相互影响、日益加强的视听宇宙被构建起来,渗透到每一处精神表征和沟通传播中,以电子超文本整合文化的丰富性。"①20世纪最后十年,以互联网为代表的网络传播技术的发展,无疑在世界的变动中发挥了重要作用。

由于历史的原因,中国的工业化进程与西方先进国家相比相差好几十年,尽管改革开放正在缩小这方面的差距。然而,在计算机网络特别是互联网的应用和普及上,中国与西方发达国家的差距并不大。这一方面是中国改革开放以来经济高速发展的结果,另一方面也说明了后进国家可以利用信息和传播技术实现跨越式发展。

随着网络技术的发展和互联网应用的普及及其带来的巨大社会影响,网络传播本身成为社会关注的热点,同时也成为多门学科的研究重点。20世纪90年代末以来,我国的传播学研究者发表了大量有关网络传播的研究论文,出版了众多的相关专著和教材,为网络传播的健康发展提供了理论依据。但是,作为实践的总结和升华,理论与实践相比往往是滞后的。而网络传播技术的发展之迅速,更有令人目不暇接之感,一些所谓"前瞻性"的研究又往往经不起实践的检验。以网络传播为例,我国学者在20世纪末21世纪初的研究均以互联网为主要对象,

---

① 曼纽尔·卡斯特:《千年终结》,社会科学文献出版社,2006年,第1页。

对网络传播的界定也局限于互联网。这在当时是无可厚非的。然而，在实践中，网络传播从技术到应用不仅仅是互联网，还包括移动通信、传统传播网络（如广播电视网、有线电视网）的数字化、传统媒体的数字化（如手机报、手机电视等）。而互联网本身，也从 Web1.0 向 Web 2.0 发展，一些新技术、新应用不仅是对传统媒体的挑战，甚至也是对所谓"第四媒体"的挑战。因此，我们认为，在 21 世纪第一个十年即将结束的时候，对网络传播的研究再仅仅局限于互联网是远远不够的。我们的视野应该放得更开，在追踪技术发展以及技术发展给人类传播带来新的变化的同时，重新审视网络传播，对网络传播的发展、影响和前景进行更全面的梳理、研究和探索。当然，这不是一项轻松的任务，但毫无疑问，应该是一个努力的方向。基于这样的理念，本书将所讨论的网络传播界定为：人类利用计算机和现代通信技术进行的数字化信息传播。网络传播得以实现的物质基础是通信网络、广播电视网络和计算机网络，它提供的是双向互动的多媒体信息的交流、传播和共享的平台。当然这一界定也还需要实践的检验，但这是本书对网络传播进行研究和探讨的出发点。

自从 20 世纪 60 年代日本学者提出"信息社会"这一概念以来，尽管对信息社会的定义尚未统一，但已没有人怀疑当今世界已经进入了信息时代。本书第一章从信息社会最基本的要素——信息开始，讨论了信息革命、信息社会和信息技术。今天渗透到世界各个角落的网络传播，是人类 20 世纪最伟大的发明之一——现代计算机技术与现代通信技术相结合的产物。而网络传播的蓬勃发展，在世界范围内形成了信息化的浪潮。改革开放的中国抓住了这一机遇，正在开创符合中国国情的信息化发展道路。

第二章在简要回顾了计算机发展的前世今生后，讨论了计算机和计算机网络，特别是国际互联网的发展及其技术特征。中国自从 1994 年 4 月正式连入互联网以来，见证了网络传播的爆炸性发展。到 2008 年初，根据官方统计数字，中国的网民人数超过了 2.21 亿，居世界第一。这一章还讨论了互联网的基本服务，包括 E-mail、Usenet、BBS 和网上聊天等。

第三章主要讨论网络传播的功能和特征。首先对网络传播的界定进行讨论，在回顾了早期研究中对网络传播的界定之后，根据网络传播技术和网络传播活动实践的发展提出新的界定。早期互联网的主要传播方式是点对点的人际传播,而今天的互联网已经将传统传播环境中各自独立的大众传播和人际传播融为一体,并且模糊了两者的界限。这一章分别讨论了网络传播的大众传播和人际传播的功能和特征,以及在全球化背景下,网络传播给不同国家的信息主权、不同民族的文化发展带来的新挑战。

1998 年 5 月,联合国新闻委员会年会将互联网确定为继报刊、广播和电视之后的"第四媒体"。十年来,互联网的发展速度远远超过了传统媒体,并显示出在信息传播方面的明显优势和发展潜力。第四章回顾了网络媒体的发展,讨论了门户网站、个人网站和博客以及各类传统媒体网站等网络媒体的传播特征,并且重点讨论了十余年来中国网络媒体的发展和现状。

"信息爆炸"是信息社会的特征之一。今天,信息已不再是稀缺资源,相反,面对汪洋大海般的信息,如何便捷地获取、检索、利用并对信息进行正确的评估,对不良信息进行过滤,成为网络传播活动中的新问题。第五章就这些问题展开讨论,介绍了网络信息资源的获取方法、主要的搜索引擎、网络信息的评估标准以及网络不良信息的过滤等问题。

进入 21 世纪,移动终端已经成为人们日常生活、娱乐、工作所不可缺少的工具。对于许多人来说,原本作为移动状态下人际交流工具的手机,借助于计算机网络技术,已经成为他们的"贴身媒体"。第六章"移动媒体"回顾了移动通信从模拟的"大哥大"到 3G 的发展,讨论了手机短信、手机上网、手机报纸和手机电视等手机媒体的功能及其便携性、私密性、普遍性和精准性等传播特点。

对于一些网络媒体来说,广告是其重要的经济收入来源。第七章回顾了网络广告的发展和现状,分析了网络广告不同于传统广告的新特点和新理念,介绍了网络广告的多种表现形式和网络广告的评估与计费。网络广告从无到有,发展迅速,但是在整个广告市场所占的份额还相当有限,这一方面显示了网络广告巨大的发展潜力,另一方面也说明网络广告的发展还存在问题。在我国,主要问题表现为网民的构成对网络广告来说不尽理想,与网络广告密切相关的电子商务还有待于进一步发展,特别是对网络广告的监管力度还有待加强。

第八章将网民作为考察对象。作为网络传播的主动参与者,网民是网络传播研究的主要对象。与传统大众传播的受众不同,网民不再被动地处于信息的接收端,而是主动上网获取信息,并与传播者平等交流。网民作为"网络社会公民"的表述已被广泛接受。这一章在分析了我国网民的构成、网络行为以及心理特征之后,讨论了网民参与网络传播而形成的网络社区,包括网络社区与现实社区的区别及其相互关系,以及网络社区的虚拟性、跨地域、人性化和开放性等特征。

网络传播的发展形成的网络公共空间已成为普通公民与政府之间的沟通平台,给社会带来了新的政治形态,同时也给传统的政治管理模式带来了新的问题和挑战。第九章就这一问题展开讨论。随着互联网应用的普及而兴起了一种崭新的政治参与类型即网络政治参与,而网络舆论是公民通过网络来表达意愿,近年来我国网络舆论在社会生活中发挥了越来越大的作用,甚至在某种程度上影响到政府的决策。当然,网络舆论本身存在的局限性也是不容忽视的。保证公民享有知情权是电子政务的主要功能之一,而电子政务的发展推动了政府管理逐步从工业社会的传统模式向信息社会新的政府管理模式转变。从全球看,网络信息的传播突破了国家和地区的边界,从而改变了国际关系和国家安全环境,信息安全已成为网络社会国家安全的核心因素。对此世界各国已经高度关注,为了保持我国的长治久安,我们必须在网络这个虚拟空间中筑起我们新的长城。

如同一切技术进步一样,网络也是一把"双刃剑"。网络上的色情内容、病毒危害、黑客入侵以及各种网络犯罪这些网络传播带来的负面影响不容忽视。第十章讨论了网络传播的社会控制,认为必须从道德伦理和技术、法规等多层面对人们的网络行为进行规范。但是由于网络传播的特性,以及各个国家和地区的历史文化、经济发展水平和社会政治制度的不同,不可能有一个统一的标准,这给打击网络犯罪、净化网络传播环境带来很大的困难。目前除了采取一些技术手段以外,还必须加强网络道德和法规建设。世界各国已经开始重视并着手制定一些法律、法规,我国也不例外。当然,随着技术的进步和网络传播的发展,建设力度还有待加强。

最近几年,一个新的概念——Web 2.0 成为一个热门话题。对于Web 2.0,人们的认识还不统一,Web 2.0 是否代表了网络传播新的发展方向,本书最后一章就这一问题进行了探讨。在介绍 Ajax、RSS 和Tag 等 Web 2.0 的主要技术基础之后,就目前最常用的 Web 2.0 具体应用,包括博客(Blog)、维客(Wiki)、网络大众分类(Folksonomy)和社会交友网站展开讨论,在此基础上,对 Web 2.0 的本质做了一些初步的探讨。

网络传播涉及人类社会生活的各个方面,而本书所讨论的仅仅是其中很小的一部分。随着网络传播技术的发展和整个社会的进步,网络传播本身及其与社会的关系也在不断发展变化之中。根据实践的发展,不断追踪新技术,不断进行理论探索,是一项长期的任务,需要网络传播从业人员和理论工作者的共同努力。

第一章

信息革命和信息社会

　　人类社会正在经历一场前所未有的科技革命。以计算机、通信和信息技术为支柱的网络以其迅速发展,将人类带入信息社会,走向新的文明。各种网络将世界各国、各地区连为一体,形成一个崭新的信息和通信网络系统,以更快的速度传递和处理在数量上日益增多的各种数据、信息和知识,人们在工业化社会形成的生产方式、工作方式和生活方式将从根本上被改变。随着高新技术的发展和知识经济的形成,一个数字化的网络社会已经出现在地平线上,真正意义上的"地球村"的形成也为期不远了。

　　从根本上说,作为信息传输的载体和介质,计算机网络首先是一个技术概念,但是随着技术的发展,网络延伸到社会的各个角落,扩展到人类交往的各个方面,为人类提供了一个崭新的信息交流平台。

第一节　信息与信息革命

　　今天迅速发展的网络传播是人类历史上最新一次信息革命的产物。

　　信息,无时不在,无处不在。信息与物质和能源一起成为组成宇宙的三大要素。在我国古典文学作品中,五代南唐诗人李中在《暮春怀故人》中有这样的诗句:"梦断美人沉信息,目穿长路依楼台。"唐代诗人杜牧在《寄远》一诗中也提到了"信息":"塞外音书无信息,道傍车马起尘埃。"这里的"信息"指的是音信、消息,与我们今天的"信息革命"、"信息社会"所涉及的信息概念相去甚远。

随着科学技术的进步,特别是信息传播技术的发展,"信息"被作为一个科学的概念提了出来。

1838 年,美国人莫尔斯(Samnel Finlay Breese Morse)发明了莫尔斯电码,采用点和划的组合来表示字母、数字和标点符号,创造了一种把复杂的信息转化为点、划两种信号的新技术。1844 年 5 月 24 日,他在从华盛顿到巴尔的摩的电报线上传递了人类历史上第一条电报信息"上帝创造了何等的奇迹!"(What hath god Wrought!)莫尔斯电码成为人类历史上第一种忽略内容而只在信道上传递形式信号的共同语言。莫尔斯的电报在发送过程中有一个现象令人费解,就是同样的信号通过架空的电线发送,其效果要比通过埋在地下的电线发送好得多。这引起很多物理学家的研究兴趣。1875 年,贝尔发明了电话,这一新的通信方式很快得到了普及。同样,信号在通过电线传输中遇到的问题也引起了科学家的关注。这些研究为现代信息科学的诞生打下了基础。

1948 年,美国数学家克劳特·香农(C. E. Shannon)发表了著名论文《通信的数学理论》。香农认为,通信的功能就是减少通信人的不确定性,信息量也就是接收者收到信息后消除不定性的量。一般来说,接收者收到某一信息后,不一定能消除所有的不定性,只是减少了不定性。因此,他将信息定义为"两次不定性之差"。香农的论文还给出了信息传输问题的一系列重要结果,建立了比较完整的系统的信息理论,即狭义信息论。香农理论以概率论为工具,刻画了元信源产生的数学模型,描述了信道传输信息的过程;给出了量度概率信息的公式和表征信道传输能力的容量公式;此外还建立了信息传输的编码定理。香农的这篇论文被认为是信息论诞生的标志。

几乎与此同时,另一位美国数学家诺伯特·维纳(N. Wiener)也发表了题为《时间序列的内插、外推和平滑化》的论文以及专著《控制论》。他们两人分别解决了狭义信息的度量问题,并且得到了相同的结果。维纳认为,信息既不是物质,也不是能量,信息就是信息。人们正是通过获取信息来区别不同的事物,从而认识世界和改造世界的。

半个多世纪以来,人们在信息科学领域进行了全方位的研究,以至于对信息本身的科学定义也存在很多争议,学术界对信息的定义多达百余个。这些定义都从不同的角度反映了信息本身的某种特征。而目前比较倾向一致的定义是系统论对信息的概括,即:信息是对客观事物变化和特征的反映;是客观事物之间相互作用和联系的表现;是客观事物经过感知或认识后的再现①。

信息是一种资源,而且是不同于物质和能量的特殊资源。信息的主要特性有以下七种。

(1)客观性:信息反映了客观事物的特征和变化,以及客观事物之间的相互作用和关系,因此具有客观性。而且信息本身也是客观存在的,是可以被感知和传播的。

(2)可处理性:信息是可以被加工处理的。为了使信息便于检索,可以对信息进行分类、组织等有序化处理,经过处理的信息可以用语言、文字、声音、图像等不同形式再生成。

(3)可识别性:人们可以通过感官对信息进行直接识别,也可以通过各种技术手段对信息进行间接识别。

(4)可存储性:人类最早通过大脑记忆对信息进行储存,随着技术的进步,储存信息的载体大大增加。通过储存,人们可以对信息进行加工并在不同的时间、地点加以利用。

(5)可传输性:信息可以通过一定的载体和信道进行传输。

(6)时效性:信息反映了事物的存在方式和运动状态,因而某些反映事物最新变化的信息具有很强的时效性。也就是说,一条信息可能在某一时刻价值很高,而过了这一时刻则可能一文不值。

(7)共享性:信息不同于一般资源,它是可以通过扩散的方式进行共享的。交换信息的双方不但不会失去原来的信息,反而有可能增加新的信息。信息的共享性使信息资源可以发挥最大的效用。

信息作为客观存在,作为组成宇宙的三大要素之一,一直在人类的生产和生活中发挥着重要作用。纵观人类发展的历史,我们已经经过了四次重大的信息传播革命,目前正在进行的是第五次信息传播革命。

第一次信息传播革命是语言的形成。人类在原始自然活动中,通过大脑对外界信息进行加工、储存,通过感官来处理信息,利用手势、面部表情、肢体动作、简单嗓音相互传递和交换有限的信息。人们在劳动

① 游五洋、陶青:《信息化与未来中国》,中国社会科学出版社,2003年,第26页。

中产生语言,通过声音传递使信息的质量、范围和效率大大提高。在口语时代,知识的积累和传承仅限于口耳相传,远距离的信息传递则通过施放烟火或击鼓等手段来实现。

第二次信息传播革命是文字符号的产生和运用。距今大约五六千年前,岩画、象形文字以及甲骨文、钟鼎文等相继产生,人类得以在自己大脑之外进行信息储存,信息的传播突破了时间和空间的限制,知识的积累和传承通过文字,得以长期保存。

第三次信息传播革命是印刷术的发明。印刷术是中国古代四大发明之一,11 世纪我国的毕昇发明了活字印刷,提高了信息复制的速度,扩大了信息传递的范围。特别是 15 世纪中叶德国人谷登堡发明的铅活字印刷,奠定了印刷工业的基础,扩大了文化的传播,并带动了一系列思想、政治、经济和社会变革。机械化的印刷极大地提高了信息传播的速度,伴随着工业革命,人类的传播进入大众传播时代。

第四次信息传播革命是电磁波的利用。19 世纪 40 年代和 70 年代,利用电磁波传递信息的电报和电话机相继在美国面世,20 世纪初无线电广播的问世标志着人类进入了电子信息技术时代。以往的语言、图形、文字等传统的信息识别形式,被新的电报、电话、收音机、电视机、传真机等所收发的电磁信号所取代。信息传递方式也从印刷、出版向更有效的通信广播转变,新的信息存储方式,如录音、录像取代了原有的文书、印刷品而占据主导地位。

目前我们正处在第五次信息传播革命,这是计算机革命与现代通信技术的结合。20 世纪 60 年代后,随着电子计算机革命及其与通信技术的迅速结合,信息传递、储存的质量和速度得以极大的提高,基本实现了信息传递、储存、加工处理以及利用的一体化和自动化。第五次信息传播革命给人类社会各个领域带来的巨大变革和深远影响,将远远超过历史上任何一次信息传播革命,它标志着人类社会即将告别工业社会而步入信息社会。

第二节　信　息　社　会

"信息社会"的概念是 20 世纪 60 年代由日本学者首先提出来的。

第二次世界大战结束后,美国就致力于发展技术含量高的信息产业,来提高市场竞争能力。当战后一些国家大力发展钢铁、汽车等资本密集型的加工工业时,美国则加强了包括计算机、半导体、芯片等知识密集型的信息产业,国力不断增强。到 20 世纪 60 年代初,美国的信息产业在经济发展中的日益显著的重要作用及其对整个社会的发展带来的影响引起了日本学界的关注。同时,当时美国的一些未来学研究成果也被介绍到日本,推动了日本对未来社会发展的研究。1963 年 1 月,日本著名学者梅田忠夫在《朝日放送》杂志上发表了论文《情报产业论》。由于在日文中没有"信息"一词,此处的"情报"就是"信息"的意思。这篇论文从信息产业的角度,第一次提出未来日本的社会将以信息产业为中心的观点。第二年,《朝日放送》杂志又刊登了日本立教大学教授上岛的论文《论情报社会的社会学》,第一次使用了"情报社会"这一概念。以后,"情报社会"被译成英语"information society",即"信息社会",被西方社会接受并广泛流传①。

事实上,在"信息社会"这一新的概念出现以前,西方学者就对社会工业化以后的社会发展进行了各种预测和研究,美国的丹尼尔·贝尔、阿尔温·托夫勒、约翰·奈斯比特,以及日本的松田米津等学者分别对"信息社会"这一理念的发展作出了自己的贡献。

早在 1959 年,美国社会学家丹尼尔·贝尔(Daniel Bell)在奥地利的一次学术会议上首先提出了"后工业社会"的概念。1973 年,贝尔在《后工业社会的来临》一书中预测了发达国家的社会结构的变化以及工业社会的未来发展趋势。他写道:"本书提出的命题是:在今后 30—50 年内,我们将看到我称之为后工业社会的出现。……这首先是社会结构的变化,其结果在具有不同政治和文化结构的社会中将有所不同。"②

贝尔认为,人类社会的发展可以分为前工业社会、工业社会和后工业社会三个相互联系的不同阶段。前工业社会是以农业、矿冶、渔业和林业为产业的社会,这些产业以消耗自然资源为主,是对自然的"博弈"。工业社会以加工业、制造业和建筑业为主要产业,主要利用能源技术,依靠机器大批量生产,资本在经济发展中发挥着重要作用。在后

---

① 伊藤阳一:《日本信息化概念与研究的历史》,载《信息化与经济发展》,社会科学文献出版社,1994 年,第 85 页。

② 丹尼尔·贝尔:《后工业社会的来临》,商务印书馆,1984 年,第 2 页。

工业社会,人们的活动都与信息的搜集、传递、过滤和使用有关。信息技术不仅给经济结构和劳动力的构成带来变化,而且正在越来越深入地影响到社会、政治、经济、文化和日常生活的各个领域。他预见到信息将成为社会发展的重要战略资源,知识将成为社会经济发展的动力。

事实上,贝尔提出的"后工业社会"的发展,就是信息产业兴起和传统产业信息化的过程,以知识为基础的信息革命正是后工业社会来临的突出标志。正如他1979年在《信息社会》一文中所说的那样:"即将到来的后工业社会,其实就是信息社会。"①

阿尔温·托夫勒(Alvin Toffler)是美国著名的未来学家和社会学家,1980年出版的《第三次浪潮》是他最有影响力的代表作。在这部著作中,托夫勒将人类社会的发展阶段概括为三次"浪潮":第一次浪潮是始于大约一万年前的农业革命,人类由渔猎游牧生活发展到种植和养殖的定居生活,金属工具发挥了决定性的作用,土地成为最重要的生产资料。第二次浪潮是始于300多年前的工业革命,在西方国家,大机器生产成为占主导地位的生产方式,由此进入工业社会。从20世纪50年代开始,在发达的工业化国家,一些新兴工业正在兴起,如微电子工业、计算机工业、航天工业、海洋工业、遗传工程和可再生能源工业等,这些新兴工业形成了第三次浪潮的基础。托夫勒解释说:"人类正面临着向前大跃进的年代。它面临着极其深刻的社会动乱和不断地创新和改组。尽管我们还没有清楚地认识它,但我们正在从头开始建设一个卓越的新文明。这就是第三次浪潮的含义。"②

托夫勒认为,第三次浪潮使资本的性质发生了根本的变化。在农业社会,最重要的资本是土地;第二次浪潮带来的工业社会,使资本的性质发生了变化,出现了"虚拟资本",如股票,但股票依然代表了机器、厂房、土地等有形资本;而第三次浪潮使知识成为创造财富的最重要的资本,有形资本不再是最重要的资本。与此同时,第三次浪潮还带来了生产方式的变化、就业方式的变化以及生产效率的提高和社会运转速度的加快。他指出,社会文明是由科学技术革命所推动的,而当代科学技术革命的主要内容是以计算机网络和通信技术为代表的信息革命。与工业革命把人类带入工业社会一样,信息革命也必将把人类带

---

① 游五洋、陶青:《信息化与未来中国》,中国社会科学出版社,2003年,第9页。
② 阿尔温·托夫勒:《第三次浪潮》,生活·读书·新知三联书店,1983年,第52页。

入信息社会中①。

　　在同一时期,美国社会学家约翰·奈斯比特(John Naisbitt)分析了美国的社会变化,认为美国最根本的变化就是进入了信息社会。1982年,他在《大趋势——改变我们生活的十个新方向》一书中,描述了工业社会向信息社会过渡的标志和基本特征。他指出,1956年,美国的"白领人员"的人数第一次超过了"蓝领工人",1957年苏联成功地发射了第一颗人造地球卫星,这两大具有世界历史意义的事件,标志着信息社会的开端。在这本书中,奈斯比特把美国的社会发展趋势归纳为十个发展方向。

- 从工业社会向信息社会的转变;
- 从强迫性技术向高技术与高情感相平衡的转变;
- 从一国经济向世界经济的转变;
- 从短期考虑向长期考虑的转变;
- 从集中向分散的转变;
- 从向组织机构求助向自助的转变;
- 从代议民主制向共同参与民主制的转变;
- 从等级制度向网络组织的转变;
- 美国重心从北向南发展的转变;
- 从非此即彼的选择向多种选择的转变。

　　奈斯比特认为,在信息社会,起决定作用的不是资本,而是信息、知识。只要掌握了信息这一战略资源,就可以参与经济活动;而在工业社会,没有资本就很难参与经济活动。信息社会是一个迅速变化的社会,人们注意和关心的是将来;而在农业社会,人们习惯于向过去看,根据过去的经验从事春耕夏耘秋收冬藏;在工业社会人们更多地关注现在,出货、完工、就事论事、最低限度的目标等等。在人的存在和交互方式方面,从农业社会到工业社会再到信息社会,始终伴随着根本的变化。在农业社会,主要体现为人与大自然的竞争关系;在工业社会则是人与人工组合成的大自然的竞争关系;信息社会的通信网络、技术创新和经济的全球化,使人与人的交往突破了时空的限制,人与人之间的竞争成为生活的主要矛盾。

　　1982年,日本经济学家松田米津在《信息社会》一书中,对即将到来的信息社会进行了预测。他认为,在工业社会中,机器代替和增强了

---

①　游五洋、陶青:《信息化与未来中国》,中国社会科学出版社,2003年,第12页。

人的体力劳动,现代工厂成为社会物质生产的中心,是整个社会的象征;而在信息社会,信息技术代替和增强了人的脑力劳动,信息产业将取代工厂而成为整个社会的象征。

这些社会学家、未来学家和经济学家都是从当时西方发达国家的现状出发,预示了信息社会的一些特征。他们的预想,有些今天已经实现,有的正在实现,随着科学技术的进步,未来信息社会的发展将大大超出他们的预想。

从目前的社会经济、技术等方面的发展来看,信息社会已经并且正在表现出以下特征。

第一,信息和知识成为社会财富增长的主要力量。

邓小平曾指出:"科学技术是第一生产力。"我们今天正处在一个"信息爆炸"或曰"知识爆炸"的时代,科技进步对经济增长的贡献率越来越大。在已经步入信息社会的西方发达国家,科技进步的贡献率已经超过了50%。信息和知识将进一步成为社会生产的支柱,成为经济增长的决定因素。正如奈斯比特所说,"信息社会里知识是最主要的因素","我们使知识的生产系统化,并加强我们的脑力。以工业来比喻,我们现在大量生产知识,而这种知识是我们经济社会的驱动力"[1]。

第二,知识型劳动者成为社会的产业主体。

由于信息技术的广泛采用,生产自动化水平的提高,体力劳动者逐步减少,而从事产品开发、技术开发的脑力劳动者数量增加。同时,由于生产效率的提高,大量劳动力转向信息产业和服务业,社会就业结构的变化导致知识型劳动者取代体力劳动者成为社会的产业主体。

第三,信息产业成为社会的主导产业。

在经济发展的过程中,各个产业部门在国民经济中的比重是随着科学技术的进步而变化的。当今信息技术快速发展,信息技术渗透到了几乎各个行业中,新的知识、新的技术和新的经验都以数字化的方式储存和传播,并在人们的社会生活中发挥重要作用。生产和制造信息技术产品的信息产业在社会产业结构中的比例不断增大,上升为主导产业,在国民经济中占据主要地位。

第四,人们的生活方式面临巨大改变。

信息技术的发展为改变人们的社会生活提供了物质条件,特别是

---

[1] 转引自林学俊:《信息科学与社会》,国防工业出版社,2005年,第47—48页。

以互联网为代表的新媒体的发展,使得人们可以随时随地地获取信息、接受教育、休闲娱乐,或者与他人交流,人们的生活变得更加丰富多彩。总之,信息社会是人类文明的新天地。

第三节 信 息 技 术

信息社会的形成与信息技术的发展密切相关,而信息技术又是信息社会的核心技术和基本力量。然而,今天我们耳熟能详的"信息技术"或"IT"一词,在二三十年前并没有什么特定的含义,只不过是将两个名词连接在一起使用。据英国《泰晤士报》1982 年 1 月 14 日的报道,英国在 1981 年进行的一项民意测验表明,当时 80% 的受访者从未听说过"信息技术"一词[①]。

联合国教科文组织(UNESCO)曾经对信息技术作出过这样的定义:

"应用在信息加工和处理中的科学,技术与工程的训练方法和管理技巧;上述方法和技巧的应用;计算机及其与人、机的相互作用;与之相应的社会、经济和文化等诸种事物。"[②]

根据这一定义,我们可以这样理解信息技术:

其一,信息技术一般所指是"一系列与计算机相关的技术"。

其二,这些技术,或技术集成,均具备如下的功能特征:能够对数量巨大的、格式变化的、分布在不同地点的各种信息进行记忆、处理、展示、发送和使用。

其三,信息技术越来越多地同文本、图形、声音和动态视频等多种媒体格式的变换相联系。

其四,信息技术是人类神经系统的延伸。工业革命带来的动力设备扩展了我们的肢体,而电子革命带来的计算机和网络传播则延伸了

---

① 高利明:《传播媒体和信息技术》,北京大学出版社,1998 年,第 23 页。

② The definition adopted by UNESCO is "the scientific, technological and engineering disciplines and the management techniques used in information handling and processing; their interaction with people and machines; and associated social, economic and cultural matters."

我们的神经系统。

其五,新信息技术的形成与发展有赖于计算机技术、微电子技术和远距离通信技术三门复杂技术的结合①。

一、计算机技术

现代计算机技术是人类20世纪最伟大的发明之一,其发展和应用本身就是信息革命的一项重要内容。从20世纪40年代电子计算机诞生以来,经过半个多世纪的发展,今天计算机技术已经在各个领域得到了广泛的使用,承担着信息加工、存储、传送、接收、识别、显示等信息处理任务,具有处理速度快、功能强大、界面友好、存储容量大和高效率的辅助开发手段等特点,因而是当今最通用也是最重要的信息处理工具。

计算机由硬件系统和软件系统组成。计算机硬件系统由输入设备、存储设备、运算器、控制器和输出设备组成。其中运算器和控制器是微型计算机的核心,也叫"中央处理器",即CPU(Central Processing Unit)。人们习惯上根据CPU的型号来表示计算机的档次,例如从早期的"80286"、"80386"到现在的"奔3"、"奔4"等。计算机的软件系统由系统软件和应用软件组成。计算机系统的结构可以用下图来表示:

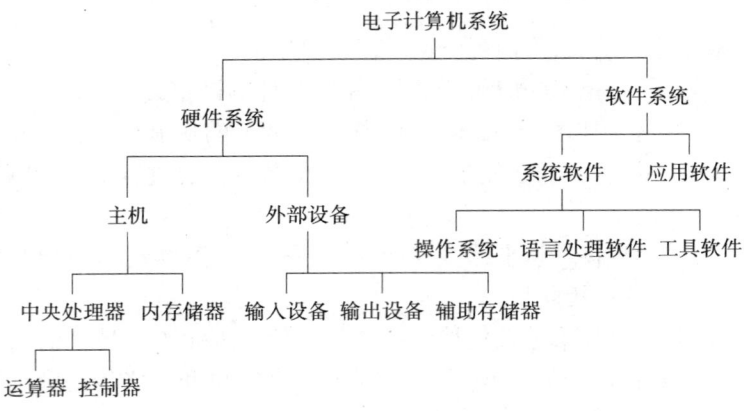

图1-1　计算机系统结构图

---

① 高利明:《传播媒体和信息技术》,北京大学出版社,1998年,第240页。

二、微电子技术

1948 年晶体管发明以来,电子技术迅速发展,随着电子电路和系统的超小型化、微型化,形成了以半导体集成电路为核心的微电子技术。在微电子技术领域中最主要的是集成电路技术。所谓集成电路,就是将众多的晶体管、电阻、电容器等组成的电子线路集成在芯片上。

集成电路一般根据在一定尺寸的芯片上所包含电子元件的数量来分类。在集成电路发展初期,一块小面积的芯片上,电子元件最多只能做到十几个或几十个,因此一般将 100 个以下的电子元件的集成电路称为小规模集成电路。到 20 世纪 60 年代,出现了可以集成数百个到上千个电子元件的集成电路,这就是中规模集成电路。70 年代,微电子技术飞速发展,集成电路发展到 1 000 个电子元件和 1 000 个以上的大规模集成电路阶段。70 年代中期,集成电路的电路数量超过 10 万,80 年代突破百万,出现了超大规模集成电路。而目前的巨大规模集成电路的集成度已经超过 1 亿。

集成电路芯片是电子计算机的核心,其工作速度主要取决于晶体管的尺寸,因此自集成电路问世以来,人们就一直努力在相同面积的芯片上增加晶体管的数量,使集成电路的规模不断增大。1965 年,英特尔公司的创始人之一戈登·摩尔(Gordon Moore)在《电子学》杂志发表论文,回顾了集成电路的发展,在一块芯片上的电路的数量平均 12 个月增加一倍,他预测这一发展速度在今后相当长的一段时间内还会继续下去。事实上,以后几年的发展速度有所减缓,因此 1975 年,摩尔做了修正,认为集成度增加的速度将会是 24 个月翻一番。这一预测被反复引用,即著名的"摩尔定律"。20 世纪 80 年代以来,一般认为在一定面积的集成电路上,电路的数量平均 18 个月增加一倍。摩尔本人对此亦表示认可①。

三、现代通信技术

人类的现代通信从电报、电话的发明和应用开始,经过一百多年的

---

　① Michael Kanellos, *FAQ: Forty Years of Moore's Law*, April 1, 2005, http://news.com. com.

发展,特别是 20 世纪七八十年代以来,随着微电子技术、计算机技术和网络技术的发展,现代通信实现了数字化和综合化,通信速度大大提高,通信容量大大增加,并正在向智能化发展。现代通信的手段包括:

1. 微波通信

20 世纪 50 年代发展起来的微波通信具有频带宽、容量大、质量好、适用于远距离通信等特点,可以用于各种电信业务,如电话、电报、数据、传真等以及彩色电视信号的传输。除了地面微波接力通信以外,卫星通信也利用微波传输信号。

2. 卫星通信

卫星通信利用人造地球卫星作为微波中继站,在两个或多个地面站之间进行电话、电报、广播、电视、传真和数据传输业务。用于通信的人造卫星分为中低轨道卫星和同步轨道卫星。在中低轨道上运行的通信卫星天线覆盖的区域较小,地面天线必须随时跟踪卫星。而位于地球赤道上空 35 860 千米同步定点轨道的卫星运行周期与地球自转一圈的时间相同,从地面看是相对静止的,因而被称为同步轨道卫星。其特点是覆盖面大,只要有三颗同步轨道卫星,就可以覆盖全球。卫星通信的特点是频带宽、容量大、通信距离远,信号受到的干扰也小。

3. 光纤通信

光纤通信是以光波为载频,利用光导纤维(简称光纤)传输信息的通信技术。光纤由折射率较高的纤芯和折射率较低的包层外加保护层组成。在通信的发送端发射的光信号在不同折射率的光纤中不断反射,直到接收端。20 世纪 60 年代,人们利用玻璃纤维作为光纤,由于早期的玻璃纤维所含的杂质较多,无法进行长距离的通信。而目前的由 32 根光纤组成的光缆,直径不到 1.3 厘米,可以容纳 50 万对用户同时通话,或者同时传送 5 000 个频道的电视节目。同时光纤还具有电磁干扰小、保密性强、重量轻、易敷设以及原材料成本低的特点。从 20 世纪 80 年代开始,光纤通信网络逐渐成为现代通信网络的基础平台。

4. 移动通信

移动通信一般是指处于移动状态的用户与固定点的用户之间或移动用户之间的通信。事实上,以手机为代表的移动通信业务是目前发展最快的通信业务。20 世纪 90 年代初,移动通信开始从模拟向数字过渡,目前,第三代移动通信(3G)正向我们走来,并引发了新的媒体革命,即数字移动媒体,为任何人在任何时间、任何地点获取和交流信息提供了可能。

第四节　全球信息化浪潮和
中国的信息化道路

　　信息技术的发展为信息社会的到来提供了技术支撑，而信息化浪潮的兴起，为我们打开了通往信息社会的大门。

　　早在 20 世纪 80 年代，凭借强大的国力和先进的技术，美国首先提出了基于信息技术和网络系统的"星球大战"计划。随着"冷战"的结束，世界格局发生了巨大变化，这一以称霸世界为主要目的计划终止实施，但其初期的研究在很大程度上提高了美国的信息化水平，也进一步加强了美国的国力。1993 年，克林顿政府上台以后，正式提出了题为"国家信息基础设施：行动计划"（National Information Infrastructure：Agenda of Action）的政府报告。该报告宣布将投资 4 000 亿美元，用 20 年时间建成美国国家信息基础设施，即俗称的"信息高速公路"。这个计划的目标是建设"一个能给用户随时提供大量信息的，有通信网络、计算机、数据库以及日用电子产品的无缝网络"。

　　美国《大众科学》杂志将美国的国家信息基础设施（NII）定义为：一个前所未有的、全国性的、世界性的电子通信网。该网把任何人与其他地方的任何人联系起来，并提供几乎是任何种类的可视化的电子通信。你可以把计算机、交互式电视、电话这三种不同属性的设备结合起来，把这种装置与电子通讯网挂钩，还可以把传呼机、蜂窝式电话、未来新奇的个人数字式助手等无线装置接入信息高速公路，目的是提供远程电子银行、教育、购物、收税、闲聊、游戏、电视会议、电影定购、医疗诊断、广告传播、线上出版等各项服务。把每个家庭和企业通过新铺设的光导纤维电缆，利用多媒体信息通信技术，与全国范围内的商店、学校、银行、医院、图书馆、娱乐设施、新闻机构、电视广播电台、各类数据资源库充分联结起来，形成互相交叉的网络，达到最大限度的信息资源共享①。克林顿政府认为："国家基础设施将使国家获益巨大。先进的信

---

　　① 陆群等：《网络中国》，兵器工业出版社，1997 年，第 40 页。

息设施能使美国公司增强竞争实力,而且推动美国经济的发展,更重要的是,国家信息基础设施能改变美国人民的生活水平——摆脱地理位置和经济状况的制约——为所有美国公民提供发挥才能和实现抱负的机会。"

根据美国政府的 NII 计划,信息高速公路的基本要点为:(1)铺设覆盖美国的光纤网络;(2)用光纤网络联结所有的通信系统、数据库和电信消费设施;(3)让光纤网络能够传输视频、声频、数字、图像等多种媒体。以信息高速公路为基础的信息交流系统的显著特征之一是它的交互性,即人们在信息系统中发送、传播和接收各种多媒体信息所表现的实时交互操作方式。通过双向交互式传播网络,用户不仅仅是一个信息资源的消费者,而且还可以成为信息的生产者和提供者。信息高速公路的建设将从空间、时间上根本改变传统的社会信息交流方式,创造一种全新的学习、工作和信息系统,极大地改变人与人之间的交流方式,因而被称为信息交流方式的革命。美国政府的目标是:1993 年先把 100 万家庭联结起来,五年之内使全国大部分家庭入网;在 20 世纪末实现多媒体的普及化,10—20 年左右使所有地区、所有经济阶层的普通公民都获得各种进入信息交流的机会,为 21 世纪建成信息化社会打好基础。

1994 年 3 月,美国政府又提出"全球信息基础设施"(GII)的构想,推动建立 GII 行业标准、相关政策和全球准入标准,旨在建成一个"前所未有的全国——最终是全世界的——电子通信网络,四通八达,将每个人都连在一起,并能提供所有想象得出的通信服务"。

面对正在兴起的信息化浪潮,西方各国不甘落后。在欧洲,1985 年 2 月欧共体通过了《欧洲信息技术研究与开发战略计划》。1993 年,欧共体委员会主席德洛尔在一份白皮书中建议开发欧洲信息网基础设施,欧共体计划在五年内投资 330 亿法郎发展欧洲信息高速公路。1994 年 10 月,在欧洲运营计算机网络达十年之久的欧洲网络机构协会和欧洲学术科研网合并为泛欧科研教育网络协会。1995 年 2 月召开的西方七国集团部长级会议协商了 GII 计划,就建立 GII 的一系列原则达成共识,并着手实施 11 项全球示范计划。七国集团于当年 3 月开始政府间联网。

作为最先提出"信息社会"概念的日本,当然很清楚发展信息技术和信息产业对自己这个资源匮乏的岛国的经济以及社会、文化发展的重要性。20世纪80年代初,日本政府制定了《2000年信息产业设想》,对新世纪的信息产业发展作了规划。但是日本政府认识到,在20世纪最后十年的全球信息和传播技术发展的浪潮中,日本信息基础设施建设与其作为一个发达国家的地位并不相称。从2001年初,日本开始实施"e-日本战略",在此基础上,日本政府又提出了新的"u-日本战略",其目标是到2010年,建立无所不在的信息网络系统,并且通过信息技术解决当前的社会问题和技术发展带来的新问题,打造一个理想的可持续发展的信息社会。

而曾经与美国争霸世界的苏联在解体以后受社会动乱和经济危机困扰多年,但是这个曾经的"超级大国"于1994年初成立了由总统办公厅直接领导的国家信息委员会,并制定了国家信息化发展战略。新世纪伊始,政府又推出了信息化发展纲要,提出要通过切实提高信息化过程的效果,为向信息化社会过渡创造工业技术、社会政治、经济文化的基础条件,发展国内信息产业和专门的基础设施,向社会提供综合信息产品和服务。

其他一些新兴的工业化国家和地区,如新加坡、韩国等也从信息化入手,力争通过信息化来缩短与发达国家的距离。而更多的发展中国家,如印度、马来西亚、巴西、智利、肯尼亚、南非等也都纷纷抓住信息化的机遇,通过信息化来提高国际竞争力。

在全球信息化浪潮的背景下,致力于改革开放的中国,本着"实事求是"的基本原则,正在开创符合中国国情的信息化发展道路。

改革开放以来,中国的工业持续增长,工业化的步伐明显加快,但是,作为一个发展中国家,工业化的任务尚未完成。跨过工业化阶段而直接通过信息化来实现现代化是脱离实际的,因为作为两个不同的社会发展阶段,工业化是信息化的基础,而信息化又使工业发展如虎添翼。同时,先集中精力发展工业化,待工业化完成后再发展信息化这样的发展道路更是不可取的。因为信息化固然不能代替工业化,但是从其他国家的发展经验来看,发展中国家完全可以发挥"后发优势",在完成工业化的同时发展信息化,实现跨越式发展。

根据中国现代化发展的实际和国际经验,中共十五届五中全会提出:"大力推进国民经济和社会信息化,是覆盖现代化建设全局的战略举措。以信息化带动工业化,发挥后发优势,实现社会生产力的跨越式发展。"中共第十六次全国代表大会进一步强调:"信息化是我国加快实现工业化和现代化的必然选择"，"必须坚持以信息化带动工业化"。

中国的信息化建设起步于 20 世纪 80 年代初。早在 1983 年,信息技术作为一个重要的发展领域和方向,被纳入国家总体的科技发展战略规划。1986 年,信息技术又被列为为推动国家高科技发展而制定的"863"计划中的一个重点开发领域。从 1987 年起,随着以中国科学院高能物理研究所为首的一批科学院所正式开始与国际互联网联网并开展网络上的科研合作,中国开始了信息化发展进程。在全国人大八届四次会议上通过的《国民经济和社会发展"九五"计划和 2000 年远景目标纲要》中,具体地把信息产业列为我国第三产业发展的重点,提出了要"显著提高国民经济信息化程度,继续加强国家信息基础设施建设"的方针。1993 年 12 月,国务院成立了由国家 20 多个部委参加并共同组成的"国民经济信息化联席会议",由当时的国务院副总理邹家华担任联席会议主席,统一领导和组织全国信息化工作及各项重点工程的建设,先后启动了"金桥"、"金卡"、"金关"、"金税"等金字号工程。1996 年 4 月,"国民经济信息化联席会议"改组为"国务院信息化工作领导小组",由邹家华副总理担任组长,下设办公室,有 18 个部委参加,先后起草并完成了《国家信息化"九五"规划和 2000 年远景目标(纲要)》、《1997—1998 年国家信息化建设工作要点》和《中国互联网域名注册暂行管理办法》等一系列文件,为中国的信息化工程铺平了道路。

随着新世纪的到来,2000 年 10 月,中共中央公布了关于制定国民经济和社会发展第十个五年计划的建议,第一次将推进信息化列为我国经济和社会发展的战略任务之一。2001 年 12 月,新成立的国家信息化领导小组明确了我国信息化发展的方针,即:(1)坚持面向市场,需求主导;(2)政府先行,带动信息化发展;(3)信息化建设与产业结构调整相结合;(4)既要培育竞争机制,又要加强统筹协调,努力为信息化发展创造良好的环境;(5)既要重视对外开放与合作,又要加强自主科研开发。

2006 年 5 月,中共中央办公厅、国务院办公厅印发了《2006—2020 年国家信息化发展战略》,指出:信息化是当今世界发展的大趋势,是推动经济社会变革的重要力量。大力推进信息化,是覆盖我国现代化建设全局的战略举措,是贯彻落实科学发展观、全面建设小康社会、构建社会主义和谐社会和建设创新型国家的迫切需要和必然选择。发展战略分析了全球信息化发展的基本趋势和我国信息化发展的基本形势,提出了我国信息化发展的战略目标:到 2020 年,综合信息基础设施基本普及,信息技术自主创新能力显著增强,信息产业结构全面优化,国家信息安全保障水平大幅提高,国民经济和社会信息化取得明显成效,新型工业化发展模式初步确立,国家信息化发展的制度环境和政策体系基本完善,国民信息技术应用能力显著提高,为迈向信息社会奠定坚实基础。

第二章

计算机和计算机网络

20 世纪 40 年代中期,美国宾夕法尼亚大学电工系为美国陆军军械部阿伯丁弹道研究实验室研制了一台用于炮弹弹道轨迹计算的"电子数值积分和计算机"(Electronic Numerical Integrator And Calculator,简称 ENIAC)。1946 年 2 月 ENIAC 的揭幕,标志着电脑时代的开始。此后的半个多世纪,计算机体积重量缩小了一亿倍,从运算速度与存储容量来看,提高了一亿倍,而价格则降低了一亿倍。如果将这几方面的因素加到一起,其进步的倍数简直就是一个天文数字。

第一节　计算机的前世今生

人类最早是用自己的大脑,加上十个手指头、十个脚趾头来计算的。当数字大到一定的程度,手指加脚趾都不够用了,便随手捡来身边的石子、贝壳、树枝,这就是最早的计算工具,也就是筹码的前身。

在算盘出现以前,算筹可谓是先进的计算工具。我国南北朝时期的祖冲之计算出圆周率,使用的工具恐怕就是算筹。算盘至今还在使用,它的发明年代已无法考证,但可以肯定的是,中国在元代中叶,算盘取代了算筹,成为主要的计算工具。

正是掌握了先进的计算工具,古代中国的科学、技术和经济发展在世界处于领先地位。欧洲文艺复兴以后,资本主义经济在一些西方国家出现。西方国家航海业快速发展,与之密切相关的天文学需要大量的计算工作,人们开始探索制作新的计算工具。当时机械加工技术,特别是精密的钟表制造技术,使一些人受到启发,既然钟表这样的精密装置可以通过齿轮的传动来完成计时工作,为什么不能用来完成计算呢?

第一个将这一设想付诸实施的是德国天文学家和数学家威廉·施卡德(Wilhelm Schickard),1623 年他制造了第一台计算器,并称之为"计算钟"。这台计算器后来不幸毁于火灾,因此,对于他是否制造过"计算钟",在历史上是有争议的。但是施卡德曾写信向他的朋友详细描述过自己的发明,而根据这封信,现代人完全可以复制出这台"计算钟"。

目前公认的第一台实用的计算器是由法国哲学家和数学家布雷斯·帕斯卡(Blaise Pascal)于 1642 年制造的。帕斯卡的父亲是一个税务官,每天跟数字打交道,进行繁重的计算工作。年幼的帕斯卡立志制造一台机器将其父亲从繁重的计算中解放出来。1642 年,年仅 19 岁的帕斯卡研制出了加减器(adding machine)。这种计算器与算盘不同,它利用齿轮的咬合装置,低位齿轮转十圈,高位齿轮转一圈,做到了自动进位。这台计算器虽然只能做加减法,而且今天看来并不复杂,但是已经包含了后来的手摇计算机的原理。更重要的是,在一个机械刚刚开始代替我们的体力的时代,帕斯卡就用自己的智慧和发明提出了用机械来代替智力的问题。

帕斯卡的发明创造引起了很多人注意。其中最著名的是德国数学家和哲学家哥特弗瑞德·威廉·冯·莱布尼茨(Gottfried Wilhelm von Leibniz)。莱布尼茨 1671 年着手改进帕斯卡的加减器,并于 1673 年研制出了"步进计算器"(step reckoner),可以做四则运算。虽然莱布尼茨的计算器也是十进位的,但他是二进位的积极提倡者。

莱布尼茨的计算器为机械计算机奠定了基础,但由于是手工制造的,不能满足需求。随着工业革命的发展,需要重复计算的工作越来越多,那么其他领域可以机械化生产,计算器为什么不行呢? 面对挑战,1820 年法国人托马斯·德·科马(Thomas de Colmar)研制了手摇式计算器。这种手摇式计算器可以进行商业化的批量生产,因而流行了 90 年,直到 20 世纪初电子计算机的出现。

现代计算机与早期的机械计算机的根本区别在于前者计算是在程序控制下进行的。第一个将程序控制用于计算机的是英国数学家查尔斯·巴贝奇(Charles Babbage)。毕业于剑桥大学的巴贝奇认为,前人的手动计算器固然可以替代枯燥的计算,但是计算速度慢而且容易出错。1822年,他开始研制差分机(The Difference Engine),由于经费不足,研制工作没有最终完成。但是1991年,英国科学家按照巴贝奇的图纸和详细说明,制作出了差分机,并且可以精确计算31位数,从而证明了当年巴贝奇设计的正确。1834年,巴贝奇开始研制分析机(The Analytical Engine),可以用来进行更复杂的计算。虽然分析机只制作了一部分,但其设计已与现代计算机十分相似。它包括一个能保存数据的储存库和一个能从储存库中取出数据进行各种运算的运算室,并且可以通过穿孔卡片来控制计算过程。就这一点来说,巴贝奇的设计已经与现代计算机十分接近了,因而他被后人尊为"计算机之父"。

作为工业革命的产物,机械计算机受到工作原理局限,结构庞大,运算速度有限。进入20世纪,用电子元件取代计算机中运行了几百年的机械齿轮,成为大势所趋。

第一个采用电子元件制造计算机的是德国工程师康拉德·朱西(Konrad Zuse)。朱西大学毕业后在柏林一家飞机公司当统计员,日常从事繁重的计算工作。1938年,28岁的朱西制造出了Z-1计算机,在此基础上,1941年又研制成功使用电子元件的Z-3机电式计算机。在第二次世界大战中,这台计算机为德国军方服务了三年,1944年在盟军对柏林的空袭中被炸毁。

而在美国,第二次世界大战期间制造的Mark-I被认为是世界上第一台自动机电式计算机。其主要设计者霍华德·艾肯(Howard Aiken)1939年获得哈佛大学博士学位,战争爆发后,艾肯加入美国海军军械部,从事计算机研制工作。1944年,他与其他几位工程技术人员合作,研制出这台计算机,并在哈佛投入运行。战争中Mark-I为美国军方的重炮研制、弹道计算和其他设计计算工作立下了汗马功劳。据说,在日本广岛爆炸的第一颗原子弹的计算,就是由Mark-I完成的。

Mark-I高2.4米,长15.3米,重达35吨,但是与ENIAC相比,可谓小巫见大巫。ENIAC坐落在一个长15米、宽9米的地下室里,三面靠墙,呈马蹄形。用了大约18 000个电子管,70 000个电阻,10 000个电容器,1 500个继电器和6 000个开关。ENIAC只制造了一台,从1946年2月开始一直运行到1955年10月。ENIAC的运算速度为每

图 2 - 1　Mark - I

（来源：**Microsoft Encarta Reference Library, 2004**）

秒 5 000 次,这个速度虽然还不如今天的一些掌上计算器,但是当时人工计算需要两天的工作量,它 20 秒就能完成。ENIAC 的诞生标志着电脑时代的开始。早期的这些大型计算机多用于军事方面,以后逐步进入科研领域,但都带着一种神秘的色彩。几十年来,计算机逐步走出深闺,由贵族走向平民百姓。

到目前为止,计算机的发展已经经过了四代。

1. 第一代电子管计算机(1946—1958)

第一代电子管计算机的主要特点是使用电子管作为逻辑元件,在控制上是高度的"中央集权制",一切操作,包括输入输出在内,都由中央处理机集中控制。由于制造和使用费用相当高,所以主要用于军事和科学技术方面的计算。1951 年,IBM 开始电子计算机的研制,并从 1953 年开始批量生产应用于科研的 IBM 系列大型计算机,电子计算机走上了工业生产阶段。20 世纪 50 年代中期,苏联、法国、荷兰等国先后研制出了自己的第一代计算机。1958 年,中国科学院研制成功我国第一台大型、快速电子计算机。第一代电子计算机的主要元作电子管耗电量大、容易损坏,计算机本身体积大、寿命短。

图 2 - 2　ENIAC
（来源：Microsoft Encarta Reference Library，2004）

2. 第二代晶体管计算机（1959—1964）

1948 年由美国贝尔实验室的肖克利、巴丁和布拉顿发明的晶体
管，被认为是 20 世纪电子技术的重大突破，对信息技术产生了决定性
的影响。利用半导体特殊的物理性质制成的晶体二极管和晶体三极
管，体积小，耗电量低，用它取代电子管，大大缩小了电子计算机的体
积。50 年代后期，由于晶体管的大批量生产和实用化，为电子管计算
机向第二代晶体管计算机过渡创造了条件。1958 年 11 月，第一批批
量生产的大型晶体管通用计算机正式投入运行。由于第二代计算机采
用了性能优异的晶体管取代电子管作为逻辑元件，主存储器用磁芯，外
存储器用磁鼓，程序语言方面快速发展，使得计算机的总体性能大大提
高，运算速度从每秒几千次提高到几十万次，主存储器容量从几千字节
提高到十万字节，因而在科研和其他各种事务数据处理方面被广泛应
用，并被用于航空、航天和生产过程等实时控制系统。

3. 第三代集成电路计算机（1965—1970）

20 世纪 60 年代中期，集成电路的发明成为电子技术史上又一次重大突破,标志着电子技术进入了微电子技术的新阶段。采用集成电路的计算机,也称 IC(Integrated Circuit)电脑,即第三代计算机。由于采用了集成电路,第三代计算机的体积比第二代计算机进一步缩小,运算速度进一步加快,达到每秒千万次,内存容量达到十几万字节。由于第三代计算机的价格性能比大幅度下降,通用性大大提高,软件支持成倍增加,因而推动了计算机的普及。

4. 第四代大规模集成电路计算机(1971 年至今)

习惯上,人们把 100 个以上电路或 100 个以上晶体管集成在一块晶片上,并且相互连成具有一个系统或一个分系统功能的电路,叫做大规模集成电路。大规模集成电路的出现,产生了第四代大规模集成电路计算机。第四代计算机的最显著特点是向巨型化和微型化发展。巨型机是指每秒能运算 5 000 万次以上,存储容量超过百万个字节的电子计算机。我国于 1983 年研制成功"银河"亿次巨型机。微型机是随着大规模集成电路的发展,计算机的体积不断缩小,功耗进一步降低,而出现的微处理机和微型计算机。微型计算机问世后,发展速度越来越快,现在差不多不到两年就升级换代一次。

表 2 - 1　第一代到第四代计算机的对比[①]

	使用的元器件	配置的软件	主 要 应 用
第一代	CPU:电子管 内存:磁鼓	使用机器语言和汇编语言编写程序	科学计算和工程计算
第二代	CPU:晶体管 内存:磁芯	使用 FORTRAN 等高级程序设计语言	开始广泛应用于数据处理领域
第三代	CPU:SSI、MSI 内存:SSI、MSI 半导体存储器	操作系统、数据库管理系统等开始使用	在科学计算、数据处理、工业控制等领域得到广泛应用
第四代	CPU:LSI、VLSI 内存:LSI、VLSI 半导体存储器	软件工程、分布式计算、网络软件等开始广泛使用	深入到各行各业,家庭和个人开始使用计算机

计算机作为 20 世纪人类最重要的发明之一,经历了四代的发展,

---

① 阎立:《信息化纵横》,南京大学出版社,2003 年,第 18 页。

从 20 世纪 80 年代开始向第五代即人工智能计算机发展。1981 年 10 月,日本首先向世界公布了第五代计算机的研制计划,并于 90 年代开发出新一代的能够识别图像,能够听懂人的语言,具有学习、联想、推理、决策等类似人的智能的计算机。1997 年 5 月一场国际象棋人机大战,连续 12 年国际象棋世界冠军保持者卡斯帕罗夫(G. Kasparov)输给了 IBM 公司研制的人工智能计算机——"深蓝"。这是人类制造的机器第一次在智能领域超越人类自己,对人工智能计算机的研制开发无疑具有极其深远的意义。有关专家认为,尽管人机大战以计算机获胜而告结束,说明计算机在记忆、运算等方面的能力远远超过人类,但是并不意味着"深蓝"比人更聪明。IBM 的专家认为,要制造出真正意义上的人工智能计算机,可能需要 10 年到 20 年时间。

从 20 世纪 90 年代以来,计算机性能提高、成本降低的发展趋势进一步加快,市场竞争日趋激烈,对计算机,学界和业界不再沿用"第 × 代"这样的表述。

自 20 世纪 40 年代中期计算机问世以来的信息技术革命对人类社会产生了空前的影响,信息产业、信息经济的蓬勃发展,加快了人类迈向信息社会的进程。在 70 年代以来的高技术发展热潮中,为了争夺和抢占 21 世纪的领先地位,世界各国都把信息技术等高新技术作为关键,集中力量发展信息处理、输出、传输、分析和使用等技术,大力开发信息资源,生产高附加值的信息产品,以迅速增强和提高自己的国力。

被称为"数字化革命"的技术改造,把各种信息和信息媒介以数字化形式融合起来,形成信息资源的一体化。今天,对数字化信息的获取、控制、传输和使用已经成为现代生活的一项关键技术。信息技术革命正在影响并将彻底改变人类生活的各个方面。今天已经没有人把计算机仅仅看作一种计算工具,计算机已经成为一种能够传递和控制各种信息的工具,已经成为人类自身控制能力的远程延伸。正如尼葛洛庞帝在《数字化生存》一书中指出的:"计算不再只和计算机有关,它决定我们的生存。"

第二节　计算机网络

计算机网络,简单地说就是将各自独立的计算机处理节点通过线路连接成为计算机系统,节点之间可以通信,可以交流信息。网络将分散在各地的信息系统联结起来,做到跨越时空的资源(包括人、计算机、信息)共享。今天,一个设计优良的网络能够把联机的集合力量植于单独的计算机内。一部微机所联系的网络越大,其用途就越大,力量也越强。在网络时代,一台没有联网的计算机算不上真正的计算机,只不过是文字处理机加游戏机罢了。

一、计算机信息网络的组成

计算机信息网络由包括通信设施、计算机(或计算机网络)、数据资料和人这些个体组成。其中,通信设施根据不同需要采用电话线、电缆、光缆和卫星等;计算机可以是微机、小型机、大型机和巨型机;数据资料可以是指令,也可以是一个文件或数据库;人则既可以是网络的设计者和建造者,又可以是网络的使用者。

通信设施是计算机信息网络必不可少的组成部分,只有依靠通信设施,尤其是远程通信设施,计算机网络才能够跨地区、跨国家,乃至遍及全球。

每种计算机网络中都有大量的软件、硬件,名称也各不相同,但是任何一个网络必须由以下三个部分组成:(1)至少两台分离的计算机,在它们之间有一些需要共享的东西;(2)一种能保持计算机之间进行接触的通道;(3)一些保证计算机之间相互通信的规则。用计算机网络术语来说就是:可以共享的某些资源——网络服务(network services),保证相互接触的通道——传输介质(transmission media)和保证通信的规则——协议(protocols)。正是这三个必不可少的要素构成的网络将世界连成一体①。

在网络术语中,凡是向用户提供服务的网络系统称为服务机(server)或主机(host),凡是利用网络主机所提供的服务的网络系统称为客户机(client)或节点(node)。

信息数据是构成计算机信息网络中人们用以交流和共享的实体。从形式上看,可以是文字、图像或声像,也可以是软件程序;从信息的数据量看,可以是一个文件,也可以是一个数据库;从产生方式看,可以是

---

① 侯书森:《上网必读书》,地震出版社,2000年,第4—5页。

专门为建网生成,也可以利用现有的数据资料。信息数据是网络用户交流和共享的主要内容,而计算机网络和通信设施则是实现信息交流和资源共享的硬件和技术保证。

二、计算机信息网络的分类

计算机网络的类型很多,分类方法也各不相同。有根据网络传输介质分类的,如同轴电缆网络、光纤通信网络、卫星通信网络、无线(移动)通信网络等;有根据使用性质分类的,如公用网和专用网;有根据使用范围和对象分类的,如企业网、校园网、政府网、金融网等。一般情况下,人们根据计算机网络所覆盖的地域范围进行分类,主要有覆盖面不超过一栋楼或邻近几栋楼的局域网(LAN, Local Area Network),覆盖面限于一个城市或城市内一定区域的都市网(MAN, Metropolitan Area Network),以及广域网(WAN, Wide Area Network)。所有这些网络,加上单独的计算机,即大到广域网、小到微机,都可以成为国际互联网的一部分。

局域网是随着个人计算机(PC)的发展而出现的。国际标准化组织(ISO)于 1984 年公布了开放系统互联/参考模型(OSI/RM:Open System Interconnection / Reference Model),这一模型解决了不同计算机系统和不同网络之间的兼容和相互连接问题,目前已被公认为计算机网络互联的基本结构模型。

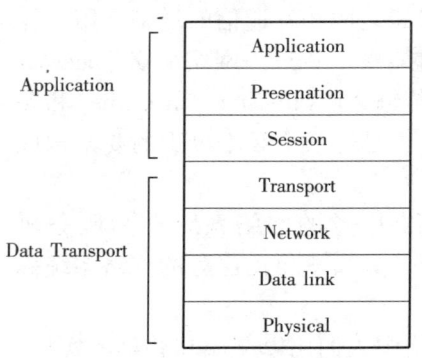

图 2-3 OSI 参考模型

OSI 模型分为两组共七层,即应用层、表示层、会话层、传输层、网络层、数据链路层和物理层。其中应用层、表示层和会话层为应用组,传输层、网络层、数据链路层和物理层为数据传输组。应用组一般仅通过软件来执行,终端用户所接触到的就是最高层——应用层。而最低的两层,即物理层和数据链路层则通过硬件和软件来执行,其中的物理层直接连接到传输介质,即电缆或光缆。当一个计算机系统发出通讯请求,经过这七个层次,信息便经过物理线路传输到另一个目标计算机系统中。

局域网的拓扑结构主要有总线型、星型和环型结构。

总线型拓扑结构(bus topology)中网络上的各个节点都连接到一条总线,这是最简便的一种联网结构。这种结构一般使用同轴电缆连接,连接同样多的工作站时,比星型结构节约电缆,比环型结构网速快,建设成本较低。不足之处是电缆的长度和所能连接的工作站有限,网络的规模较小,而且网络上的任何一个节点出现故障都有可能造成整个网络的瘫痪。从长远看,维修成本比较高,因此最适用于临时性的网络。

星型拓扑结构(star topology)是最常见的计算机网络结构,网络以集线器或交换机为中心,将各个节点都连接起来。这

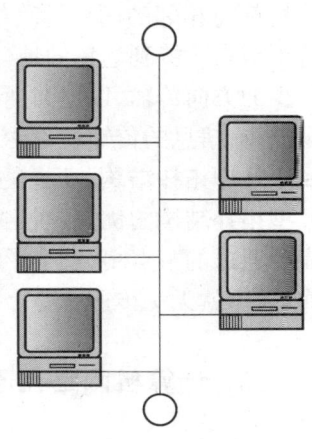

图 2 - 4　总线型拓扑结构

种结构一般使用双绞线,带宽可以从 10 Mbps、100 Mpbs 到 1 Gpbs。与其他拓扑结构的网络相比,星型结构的优势是网络建设和扩展都比较方便,某个节点的故障不会给整个网络带来太大的影响,可以通过中心节点即集线器或交换机提高网络的安全性,但是一旦中心节点出现故障就会影响整个网络。由于网络结构需要的电缆较长,因此所能连接的工作站也受到一定的限制。从长远看,网络的维修成本也不低。

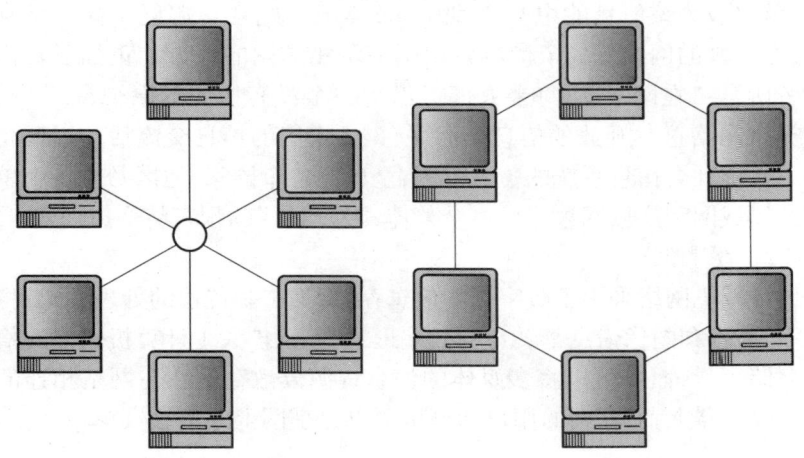

图 2 - 5　星型拓扑结构　　　　图 2 - 6　环型拓扑结构

环型拓扑结构(ring topology)将所有联网计算机连成环状,每台计算机都与相邻的两台计算机相连接,一台计算机发出的信息需要经过若干节点才能到达目的地。由于是环型结构,因此信息可以通过节点较少的方向传输,以提高速度。但是,与总线型一样,一旦某个节点出现故障,信息的传输就不能正常进行。令牌网(token ring)在逻辑上也属于环型拓扑结构,而在物理结构上是有中心设备的星型拓扑结构。环型拓扑结构的优点是网速快,不存在传输"瓶颈",当然如果数据包需要通过的节点多,就会影响速度,而且只要其中某个节点不能正常工作,数据就无法传递。

三、计算机网络在通信交流中的特征

以计算机为核心、以网络通信技术为基础的计算机网络在信息交流中具有以下基本特征。

1. 开放性

计算机网络不存在一个管理或控制中心,在网络上,所有的计算机,大到巨型数据库,小到个人笔记本,都是平等的。任何人只要配备计算机、modem 和电话线就可以自由地进入网络,发布信息,获取信息,共享网络资源。任何机构、组织或个人一旦上了网,便都处于各自的中心地位,不管处于世界的哪一个角落,一旦发出为世人瞩目的信息,就将成为该信息的中心。1997 年,英国王妃戴安娜遇车祸不幸身亡,有关她的网站变成了世界各国网民争相访问的地方。正如尼葛洛庞帝所言:"在网络上,每个人都可以是一个没有执照的电视台。"[①]在计算机网络这一开放的信息交流平台上,人们的信息交流活动远远超过了传统社会信息系统的覆盖范围,全世界各个国家、地区乃至各个单位的局域网和广域网被连成一个整体,"地球村"的预言将变成现实。

2. 数字化

计算机网络采用了数字化的信息存储、加工和传输的处理方式,将文字、声音和图像信息都转化为数字形式,不仅扩大了计算机网络的信息存储容量,而且可以将多媒体的信息资源分散存储在与网络相连的客户服务器上,而联网的用户计算机可以分享网上的信息资源。

---

① 尼古拉·尼葛洛庞帝:《数字化生存》,海南出版社,1996 年,第 205 页。

3. 交互性

由于网络中的信息交流是通过实时交互的方式实现的,因此它不同于广播电视等传播工具的交流活动,是一种双向的信息交流。参与交流的用户,既是信息资源的消费者,同时也是信息资源的生产者和提供者。当信息交流采用多媒体超文本的方式进行时,人们信息交流活动的多样性和丰富性得到了最大限度的扩展。

第三节 互联网的诞生和发展

今天渗透到世界各个角落的互联网,正改变着人们的生产方式、生活方式、交往方式乃至思维方式。回顾它的产生和发展,这一30年前"冷战"的产物,走过了一条从战争机器到教育、科研再到商业使用的发展道路。

一、"冷战"中初具雏形

第二次世界大战结束后到20世纪50年代,当时美、苏两个超级大国为了称霸全球展开了军事技术竞赛。为了保持美国在技术上的领先地位,防止潜在的对手所取得的不可预见的技术进步,1958年初美国国会批准成立了"国防部高级研究计划署"(ARPA, Advanced Research Projects Agency),旨在为美国国防部选择一些基础研究、应用研究和发展计划,并对这些研究计划进行管理与指导,追踪那些风险和回报率都很高的研究技术①。1962年爆发的古巴导弹危机把人类推到了核大战的边缘。美国军方认为,美国已经拥有与苏联相当甚至超过苏联的核装备,一旦苏联突然发起核打击,美国有能力在短时间内发动第一次核反击。但严重的问题是,当时美国军事部门已广泛使用计算机,并建立了许多计算机网络,而这时的计算机网络采用的仍然是"计算中心"模式,其致命弱点是一旦网络中心被破坏,整个网络就陷于瘫痪。这种模式的通信在核打击面前是非常脆弱的。在某种意义上说,在"计算中

---

① 冯鹏志:《伸延的世界》,北京出版社,1999年,第8页。

心"模式的网络通信条件下,美国军方的通信网络化程度越高,遭到破坏的可能性就越大。因此,五角大楼迫切需要找到一种技术,以保证美国军事系统在受到第一次核打击后继续保持通信畅通。

1963 年,在国防部高级研究计划署工作的拉里·罗伯茨提出"分组交换"(packet switch)技术的设想,解决了抗摧毁性网络的难题,成为网络技术发展中的第一个重要里程碑。1969 年,美国国防部资助了一个有关广域网的项目,开发一个称作 ARPANET 的网络。ARPANET实验网采用了分组交换网络技术,该技术可以保证在网络部分节点因各种原因而不能工作的情况下,网络的其他部分能够照常运行。然而,作为军事实验的产物,这一设想并没有在美国得到验证,相反在 20 年后的海湾战争中得到了证明。在海湾战争中,以美国为首的西方盟军试图摧毁伊拉克军用通信系统,但是伊拉克的军事通信使用了基于"分组交换"技术和后来的 TCP/IP 协议的路由器,将全国的军用计算机连接起来,当发现某些节点被破坏后,系统就会自动绕开这些节点,通过其他路径将通信网络重新连接起来,从而保证了军用通信联络的畅通,提高了军事指挥效率。

二、从军事到科研

1969 年 11 月 21 日中午,美国加利福尼亚大学洛杉矶分校的计算机实验室中的一台计算机与千里之遥的斯坦福研究所的另一台计算机相连通,这是一个历史性的时刻,正像 20 年后《时代》周刊评论的那样:这宣告了网络世界的到来。1970 年,ARPANET 初具雏形,连接了分处于四座城市四所大学的计算机,网络设计采用分布式的控制和处理,可靠性强。APARNET 研究中的一个关键思想是用一种新的方法将局域网和广域网互联起来,即成为网际网(Internetwork),Internetwork 术语通常缩略为 Internet。到 1972 年,ARPANET 已建立了 40 多个网点,开发出电子邮件、远程登录、文件传输等三项基本功能。

尽管 APARNET 获得了成功,但不同的计算机和系统之间如何通信的问题仍没有彻底解决,这需要制定一种大家都能遵守的协议。1974 年,著名的 TCP/IP(传输控制协议/网络间协议)研究成功,互联网迎来了大发展时期。所谓通信协议(protocol),即电脑之间彼此传输数据的规则的集合,通俗地解释就是任何计算机要想与其他计算机对话都必须使用的语言。IP(Internet Protocol)允许任何数量的计算机网络连接起来,统一运行,其运行方式就像全球邮件系统,由几十个权威部门携手合作和递交各自的信件。只要在信上写好收信人的地址,贴好邮票,它一定会到达,没有必要为运送者是谁、走的是那条路线担心。TCP(Transmission Control Protocol)是建立在互联网协议基础上的一种通信协议,用来保证数据信息的分化、传输和再组合。正是因为有了这样的协议,现代意义上的互联网才得以诞生。其后,APARNET 由实验性网络发展为实用型网络,并移交给美国国防通信局(DCA)。1982年,美国国防通信局和美国国防部高级研究计划署(ARPA)为ARPANET建立 TCP/IP 协议,这是全球互联网正式诞生的标志。

20 世纪 80 年代,ARPANET 在技术上的成功吸引了其他军事部门和一些非军事部门,它们的纷纷加入,使网络的构成日益庞杂。为此,ARPANET 被一分为二,与军事有关的部分为 MILNET(Military Network),其余部分仍为 ARPANET。1986 年,美国国家科学基金会(NSF,National Science Foundation)将分布在各地的巨型计算机联网,同时建立和利用当时已有的地区网,形成了美国国家科学基金会网 NSFNET。以后,NSFNET 逐渐取代 ARPANET,到 1993 年底,ARPANET 完成了历史使命,退出历史舞台,NSFNET 发展成为美国境内广域网的骨干基础。以后随着一些发达国家相继建网并互相联网,最终形成了国际互联网络,也就是今天风靡全球的互联网。

三、互联网的历史性飞跃

互联网的商业化导致了它的历史性飞跃。在 20 世纪 90 年代以前,互联网使用一直限于研究和学术领域。美国国家科学基金会规定:"NSFNET 主干线仅限于如下使用:美国国内的科研及教育机构把它用于公开的科研及教育目的,以及美国企业的研究部门把它用于公开的学术交流。任何其他使用均不允许。"[①]然而到了 1991 年,互联网的发展使 NSFNET 主干线达到极限,为了减轻政府的负担,美国国家科学基金会要求私人公司承担一些责任。第二年,商用互联网协会成立,并宣布用户可以把他们的子网用于任何商业用途。互联网的商业使用使

---

① 陈炎:《Internet 改变中国》,北京大学出版社,1999 年,第 33—34 页。

其通信、检索和客户服务等方面的巨大潜力得以充分发挥,吸引了越来越多的用户。世界各地的大专院校、科研机构、传统大众传播媒体、政府部门、政党、军队、宗教组织以及工商企业和家庭个人纷纷上网,到1994 年底,互联网连接了 150 个国家和地区,30 000 多个子网,320 多万台计算机主机,直接用户超过 3 500 万,成为世界上最大的计算机网络①。

　　今天,绝大多数网民是通过万维网(WWW)使用互联网的。从技术上讲,WWW 是利用客户/服务器模式进行信息存储、检索、加工和显示的一组标准,它采用易于浏览的图形用户界面,基于 HTML(Hyper Text Markup Language)超文本语言,实现存储及与自身或远处计算机内的多媒体信息的动态链接。对用户来说,它提供了一种类似于 Gopher、Archie 和 WAIS 的信息检索工具。不同的是,其他信息检索方式都建立在文本基础上,而 Web 网页以多媒体的形式出现,而且使用超媒体的点击式链接方式。在任何一个 Web 文档中,一些文字或图片会被突出显示,这意味着这些对象内嵌超链接,可以链接到同一文档的其他位置、同一台计算机的其他文档或另一台计算机的文档。这就使用户可以很方便地在复杂文档甚至在互联网上移动。如果用户想进一步了解被突出的对象的信息,只要双击该对象,有关信息就会很快被呈现出来。因此,用户不必为寻找信息而从一个地方跳到另一个地方,也不必按照一种静态的、事先编制好的线性次序去搜索信息,而可以轻松地在网上浏览,形象的说法就是"冲浪"。在互联网从战争机器到科研、教育到商业使用的发展过程中,技术的力量和作用无疑是巨大的。20 世纪 90 年代 WWW 技术和浏览器软件的发展,给互联网注入了活力。用户从网上得到的不再仅仅是文字,而是包括文字、图片、声音、动画、图像等多媒体形式的内容,从而获取多种信息、娱乐、购物和电子服务,WWW 成为目前互联网上相容性最高且最具潜力的系统。

　　WWW 最早是由欧洲高能物理实验室(CERN)的工程师蒂莫西·伯纳斯-李(Timothy Berners-Lee)研究开发的。1989 年 3 月,伯纳斯-李发表了一篇论文,提出开发一种通过图形界面来检索网络数据库的新程序,但是这篇论文并没有引起注意。一年多以后,CERN 给了他编写这种程序的机会,伯纳斯-李将这一具有革命性意义的程

---

① 陈炎:《Internet 改变中国》,北京大学出版社,1999 年,第 34 页。

序命名为"World Wide Web",简称 WWW。WWW 通过超链接(Hyperlink)观念,延伸至多媒体方向,文字、图形、声音及影像资料均可以利用简单一致的接口,人们可以轻而易举地在网上查阅。1991 年伯纳斯-李通过网络免费分发了自己编写的 HTML 软件,很快被用户接受,网上也出现了大量的 HTML 文件,并汇聚成一个独特的系统,也就是今天我们所称的万维网。刚开始时,Web 只是作为向超文本文档提供服务的一种途径,并在基于 TCP/IP 的客户机/服务器网络内提供资源共享服务。

但是 HTML 文件的大量涌现,却带来了查询和浏览的困难。为了帮助用户解决 Web 文件日益增加和查询浏览不便的矛盾,1993 年美国伊利诺伊大学国家超级计算应用中心(NCSA, National Center for Supercomputing Applications)的研究人员马克·安德森(Mark Andreessen)等人编写了名为 Mosaic 的软件(即网景公司 Navigator 浏览器的前身),它提供了一个简单的方法,成为第一个真正的 Web 文件浏览软件。Mosaic 是又一个具有革命意义的程序,它简单易用,一般网络用户不需掌握专业技术,便可在互联网上迅速查询和浏览自己感兴趣的内容。同时它充分发挥了超文本文件格式的长处,允许不按顺序而在链接与链接之间跳跃,人们坐在电脑前,只要敲击键盘或点击鼠标,就可进入五彩缤纷的信息世界。

1994 年是互联网开始从以教育、科研服务为主向商业性网络转变的一年。1995 年美国国家科学基金会取消对互联网商业应用的限制以后,互联网以更迅猛的速度向全球扩展。1995 年 7 月,全世界联入互联网的主机为 660 万台,一年后增长近一倍,达到 1 280 万台,独立域名也从 12 万个猛增到 48.8 万个。到 1997 年 7 月,互联网覆盖了七大洲,连接主机 2 605 万台,独立域名数增长到 130 万个,网络用户超过 7 000 万人[①]。经过 30 年的发展,互联网已经连接世界上几乎所有国家和地区。

四、互联网的技术特征

1995 年 10 月 24 日,国际"联合网络委员会"(FNC)通过了

---

①　许榕生:《网络媒体》,五洲传播出版社,1999 年,第 3 页。

一项决议,对"互联网"下了定义。根据这一定义,"互联网"指的是全球性信息系统,(1)通过全球性的唯一的地址逻辑地链接在一起。这个地址是建立在"网络间协议"(IP)或今后其他协议基础之上的;(2)可以通过"传输控制协议"和"网络间协议"(TCP/IP),或者今后其他接替的协议或与"网络间协议"(IP)兼容的协议来进行通信;(3)可以让公共用户或者私人用户使用高水平的服务。这种服务是建立在上述通信及相关的基础设施之上的。

这个从技术角度所下的定义至少揭示了互联网以下几个方面的特征。

第一,规模全球性。互联网是一种分布式网络,绝对不存在等级上的中央控制和范围上的封闭界限,互联网属于全人类。

第二,网址唯一性。互联网上的每一台主机都有一个唯一而明确的网址(IP地址),通常由一个32位的二进制数字来表示,这是一台主机区别于另一台主机的标识,类似于电话号码,而且绝对不存在同名现象。

第三,规则统一性。网络上的所有电脑都必须按照共同的规则(协议)连接在一起,否则就不可能建立起全球所有不同的电脑、不同的操作系统都能通用的互联网。这好比现实社会中我们每一个人都必须遵守一些法律规范,否则社会将不成其为社会。从这个意义上来说,TCP/IP协议的发明和推广是互联网得以蓬勃发展的基础。

第四,功能服务性。网络的所有这些技术特征均决定网络的功能只是与完全的信息服务有关,而与信息控制无关。

因此,我们可以从技术角度对互联网作出如下的描述性定义:所谓互联网,就是将各自独立的电脑处理节点(node)通过线路(电话或光纤)连接而成的信息技术系统,它是一个建立在现代计算机技术和通信技术基础上的由分布于全球的成千上万个相互协作的电脑信息网络组成的技术集合体或信息技术系统。互联网中的各个节点之间可以相互通信,而通过网络则可以连接分散于各处的信息系统,从而使网上的所有资源(包括人、计算机和信息)能够为需要它而且有相应访问权限的人所共享。在由网络所形成的信息存取系统的基础结构上,人们克服了地理位置的限制,可以协同工作。互联网的功能是为人们提供广泛而迅速的信息服务,而不是对人们实行信息控制①。

当然,互联网的意义远非技术定义所能涵盖。作为一种技术革新的产物,互联网深入到政治、经济、社会、文化、生活和人类思维等各个领域,并给人类的生活带来巨大的变革。从这个意义上来理解互联网,我们会发现,网络标志着一种新的信息交流方式,迅速、丰富、开放、互动是其本质特征,这要求人类社会从过去等级森严、闭塞落后的旧文明过渡到一个权利平等、资讯发达的新文明。

五、互联网的特殊体系

严格说来,互联网是一个分散的系统,没有一个实体对其运作全面负责,但是它在网络技术标准的发展和协调方面有自己独特的体系。位于美国弗吉尼亚州的国际互联网协会(ISOC, Internet Society)负责协会的日常事务和互联网特别工作组之间的协调。协会的管理核心是国际互联网组织委员会(IAB, Internet Architecture Board),它对其下属的两个特别工作组在技术上进行把关。总的说来,国际互联网工程特别工作组(IETF, Internet Engineering Task Force)主要从事与网络相关的开发以及具体运作问题的解决;而国际互联网研究特别工作组(IRTF, Internet Research Task Force)则致力于网络方面的探讨和试验性研究。其中,IETF又按主题内容细分为应用、用户服务和安全等部分,除去在ISOC处理日常事务的少数工作人员之外,其余人员为国际互联网献计献策或所作的其他努力和贡献均属自愿和义务。具体负责与国际互联网相连的计算机信息网络的正常运行和维修工作的是各个网络中心,它们大致分为两大类:网络运行中心(NOC, Network Operation Center)和网络信息中心(NIC, Network Information Center)。就其职能范围而言,网络运行中心主要负责网络技术的工作,如建网、网络软硬件的升级和更新、网络设施的保养和维修,以及与其他网络联网、解答同行的技术疑问等等;网络信息中心则主要侧重于为用户提供网络服务,如编写使用说明和用户手册、出版网络新闻简报、用计算机为中心所提供的全部信息资料存档和提供用户培训服务等等。

---

① 冯鹏志:《伸延的世界》,北京出版社,1999年,第33—35页。

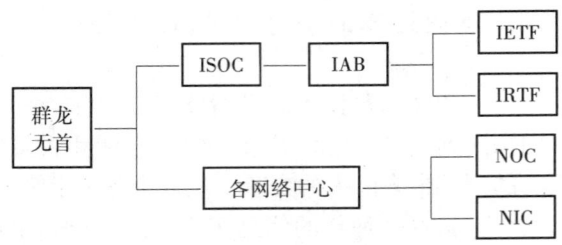

图 2-7 国际互联网管理机构示意图

第四节 互联网在中国

1994 年 4 月,中国正式联入互联网。到 1997 年底,中国互联网用户超过 60 万,比上一年增长 600%。1998 年元月,美国《时代》周刊的封面报道惊呼:"中国上网了!"

的确,中国互联网发展以惊人的速度走完了几乎世界上每个国家在与互联网连接时都必须经历的两个基本阶段。

一、第一阶段,单一的电子邮件连接阶段(1986—1993)

1986 年,中国北京计算机应用技术研究所(当时为机械工业部计算机应用技术研究所)通过与德国卡尔斯鲁厄大学合作,启动了名为 CANET(中国学术网)的国际联网项目。

1987 年 9 月,中国北京计算机应用技术研究所正式建成了中国第一个互联网电子邮件节点,它通过拨号 X.25,实现了与互联网的电子邮件系统的连接,并于当年 9 月 20 日 22 点 55 分,通过互联网向全世界发出了第一封电子邮件"越过长城,通向世界"。从此,中国正式进入互联网的大系统之中。CANET 作为我国第一个互联网国际电子邮件出口,在国家科委的支持下,迅速开始了为我国的科研、教育和学术机构等提供电子邮件服务的过程。

1989 年,中国科学院高能物理研究所通过与美国斯坦福加速器中心的合作,实现了电子邮件的国际转发,同时,通过 CHINAPAC 的建立,实现了中国科学院各研究所之间的电子邮件连接。

(Message # 50: 1532 bytes, KEEP, Forwarded)
Received: from unika1 by irau11.germany.csnet id aa21216; 20 Sep 87 17:36 MET
Received: from Peking by unika1; Sun, 20 Sep 87 16:55 (MET dst)
Date:　　Mon, 14 Sep 87 21:07 China Time
From:　　Mail Administration for China <MAIL@ze1>
To:　　Zorn@germany, Rotert@germany, Wacker@germany, Finken@unika1
CC:　　lhl@parmesan.wisc.edu, farber@udel.edu,
　　　jennings%irlean.bitnet@germany, cic%relay.cs.net@germany, Wang@ze1,
　　　RZLi@ze1
Subject: First Electronic Mail from China to Germany

"Ueber die Grosse Mauer erreichen wie alle Ecken der Welt"
"Across the Great Wall we can reach every corner in the world"
Dies ist die erste ELECTRONIC MAIL, die von China aus ueber Rechnerkopplung
in die internationalen Wissenschaftsnetze geschickt wird.
This is the first ELECTRONIC MAIL supposed to be sent from China into the
international scientific networks via computer interconnection between
Beijing and Karlsruhe, West Germany (using CSNET/PMDF BS2000 Version).

University of Karlsruhe	Institute for Computer Application of
-Informatik Rechnerabteilung-	State Commission of Machine Industry
(IRA)	(ICA)
Prof. Werner Zorn	Prof. Wang Yuen Fung
Michael Finken	Dr. Li Cheng Chiung
Stefan Paulisch	Qiu Lei Nan
Michael Rotert	Ruan Ren Cheng
Gerhard Wacker	Wei Bao Xian
Hans Lackner	Zhu Jiang
	Zhao Li Hua

图 2-8　中国科研人员发出的第一封电子邮件
（来源：中国互联网信息中心）

1990 年,电子工业部第 15 所、复旦大学、上海交通大学等单位通过与德国组织中文台的合作,实施了基于 X.400 的 MHS 系统的中国研究网（CRN）项目,并通过拨号 X.25 线路实现了与互联网的电子邮件连接;同年,清华大学校园网 TUNET 也通过与加拿大 UBC 的合作,实现了与基于 X.400 的国际 MHS 系统的连接。

1990 年 10 月,中国政府正式向互联网信息中心登记注册了我国的最高域名——"CN",并开通了使用这个中国自己的域名的互联网电子邮件服务。

1993 年,中国科学院高能物理研究所为了支持外国科学家使用北京正负电子对撞机进行高能物理实验,开通了一条连接中国科学院高能物理研究所与美国斯坦福大学线性加速器中心的 64 kbps 国际数据信道。通过运行 DECNET 协议并经过 SLAC 主机的转换,实现了电子邮件通信的功能。

1994 年 4 月,中国科学技术网(CSTNET)首次实现了与互联网的直接连接,同时获准注册顶级域名"CN"。

二、第二阶段,基于 TCP/IP 协议的全功能连接阶段(1994 年至今)

随着我国社会经济现代化发展进程的进一步推进以及对信息化所提出的越来越高的要求,单一的电子邮件服务已经远远不能满足需要。另一方面,为了向世界快速而大容量地传播中国的经济、社会和文化信息,也有必要实现互联网的全功能连接。正是在这样一种背景之下,中国实现了互联网的基于 TCP/IP 协议的连接,并开通了互联网的全功能服务,启动了诸多大型的网络信息通讯和服务项目。中国的网络发展由此进入一个全新的阶段。

在实现 TCP/IP 连接、提供全功能服务的第一年,为非开放性的学术网络阶段。1994 年 8 月,当时的邮电部与美国 SPRINT 电信公司签署协议,由这家公司协助建立中国公用计算机互联网(CHINANET),即中国互联网骨干网和公用网。经过九个月的努力,首先在北京和上海建立了国际节点,完成了与互联网的互联和与国内公用数据网(ChinaDDN)的互联,发展成为开放性的市场化网络。1995 年 5 月 17 日世界电信日这一天,邮电部宣布,向国内社会各界开放此项业务,提供所有互联网服务,开始了国内互联网络的市场化阶段。

在联网的主机数量方面,已经从 1994 年 1 月的一台迅速上升到 2000 年 6 月底的 650 万台,到 2000 年 6 月底我国网民已达到 1 690 万人;在网络化基础设施的建设方面,由中国政府支持的四大国家级骨干网络相继建成开通;在网络服务方面,一批互联网服务公司也如雨后春笋般涌现;到 2000 年 6 月底,我国的 Web 站点已经超过 2.7 万个,互联网上的信息极大丰富,功能和服务也日趋健全;而在网络规范化方面,我国于 1997 年 6 月正式成立了"中国互联网络信息中心"(CNNIC),并授权中国科学院网络信息中心运行和管理中国互联网络信息中心。在此过程中,中国政府还相继制定和出台了《中华人民共和国计算机信息系统安全保护条例》、《中华人民共和国计算机信息网络管理暂行规定》等相关的法律规定。

中国互联网络信息中心(CNNIC)从 1997 年 10 月起,进行有关互联网在内地发展状况的全面调查,从 1998 年 6 月起,每半年进行一次调查。2007 年 12 月的调查表明,中国内地的网民总数达到 2.1 亿,仅次于美国,为世界第二。

表 2－2　1997 年以来中国上网计算机和上网用户的增长

调查截止日	上网用户数(万)	调查截止日	上网用户数(万)
1997.10.31	62	2003.6.30	6 800
1998.6.30	117.5	2003.12.31	7 950
1998.12.31	210	2004.6.30	8 700
1999.6.30	400	2004.12.31	9 400
1999.12.31	890	2005.6.30	10 300
2000.6.30	1 690	2005.12.31	11 100
2001.6.30	2 650	2006.6.30	12 30C
2001.12.31	3 370	2006.12.31	13 700
2002.6.30	4 580	2007.6.30	16 200
2002.12.31	5 910	2007.12.31	21 000

(来源:中国互联网络信息中心 CNNIC)

第五节　互联网的基本服务

互联网将分散在世界各地的使用不同操作系统的不同类型的计算机联成网,向用户提供各种服务功能。其基本功能包括通信功能、信息检索功能和信息提供功能。

一、电子邮件(E-mail)

我们今天大量使用的电子邮件,就是通过网络用电子形式发送的信件。这种通信形式最初诞生在一小群专门研究 ARPANET 的美国计算机领域的精英之中,是互联网上最早发展起来的部分。作为国际计算机网络,互联网之所以得到广泛使用,原因之一在于它的灵活性可以包容任何类型的计算机或计算机网络。不论使用什么类型的计算机,不论使用调制解调器连接,还是从一个网络连接,也不论使用什么样的电子邮件程序,都可以在互联网上发送和接收电子邮件。

我们今天无法确定谁是 E-mail 的发明者,当年 ARPANET 的使用者都利用网络进行人际交流。1972 年 BBN 公司的雷·汤姆林森(Ray Tomlinson)对已有的传输文件程序以及信息程序进行研究,研制出了第一个实用的网络电子邮件软件。当时 ARPANET 的使用者都有自己的计算机账号,用什么方法将每一个使用者的名字与所使用的计算机系统的名字分开呢? 怎样才能使用户的电子邮箱地址一目了然呢? 这是汤姆林森在设计软件时遇到的一个问题。面对自己的电传打字机,所有的字母和数字一览无余,然而引起汤姆林森注意的是符号@ ,于是这个符号就被他用来连接个人用户名和计算机主机系统的名字。今天,符号@ 已经成为网络世界的象征之一[①]。

与传统邮件相比较,电子邮件具有明显的优势。第一,电子邮件的速度更快,传统邮件的物理位移与以光速传递的比特根本无法相比。第二,电子邮件使用非常方便,价格低廉。用户可以坐在电脑前完成一切,不需要到邮局买邮票、信封和发信;用户发送电子邮件只需支付联通服务器的费用,即上网费,而且信件不论是发往隔壁办公室还是地球的另一端,费用都是一样的。第三,电子邮件的功能更强,利用传统的邮件系统只能一信发一人,利用电子邮件只要建立一组收件人列表就可以发给一群人。除了文字以外,电子邮件还能传递图片、动画、声音和图像文件。

当你习惯使用电子邮件之后,就会觉得它和电话一样,是个非常有用的通信方式。和电话不同的是,你可以先写好内容,编辑好,然后再

[①]　Dominick, Joseph R. 等:《电子媒体导论》,复旦大学出版社,2006 年,第 33 页。

发出,而且它不要求对方先放下手中的事来接你的电话。你可在电子邮件中放入巨量信息,而接收方完全可以在他们合适的时候回复你。

　　与传统的传播媒体相比,电子邮件的另一个不同之处是,接收者所看到的形式和发送者所看到的形式并不一样。一个人的声带制造的声波基本上是相同地被自己和听者的耳朵所接收,写信的纸和收信人所看到的纸并无两样。但在发送电子邮件的过程中,用来写作、发送、储存、下载和接收的硬件和软件可能与接收者所用的完全不同。所以,当一封电子邮件出现在接收者的电脑屏幕上时,它的视觉效果会有相当大的差异。因此,电子邮件的写作不同于书面写作以及口头传播,并在实践过程中形成了一套自己的写作规范和礼仪。比如用英文写作时,将单词的字母全部大写,表示强调该单词;所有字母都大写,给人以"大喊大叫"的感觉,是不礼貌的表现;未经作者同意,不应将他人写给自己的 E-mail 转发给其他人;回复 E-mail 时,如果只保留来函原文的一部分,要注意保证这段话离开了原文的上下部分也不会给别人造成误解,等等。

二、Usenet

　　Usenet,即新闻组,是互联网上提供的一种分主题讨论的服务方式。从某种意义上说,新闻组其实是一个世界范围的 BBS。用户参加新闻讨论组以后,可以通过 E-mail 的方式参加一个或多个不同主题的联机讨论。当一个用户提出一个建议和发表一条意见,每一个参加了这个讨论组的用户都会收到。如果一个用户提出一个问题,有可能得到参加该讨论组的其他用户的帮助。

　　Usenet 诞生于 20 世纪 70 年代。1976 年,南卡罗林纳大学的研究生斯蒂夫·贝洛温(Steve Bellovin)创造了 Usenet。通过这个系统,位于南卡罗林纳大学校园的计算机用户和不远的 Duke 大学的计算机用户可以互相发送信息。Usenet 的运作有几分像公告牌,一个话题区一旦建立起来,网络上的计算机用户们就可以将自己的看法贴上去。最初,大部分讨论是与计算机有关的话题,但不久政治、音乐和两性就成了系统中的热门话题。20 世纪 70 年代末,一个名叫麦特·格立克曼(Matt Glickman)的高中生和一个名叫马克·豪顿(Mark Horton)的加利福尼亚大学伯克利分校的研究生改写了 Usenet 程序,扩大了其容量。通过 Usenet,几十所大学没有 ARPANET 的账号的师生有了上网的可能。而 Usenet 本身也迅速增长,从 1979 年的三个扩展到数千个不同的新闻组。作为用于军事目的的项目,ARPANET 的管理当局当然不能容忍 Usenet 在网络上讨论诸如毒品、性和摇滚乐之类的话题。为此,ARPANET 为 Usenet 新闻组另外设立了路径系统,使 Usenet 的信息传递绕开 ARPANET 的主干网络。同时规定,作为公告牌,必须冠以"alt"的前缀,使之区别于传统的科研、军事和计算机科学的信息交流。这一新的政策遭到网络用户的反对,有人甚至认为这是"新闻检查制度"的翻版。尽管如此,"alt"分配系统一经推出,新闻组的数量迅速成倍增长,而第一个冠以"alt"的新闻组竟然就是摇滚乐讨论组(alt. rockandroll)。不到五个月,ARPANET 当局作出了让步,允许新闻组在网络上传播,并取消了检查制度。

与 BBS 不同的是,新闻组不受任何人管制,用户可以在新闻组上发表任何意见。新闻组中的每个专题小组都有自己的特定主题,也称为新闻讨论组(News Group),为自己特定的用户提供一个论坛。目前世界上各类新闻组超过 10 000 个,讨论主题涉及几乎所有领域。用户对某一话题有兴趣,就可以通过与新闻组相连接来获取关于这一主题的网络新闻,如果自己对该话题有兴趣,还可以通过电子邮件的方式向新闻组投稿。

三、网上论坛(BBS)

BBS 是英文 Bulletin Board System(电子公告板系统)的缩写,这个称呼也许跟它最初专门用于公布股市价格等信息有关。实际上,后来的 BBS 大大突破了这个概念,公告板只是相当于它现在的信区功能,此外,BBS 还有让大家自由上传、下载软件的共享软件区,联网玩游戏的在线游戏区等。不过,到 20 世纪 90 年代末,BBS 似乎又有"返璞归真"的趋势,不少 BBS 借助互联网,又变成了纯粹的"讨论区"。现在大多数网站的 BBS 就像现实生活中的公告板一样,用户除了可以进入各个讨论区获取各种信息以外,还可以将自己要发布的信息或参加讨论的观点"张贴"在公告板上,与其他用户展开讨论。BBS 通常分为多个讨论区,每个讨论区有自己的主题,每个讨论区都有专门的管理者对用户所发表的文章进行管理。用户可以根据自己的兴趣参加不同的讨论区,阅读讨论区中的文章,在讨论区中发表自己的意见。在阅读了某篇文章以后,也可以用"回信"形式与作者或本讨论区的网友展开讨论。一般来说,现在能看到的 BBS 大致有三种,即拨号式 BBS、登录式 BBS 和基于 Web 网页的 BBS。

拨号式 BBS 的"资格"比较老。任何人只要有一台电脑、一个 Modem、一根电话线及上站软件,甚至无需接入互联网,即可直接拨号访问,进行信息交换和数据传输。不过,这种 BBS 全部操作都要通过键盘,而且对同时上站的用户人数也有限制,加上其界面单调,今天使用拨号式 BBS 的人已经不多了。

登录式 BBS 是对拨号式 BBS 的改进。由于被搬到了互联网上,突破了对同时上站人数的限制,即时性和交互性比其前身有较大改善,访问也更加方便。但界面仍无多大变化,效果与 Web 网页不可同日而语。

基于 Web 网页的 BBS 同一般的网站(页)一样,建在互联网上的某台服务器中,除了仍然保持传统 BBS 的基本内容和功能外,界面及使用都有很大变化。由于已经发展成了互联网网站(页),所以,可以通过浏览器直接登录、访问,就像访问一般的网站(页)一样。但是 BBS 传统的共享软件区等被取消,只保留了讨论、交流等功能,这种 BBS 实际已经"蜕变"成了网上论坛。显然,这种 BBS 不但让人看起来更"顺眼",操作更方便快捷,而且具有更强的即时性和交互性。

总体上说,各个论坛虽然在页面上有些区别,但基本组成都差不多,用户可以浏览、提问、答复。需要说明的是,有些论坛要求用户输入自己的用户名和密码,即在该论坛注册。一般情况下,非注册用户也可以浏览、回复,但注册用户拥有更多权利(如修改、删除发言等)。也有少数知名论坛,则要求只有注册用户才有发言权,而非注册用户只能当看客①。

目前世界上最大的论坛是日本的"2 频道"(2ch. net)。这个创建于 1999 年的论坛共有 600 多个版块,从"时政新闻"到"厨艺烹调"等,不一而足。每个版块下又有数千个话题,为了保证话题的不断翻新,避免老生常谈,每个话题的帖子数量一般以 1 000 条为上限,到达上限,就必须另开新话题。为了保证言论的自由和开放,参与论坛的用户不

---

① 西山月:《如何使用论坛?》,ChinaByte。

必注册,完全是匿名的。但也正是因为匿名,论坛也充斥着许多极端言论,比如在中东版块就有反犹太主义的话题和仇视穆斯林的话题,在亚洲版块,也不乏仇视高丽民族和反华的种族主义话题。

四、网络聊天

聊天是许多网民上网的主要活动之一。所谓聊天,就是网络用户通过计算机网络与一人或多人实时交流信息。最早的网络聊天是纯文字聊天,以后逐步发展到语音聊天和视频聊天。网络聊天可以分为多人在线实时交谈(IRC)和即时通信(IM)。

1988 年芬兰人 Jarkko Oikarinen 开发了网络聊天协议 Internet Relay Chat(IRC)。与 BBS 相比,IRC 除了实时以外,有着更直观、更友好的界面,是一种即时闲聊方式,使众多的网民流连忘返,当然也有人沉溺其间。一般商业网站,如新浪、网易等等都有支持多人参与的聊天室。聊天室有两种组织模式,一种模式的聊天没有事先确定的主题,许多人平等地进行交流,而话题常常随着聊天的进程而不断变化。由于参与者的目的各不相同,不可能通过讨论对某一问题达成共识,然而正是这种无拘无束的讨论和闲聊,给了参与者一种自我表现的机会,参与者也可以从他人的闲聊中发现思维的"闪光",从而获得启发。另一种模式就是以名人为中心的聊天。在这种聊天中有一个中心人物,人们的交流围绕他而展开。相对来说,这样的交流效率较高,传达的信息量相对来说较多。

网上聊天功能允许多个用户在计算机上同时进行实时的、交互式对话,与 E-mail、Usenet、BBS 和论坛的区别就在于前者是实时的,而后者是延时的。一些主题讨论的接近 Usenet、BBS 和论坛,但由于聊天是实时的,只有那些恰好在同一时间登录的用户才能参加讨论,因而参与者远远少于 Usenet 和 BBS。

除了聊天室,更受网民欢迎的是即时通信。即时通信不仅可以进行文字聊天,还可以进行语音聊天和视频聊天,用户还可以点对点地发送和接收文件。与其他网络服务不同的是即时通信提供了个性化的好友管理,用户可以建立自己的好友列表,并自行管理、查找、添加和删除好友名单。通过好友列表,用户可以知道某好友是否在线,是否处于适合聊天的状态。如适合,则可以点击好友头像,建立联系;如不适合,则可以发送信息到系统服务器,便于好友在适当的时候回复或聊天。

目前在互联网上常用的即时通讯软件包括 QQ、MSN Messenger、AOL Instant Messenger、Yahoo! Messenger、NET Messenger Service、Jabber、ICQ 等,在中国,用户最多的是 QQ。事实上,QQ 最早模仿的是 ICQ。ICQ 为"I seek you"("我在找你"之意)谐音缩写,是以色列的三个年轻人于 1996 年开发的一款通信软件。在无人投资的情况下,这三个年轻人建立了一家公司,向全球互联网用户提供免费下载。用户很快发现 ICQ 有很多优点,首先是互动性比 E-mail 和 BBS 强,只要将其他用户列入好友名单,就可以知道对方的状态是在线还是离线,可以随时交谈,也可以传送文字和图片。到了 1998 年,这家公司的 ICQ 月户已经发展到 1 200 万人,并以每月 100 万用户的速度增加。ICQ 潜在的商业广告价值也吸引了许多大公司争相购买。1998 年美国在线(AOL)收购了 ICQ 公司。据美国在线 1999 年底称,ICQ 使用者已达 5 000 万,其中超过三分之二的使用者居住在美国本土以外的世界各地[①]。1998 年,深圳市腾讯计算机系统有限公司开发出 OICQ,在 ICQ 前加了一个字母 O,意为 opening I seek you,即"开放的 ICQ"。1999 年 3 月开始提供正式服务,到 2000 年,腾讯的 OICQ 基本上已经占领了中国在线即时通讯 90% 以上的市场。就在这时,腾讯接到美国在线发来的律师函,称 ICQ 是美国在线的注册商标,要求腾讯把 OICQ 改名,否则将诉诸法庭。为了避免法律冲突,腾讯将"QQ"这一用户对 OICQ 的昵称改成了 OICQ 正式的新名字。经过几年的发展,在激烈的市场竞争中,腾讯 QQ 一直保持"龙头老大"的地位,占据中国即时通信市场近 80% 的份额。

---

① 闵大洪:《ICQ 面面观》,www.cjr.com.cn。

第三章

网络传播的功能和特征

近十多年来，随着互联网的兴起和迅速发展，网络对社会产生的影响日益显现并不断扩大，引发了人们的思考，网络传播成为一个热门话题，也成为多门学科研究的一个重要课题。在传播学领域，人们发现，现有的传播学理论已经不能完全解决网络传播带来的新问题。随着网络传播的发展和研究的深入，是否有可能形成一门新的学科——网络传播学，有些学者已经提出了这样的问题。作为研究的基础之一，认清网络传播的功能和特征是十分必要的。

第一节　网络传播的界定

什么是网络传播呢？从字面上看，"网络传播"是通过网络进行的传播活动或过程。应该说，对网络传播的"传播"，认识比较一致，而对"网络"则界定不明。

早期的研究，多把"网络"界定为计算机网络和互联网，如：

• "网络传播是利用计算机网络传递和交流信息行为的过程，它汇聚了多种传播手段的优势，是更加个性化、更加平等交流的新的传播方式。"[①]

———————————

① 王中义等：《网络传播原理与实践》，中国科学技术大学出版社，2001年，第20页。

• "所谓网络传播其实就是指通过计算机网络的人类信息(包括新闻、知识等信息)传播活动。在网络传播中的信息,以数字形式存贮在光、磁等存贮介质上,通过计算机网络高速传播,并通过计算机或类似设备阅读使用。网络传播以计算机通信网络为基础,进行信息传递、交流和利用,从而达到其社会文化传播的目的。"①

• "网络传播是以计算机通信网络为基础,通过计算机网络进行的人类高级传播活动。"②

• "网络传播是通过计算机网络的人类信息传播活动。"③

• "所谓网络传播指的是通过互联网(Internet)上的万维网站(WWW)、新闻组(Usenet News)、邮件列表(Mailing list)、公告板(BBS)、网络寻呼(ICQ)等手段,进行一对一、一对众的信息传播。或是信息发布和接受,或是信息互动交流,也可以是信息转发等等活动。"④

然而近年来,诸如手机和手机短信、移动电视、手机电视等为研究者普遍关注的新的数字化传播手段已经超越了互联网或计算机网络的范畴,因此,有必要对"网络传播"重新界定。

自古以来,人们一直在寻求快速的远程信息传递方式。适应当时的生产力发展水平,人们创造了诉诸视觉的烽火狼烟和诉诸听觉的击鼓鸣金来扩大信息传播范围,提高传播时效。而真正意义上的通信网络出现在 19 世纪下半叶电报、电话发明之后。

所谓通信,就是点与点之间的传播系统,而这一传播系统的建立必须有两台或两台以上的用户终端,并通过传输介质连接起来。将众多的通信系统通过交换系统按照一定的拓扑结构组合起来就组成了通信网络。通信网络的建立,终端设备、传输系统和交换系统三大要素缺一不可。因此,当莫尔斯发出第一条电讯,当贝尔发出第一个语音信息,人类开始了电子通信,而第一个物理通信网络的建立,则始于人工电话交换系统。随着交换系统从人工交换发展到自动交换,再到数字交换,电话成为第一种实现数字化的传播媒介。

广播电视网和有线电视网是不同于点对点的通信网络的大众传播

---

① 匡文波:《论网络传播学》,载《国际新闻界》,2001 年第 2 期。
② 孙国林:《网络传播发展综述》,载《成都大学学报(自然科学版)》,2004 年第 3 期。
③ 陈燕、王敬红:《网络传播:研究方法的困惑与思考》,载《现代传播》,2003 年第 1 期。
④ 单晓红:《传播学》,云南大学出版社,2003 年,第12 页。

网络,主要用于向不确定的受众单向传播信息,因此它的拓扑结构也与通信网络有所不同。随着技术的发展,传统的模拟广播电视正在被数字广播电视所取代,传统的同轴电缆也正在被光缆所替代。

现有的第三个网络系统是计算机网络。计算机网络主要用于用户之间的信息和计算能力的共享,计算机网络有时有自己的物理形态,如局域网(LAN),但更多的是依附于通信网和广播电视网。

而国际互联网(Internet)其实并没有自己的物理形态,它只是通过通信协议(TCP/IP)和分组交换实现的全球计算机网络的连接(link)。由于上述三种物理网络都已经或正在数字化,尽管在服务、经营和政策管理方面三网还各自为政并相互竞争,但在传播功能上已经合而为一了。比如今天的电话业务已不再单纯用于通话,它还为用户提供互联网接入。特别是 DSL(Digital Subscriber Line)技术,使用户可以通过电话线接收高质量的视听内容。而传统的话音业务,也可以通过分组交换协议在有线电视网络或计算机网络上进行传输。传统的广播电视节目,是通过地面(无线)、电缆和卫星发送的,而现在的数字信号,既可以通过地面和卫星,也可以通过通信网络和计算机网络进入千家万户,并且一改传统的单向传播,使双向互动成为可能。借助于移动通信技术,人们可以摆脱电线的束缚,也不必坐在电视机前,可以通过手机或其他移动装置,随时随地发送、接收信息,包括音频、视频信息。

技术的融合使我们看到,把网络传播的研究对象仅仅局限于计算机网络(或互联网)是不够的,而应该涵盖所有的物理网络。而数字化可以将原来各自独立、自成体系的信息传播网络融为一体。只有数字化信息的传播才是融合的,因此我们认为,所谓网络传播,应该界定为:人类利用计算机和现代通信技术进行的数字化信息传播。网络传播得以实现的物质基础是通信网络、广播电视网络和计算机网络,它提供的是双向互动的多媒体信息的交流、传播和共享的平台。

网络传播与传统的通信网络和大众传媒的一个重要区别在于它除了提供了一个通信和传播的渠道(channel)以外,还提供了一个公共的空间(space)。电话作为最早的通信网络,其节点,即用户终端之间互不相干,因而并不存在一个公共的空间。即使是电话会议,也仅仅是现场会议的空间的扩展和延伸,传统大众传媒的单向传播更没有什么空间可言。然而数字化的网络传播则不同,不管用户通过何种方式上网,他接触的是界面(interface)。提供这个界面的可以是计算机,也可以是手机和其他移动接收装置,当然也包括能够接收数字信号的电视接收机。在界面的这一边,是实实在在的物理空间,而在界面的另一边则是看不见摸不着的虚拟空间。

在这样一个虚拟的空间里,人类的各种传播得到了融合。首先,我们看到了大众传播和人际传播的融合。

大众传播是传播机构通过某种机械装置定期向社会公众发布信息或提供教育、娱乐的交流活动,它与人际传播、群体传播在传播方式、内容、媒介、对象等方面均有很大差别。在大众传播过程中,有三个基本要素是必不可少的,即职业传播者、大众传播媒介和不确定的广大受众。从历史上看,互联网是建立在点对点的人际传播基础上,逐步发展为群体传播,继而由于传统大众传媒纷纷上网,成为网络传播的一个组成部分,互联网开始发挥大众传播媒介的作用。

互联网的前身 ARPANET、NSFNET 是将属于不同个人与群体的计算机、计算机网络以及外部设施联结起来,通过点对点通信的方式,发挥其主要功能,即指令、文件与情报资料的传输与交换。而在互联网发展早期,大多数人上网的主要目的是收发 E-mail,利用 FTP 进行文件传输,或远程登录到 Telnet 共享计算机资源。这时的互联网的主要传播方式是点对点的传播,因而是一种人际传播。

现实中的人际传播可分为直接的(面对面)和间接的(通过媒介,如电话、电报、传真、信件等),而这两种人际传播又可以是同步的(即时的),如面对面谈话、演讲、电话,或异步的(延时的),如电报、传真、书信等。通过互联网进行人际传播,既可以是同步的,如网上聊天,也可以是异步的,如 E-mail、BBS 等。这时的网络传播还不是大众传播,因为大众传播所必不可少的三个基本要素都不存在。首先网上没有职业传播者,即使是传统媒体的从业人员也是以网络用户的身份参与网络传播,或检索资料,或进行人际交流,或参与小组讨论。其次,本来意义上的大众传播媒介,是指传播机构发布信息和受众接收信息的机械装置(广播、电视)或产品(报纸、书刊等)。而计算机网络作为一个数字化的信息平台,本身不是大众传播媒介,在大众传播机构利用它来发布信息之前,也不可能发挥大众传播媒介的作用。第三,大众传播的受众是大众传播媒介的使用者、大众传播产品的消费者。他们数量众多,分布面广,对于传播者来说,他们是不确定的,传播者事先不可能确切地知道自己发布的这条信息会有多少人注意,也不可能确切地知道自已制作的节目会有多少人收看收听,哪些人收看收听。而网络用户在发布信息时,信息的接收者是确定的(如 E-mail)或者是有着共同兴趣的群体(如 BBS、Usenet、聊天室)。

在传统的传播环境中,大众传播与人际传播分别属于两个各自独立的体系。如果说两者有联系的话,也仅仅是外部联系。比如大众传播媒介从业人员,如记者,从人际传播中发现新闻线索,经过人际传播进行采访,加工制作后通过大众传播媒介进行传播。而大众传播的内容也可能成为人际传播的谈资。

20 世纪 90 年代中期以来,由于传统大众媒体纷纷上网,网络传播将人际传播和大众传播融为一体,并且模糊了两者之间的界限。

在传统传播环境中大众传播与人际传播泾渭分明,两者之间的最大区别是大众传播的信息是单向流动的,而人际传播则是双向互动的。在大众传播过程中,控制权掌握在传播者手中,受众总是处于被动的接收端,虽然在具体媒介形式上,他们可以选择看报纸或是听广播、看电视,面对大量的媒体,他们可以选择某一份报纸,选择某一家电台、电视台的某一个频道或节目,然而面对大众媒介"推送"给他们的内容,他们没有选择的自由。他们的反馈是极其有限的,是严重滞后的,而且经常是不被重视的。因为在大众传播过程中,传播者的终极目的并不是为了与受众交流,而是通过传递的内容对社会公众施加某种影响,最终达到自己追求经济利益,或者政治利益,或者两者兼顾的目的。而在人际传播过程中,传播者和接收者分别处于传播的两端,他们是平等的、互动的,反馈是及时的,并直接影响传播的过程和内容,因而传播过程是由传播者和接收者双方来控制的。有时候在传播过程中传播者和接收者的界限是模糊的,互为交替的。融大众传播和人际传播为一体的网络传播赋予了传播者和接收者以平等的地位,只要上了网,不管是传统大众媒介的职业传播者还是一般用户,都可以向广大的不确定的受众发布信息,并迅速甚至即时地获得反馈,或直接与信息的接收者进行交流。

在网络传播中,大众传播和人际传播已经合而为一,不分彼此,有时也分不清彼此了。网络媒体提供的是个性化服务内容,从信息的发送端来看,可能是专业的传媒机构,与大众传播的要素相符合,但是接收端却不是大众而是个人,这就很难说是大众传播还是人际传播;相反,用户表达个人观点的帖子或短信,可能出现在传统媒体的网站上,也可能经他人转贴或群发,而被不确定的多数用户接收,从发送端来看,不具备大众传播的要素,而从传播效果来看,与大众传播却差不多,这样的传播活动按照传统的标准已经很难界定究竟是人际传播还是大众传播了。现实生活中的人际传播通过网络,如通过 E-mail、BBS 和手机短信等聚集话题,形成舆论,发挥了不亚于大众传播的鼓动作用和组织作用,2005 年 4 月发生在上海等地的涉日游行示威活动就是一例。尽管事先大众传媒多次报道说政府有关部门没有批准任何游行示威活动,并劝阻市民不要参加,但是在一些网站出现了大量鼓动性的帖子,许多用户也收到了通过手机短信发布的游行"通知"。最后游行示威还是发生了,并出现了一些过激的违法行为,造成恶劣的社会影响。

其次,20 世纪 90 年代下半叶以来,面对网络传播的冲击,传统的大众传播媒介一方面把网络作为自己重要的信息来源,另一方面把网络作为自己的发送手段,并且利用网络传播的特点最大限度地发挥自己的长处,弥补自己的短处,从而突破了原先的媒介界限。报刊一旦上了网,就不再是"定期出版物",网络传播的即时性使报刊超越了截稿时间,因而报道的时效性大大增强;网络传播提供的无限空间使报刊不再受制于篇幅限制,各种分析性报道、调查性报道、解释性报道可以做得更深更广;网络的多媒体传播使报刊不再是"平面媒体",而从"图文并茂"发展为"声情并茂"。广播电视借助于数字化的网络传播,不再是单向广播,而是把选择权交给了受众,把广播变成了"窄播",甚至为个人"度身定制";线性传播的广播电视节目不再是稍纵即逝,受众可以随时收看收听,可以反复收看收听,还可以下载储存。总之,在网络传播这个公共平台上,已经没有了印刷媒体、广电媒体的区别。传统媒体在网上融合,取他人之长,补自己之短,共同构成一个全新的媒体。

第三,人类的传播活动总是在一定的空间和时间内进行的,而在网络传播提供的虚拟空间中,传播的时间和空间都被压缩了,原先的同步传播和异步传播也融合在一起。人类最早的传播就是人际传播,而且是在视力和听力范围内的传播,因此也是同步传播。随着文字和书写工具的发明,产生了异步传播,扩大了传播的物理距离,但同时也扩大了传播者和接收者之间的心理距离。电报、电话的发明,使得远距离的同步传播成为可能,通信两端的用户可以相隔千山万水,但其心理距离可以近在咫尺。而网络传播的用户在网络传播提供的空间中,既可以通过 E-mail、手机短信等进行异步通信,也可以通过语音、在线聊天等进行同步通信,而且通信范围扩展到了全世界。大众传播则从异步传播(报刊)开始,发展到同步传播(广播电视的现场直播)。由于大众传播是工业革命的产物,不管是同步传播还是异步传播,都得遵循批量生产的原则,以最低的成本通过机械复制来满足大众(而不是具体个人)的需求。受众通过纸张、扬声器和荧屏等物质接触大众媒介,得到的是批量生产的产品,传播方式是同步或异步,由媒体说了算。即便如具备现场直播技术能力的广播电视媒体,也往往因制作成本过高而不做同步传播。而在网络传播的空间中,同步传播与异步传播相互融合,大众传媒可以在网上以同样的成本甚至更低的成本提供个人化服务,传播同步或异步,也取决于用户的选择。

网络传播秉承了通信网络的开放特点,即节点可以无限增加。比较而言,传统的报刊受发行量的限制,广播电视受发射功率的限制,有线电视受电缆入户率的限制,影响虽大却有限。而网络传播"一网打尽"全世界,可以毫不夸张地说,世界有多大,网络就有多大。但这还不是问题的根本所在,网络传播的革命性意义在于传播本原的回归。

人类传播起源于信息交流和共享的需要,而真正的交流和共享应该建立在平等的基础之上。在点对点的人际传播中,信息的发出者和接收者是平等的,并且是互动的。在一个传播过程中,两者的角色有时是互换的。某甲打电话给某乙,如果是为了告诉某乙什么事,他就是传者,而如果他是为了了解什么事,则被呼叫的某乙成了传者。如果双方在电话里交谈,则双方既是传者又是受者。网络传播继承了这种传播模式。不同的是,某甲呼叫的可以是个人,可以是数据库,也可以是专业传播机构(如大众传媒网站)。他的目的可以是简单的获取信息,也可以是搜寻自己感兴趣的信息,还可以上传(即发布)信息。不管用户呼叫的是个人还是专业传播机构,他与被呼叫对象的关系是平等的。

传统的大众传播模式是单向的、"中央集权式"的,对受众来说是不平等的。传统大众传播对受众不可谓不重视,对具体的媒介机构来说,发行量、收视率甚至决定了它们的生死存亡,因此它们致力于提供受众"想要的"和"需要的",但是什么是受众想要的和需要的,则由媒体一厢情愿来决定,即便媒体的决定是正确的,也是大众想要的和需要的,至于个人想要的和需要的则被忽略或无暇顾及。而由于网络是由无数个可以双向互动交流的节点组成的,每一个节点就是一个信息源,同时也是一个接收终端,因此在开放的网络传播平台上,任何人都可以在任何时间、任何地点搜索全世界的信息,真正获得自己想要的和需要的信息;也可以在任何时间、任何地点面向全世界发出自己的声音,发出自己想要和需要发出的信息。因此是网络传播赋予了用户参与传播的平等权利,实现了传播的个性化和个人化的回归,参与到传播活动中的不再是绝对的传者和绝对的受者,传者和受者的角色互换带来了传播互动,也带来了传播的平等和传播的民主。

如果说人际传播发生在传播者和接收者之间,双方是平等的,因而是没有中心的,那么在大众传播过程中,在某一大众传媒覆盖范围内,传播者永远处于传播的中心,占据着主动地位。然而,网络传播可以是一点对一点,也可以是一点对多点或者多点对多点、多点对一点,因而是无中心的,并且呈网状的网络传播是没有边际的,也就无所谓覆盖面的问题。对于个别用户来说,不管身处地球的任何角落,只要上了网,他就是中心,可以自由地发布传递信息,可以自由地搜索、储存和加工信息。

我们还看到,人际传播和大众传播在网络传播中融合以后,两者之间的互动性也增强了。在传统传播环境中,受众的反馈往往是通过人际传播的方式实现的,如写信或打电话给媒介机构,媒介机构也可以通过对受众进行问卷调查或召开座谈会的形式了解受众的意愿和要求。受众有时将自己从大众传媒获得的信息作为茶余饭后的谈资,与他人交流,有时则通过大众传媒对道听途说得来的信息进行证实或证伪。有些娱乐性节目,如电视连续剧,往往是受众之间的人际传播,一传十、十传百而扩大了收视率。在网络传播中,传统大众传媒在发布信息的同时往往提供超链接方式供用户点击,直接发表自己的看法。用户通过人际传播方式(如 E-mail)传递的信息又可能通过大众传播的方式被更多的用户所接收。用户对某一信息感兴趣,认为有价值,可以用E-mail 向朋友推荐,也可以贴到 BBS 供更多用户共享,当然也可以作为在线聊天的内容。正是人际传播和大众传播在网络传播中的有机结合,使两者的互动更为直接、更为有效。

第二节 网络传播的大众传播功能和特征

互联网的迅速发展令人刮目相看。有研究表明,无线电广播的听众达到 5 000 万用了 38 年,电视广播的观众达到 5 000 万用了 13 年,而互联网的用户达到 5 000 万只用了不到 5 年的时间。今天,在西方发达国家和一些发展中国家和地区,互联网就其用户数量来说,已经完全可以称得上是一种大众传播媒介。

一、网络传播的大众传播功能

一般认为,作为大众媒介,其主要功能为监视环境、决策参与、文化传承和教育以及提供娱乐等。这些功能通过互联网得到了充分的发挥,在某些方面甚至超越了传统大众媒介。

1. 监视环境功能

监视环境功能,即及时向社会成员提供社会内部和外部环境的重要事件和最新变化的功能,被认为是大众传播媒介最基本的功能。施拉姆将这一功能比喻为"社会雷达"。他认为,人们"往往借助于大众媒介得到一种同周围的事态发展和社会有关联的感觉。他们尽管并不参与任何这类事态发展,但是由于密切注意新闻和各种思想的交战,他们克服了孤独和疏远带来的寒冷和黑暗"[1]。在现代社会里,社会成员为了自身和整个社会的健康发展,对超越自身经验的内外环境的认知的需求不断增大,因此对承担着搜集和发布社会环境信息任务的大众传媒的依赖性也不断增大。然而,由于时空的限制,传统大众传媒所能做到的十分有限,从发展来看,跟不上需求的增大。在现阶段,互联网发挥了重要的补充作用,而传统传媒在互联网上的延伸,则大大增强了自己的环境监视功能。

一旦上了互联网,报纸不再受到版面的限制,不再受到截稿时间的限制,当突发事件发生时,可以在第一时间发布信息。1999 年 5 月 8 日 5∶45(北京时间),北约袭击我驻南使馆,《人民日报》记者吕岩松于 6∶00 通过电话向环球时报副总编辑胡锡进报告这一消息。《人民日报》网络版在 9∶25 发布了使馆被炸的第一条报道,11∶55 发布了电话采访吕岩松的现场目击记,在全世界首次披露除邵云环外,还有许杏虎、朱颖两人遇难。对于广播电视来说,网络突破了视听的局限,可以进行深入报道。对一些重大事件,可以在现场直播的同时在网上直播,使传播的范围无限扩大。

发生在美国的"9·11"恐怖袭击事件以及随后的反恐战争可以说

---

① 威尔伯·施拉姆、威廉·波特:《传播学概论》,新华出版社,1984 年,第 35 页。

是网络传播时代迄今为止最重大的国际事件。2001 年 9 月 11 日美国东部时间上午,一伙恐怖分子劫持了两架民航客机,先后撞击纽约世界贸易中心,造成大楼爆炸并倒塌。紧接着,又有一架被劫持的客机袭击了华盛顿的五角大楼。"9·11"恐怖袭击事件,造成重大人员伤亡和经济损失,是第二次世界大战以后美国本土遭受的最严重的袭击。

　　"9·11"恐怖袭击事件当天及以后相当长的一段时间里,大多数美国民众主要通过电视媒体了解最新信息。但是,网络在人际传播方面发挥了重要作用,特别是在直接遭到恐怖袭击的地区,由于通信设备的破坏或拥阻,网络成了人们交流沟通、交换信息、互致问候的主要手段。许多网站,特别是新闻网站、有关政府机构网站、搜索引擎和门户网站的访问量激增,不少网站根据突发事件,及时增加了新的网页内容和新的传播交流功能。据美国 PEW 在 2001 年 10 月的调查,9 月 11 日—12 日的网站访问量、网页下载数和网民浏览网页的时间分别比一周前上升了 240%、272% 和 245%[①]。

图 3-1　CNN 2001 年 9 月 11 日 10:15(美国东部时间)的新闻页面,整个页面只有一条新闻和一幅相关图片

---

① 张海鹰:《9·11 与美国网络传播》,载《新闻大学》,2002 年冬季号。

2. 决策参与功能

在传统的大众传播环境中,公众的"知情权"和"告诉权"是通过大众传播媒介来实现的,大众传媒同时还为民众与政府,为不同的社会阶层和利益集团之间提供了协商对话的渠道。在这里,新闻自由和言论自由是发挥决策参与功能的先决条件。但是在任何社会制度下,新闻自由和言论自由都是有限的,因此大众传媒的决策参与功能也大打折扣。相对而言,互联网向用户提供了更为自由的空间,因而也提供了更为畅通的渠道。正如比尔·盖茨所说:"传媒上的每一进步,都对人民与政府之间的对话有极大的影响。印刷出版业以及背后发行极广的报纸改变了政治辩论的性质。广播,还有接下来的电视,使得政府领导人可以直接地、亲切地和大众交谈。类似地,信息高速公路也将对政治起到独特的影响。政治家们将第一次可以立刻看到对公众意见的有代表性的调查。投票者将可以在家里或通过他们的袖珍个人计算机直接投票,从而减小了统计错误或有意欺骗的危害。信息高速公路对政府的意义将和它对工业界的意义同样重大。"①

传统大众传媒固然可以反映民意,但公众的直接反馈却不能及时,也很少。而互联网作为一个自由的信息平台,公众的意见得以迅速、及时、充分地反馈到传统媒体或决策机构,公众甚至可以通过网络与国家最高领导人对话。在我国的社会主义民主法制建设中,互联网为公民参政议政提供了新的途径。

随着网络的普及和上网人数的增加,近年来,我国各级人民代表大会和政治协商会议都利用网络加强代表、委员与人民群众的交流和互动。会议期间,民众可以通过网络了解会议议程,阅读政府工作报告等重要文件,了解代表、委员讨论情况和提案情况,更可以通过网络与代表、委员和政府有关部门对话,直接参政议政。

自从博客登陆中国以来,一些代表、委员通过博客将有关信息以个人叙事的方式传达给民众,民众也可以利用这个平台向代表、委员反映社会民生问题。2005年初,在浙江省"两会"开幕前夕,浙江省政协委员肖锋就在浙江在线博客网开通了浙江省第一个"两会"博客。接着几位省人大代表也先后开通了自己的博客,在网友中引起了巨大的反响。短短十几天的时间里,近十万网民点击浏览了代表委员们的"两会"博

---

① 比尔·盖茨:《未来之路》,北京大学出版社,1996年,第337—338页。

客,并留下了上千条的评论。

从 2006 年 3 月 3 日始,人民网便率先开通了"两会"博客。"两会"博客设"代表委员博客"、"记者博客"和"博客写两会"三个专栏。据 3 月 5 日《人民日报》报道,人民网的"两会"博客开通不到一天,就已发表文章 250 多篇,网民评论 400 多条,页面访问量突破 10 万人次。

另据《中国新闻周刊》报道:开通"两会"博客的代表委员普遍感到,博客在某种程度上成为代表"下访"、百姓"上访"的便捷通道,使他们更多地了解到来自基层的真实情况。全国人大代表、华中师范大学教育学院教授周洪宇在人民网上拥有一个"两会"博客。他说,他非常看重这种收集民意的渠道,他认为网络开放、互动的特质,打破了自说自话、强加于人的单向传输的传统模式,公众不再是会场之外沉默的大多数。而事实上,周洪宇并不是第一次利用网络收集民意。早在 2003 年 9 月,他就开设了自己的个人网站"洪宇在线",被称为"中国第一个全国人大代表的议政性网站"。近三年周洪宇提交给全国人大的 60 余件建议和议案中,有一半来自网友的建议和启发①。

3. 文化传承与教育功能

除了学校教育和家庭教育以外,文化传承和社会教育的任务主要是由大众传媒承担的。报刊和广播、电视除了提供信息之外,还提供了各种形式的教育,普及科学知识,成为人们获取最新知识、接受终身教育的主要途径。特别是在像我国这样经济发展不平衡、总体教育水平不高、文盲和半文盲人口比例较大的发展中国家,通过大众传媒,特别是广播、电视传送教学内容的"开放学校",取得了较好的效果。

网络传播以其特有的方式,带来了全新的"网络学校"。与传统学校教育不同,而且传统大众传媒如广播电视大学也不可能做到的是,网络学校可以每天 24 小时教学,学生可以通过网络阅读电子教材,可以通过电子邮件与教师进行讨论,教师则可以通过电子邮件对学生进行个别辅导,可以将测试题目传到学生的电脑上,学生在答题后马上可以知道测试结果。

比尔·盖茨认为,由于有了信息网络,每一个社会成员,包括每一个孩子,都可以轻易得到比今天任何人拥有的更多的信息。而正是信

---

① www.chinanewsweek.com.cn/2006 – 03 – 17/1/6918.shtml。

息的可用性激发了很多人的求知欲和想象力,因而教育将成为十分个人化的事情。作为一种远程教育,网络学校与传统的函授教育和广播电视教育的另一个不同点是它可以在教育资源共享的前提下,真正做到因材施教。网络可以根据个人的不同水平、不同需要,提供个性化、多样化的教育,受教育者也可以主动到网上搜索有关知识,甚至直接与专家对话讨论。网络时代将给人们的教育观念和教育模式带来巨大变化。每一个人,不管贫富贵贱,也不管生活在世界的哪一个角落,只要上了网,就可以得到任何一个学科最好的教师的指导,可以向最权威的专家请教。孔夫子两千多年前提出的"有教无类"将真正成为现实。

正因为如此,一些发达国家从 20 世纪 80 年代中期起就开始就计算机技术对教育影响进行研究,并取得了丰富的成果。1996 年美国政府提出,到 2000 年将信息高速公路通到每一所学校,每一个图书馆,使 12 岁以上的学生都能借助互联网学习。世界一些知名大学,如英国的牛津、剑桥,美国的斯坦福、哈佛等都通过互联网开设面向世界的网络远程教育。印度、马来西亚、泰国等发展中国家也纷纷推广和发展现代远程教育。我国国家教育部也已正式提出了《关于发展我国现代远程教育的意见》,为我国的现代远程教育发展设定了总目标。为了实现这一目标,网络传播将成为教育信息传播的主要载体。

4. 娱乐功能

广播电视的发展,进一步强化了大众传媒的娱乐功能。在美国,有调查发现,成年人每天将睡眠以外的四分之一时间用于接触大众传媒,其中的大部分时间用于消闲和娱乐,将大众传媒当成纯粹娱乐工具者也大有人在。

随着宽带和流媒体技术的发展,传统大众传媒所能提供的各种娱乐形式都可以通过网络获得。对许多网民来说,网络甚至成了他们主要的娱乐工具,他们通过 MP3 下载欣赏音乐,通过网络在线阅读文学作品,通过流媒体观看动漫、电视剧甚至好莱坞大片。此外,其独特的交互功能给网民带来了全新的娱乐形式——网络游戏。

二、网络传播的特征

在发挥传统大众传播的功能的同时,网络传播又具有自己独特的特征。

1. 网上信息极为丰富

对于传统大众传媒来说，报纸的种类、广播的波段、电视的频道都是有限的，一份报纸的版面、一个广播电视节目的时间也是有限的，它们所能承载的信息量因此也是有限的。而互联网将全世界的各种计算机网络连接起来，在网络上流动的信息大大超越传统信息交流的范围，形成一个巨大的数据库，成为一个信息交流的巨大平台，因而是一个信息的汪洋大海，所谓"世界有多大，网络就有多大；世界上有多少信息，网络上几乎就有多少信息"。

2. 网上信息的表现形式丰富多样

报刊、广播、电视这些传统大众传媒通过各自的媒体形式——文本、图片、声音或图像传递信息。而在网络传播中，网络的超文本链接功能和多媒体功能集文字、图像、音频、视频、动画等多种信息表现形式于一体，为受众提供的是绚丽多彩、全面逼真的信息服务。可以说，网络囊括了传统媒体的所有表现形态，而随着技术的不断发展，网络所具有的高速度、数字化、宽频带、多媒体化、智能化等现代信息技术的高科技特征将得到进一步的发挥。

3. 网络传播跨越时空界限

网络传播迅速及时，无远弗届。报纸的发行量是有限的，广播、电视的覆盖面也是有限的，因而它们各自的受众也是有限的。报纸一般一天出版一次，最多三次，广播、电视固然可以有现场直播，但是对于突发性事件，传统传媒的时效性还是有限的。而网络传播的终端遍布全球，数字化信息以光速传播，时间和空间不再是信息传播的障碍。用户可以足不出户，坐在电脑前，敲击键盘，点击鼠标，世界各个角落的信息便会源源不断地呈现在面前。1997 年，英国王妃戴安娜遇车祸身亡，网络上的各种消息、评论、图片以及用户的反应等总的信息量超过了第一次和第二次世界大战期间全世界新闻报道的总和。

4. 在信息传播过程中可以自由交互

传统大众传播模式基本上是单向传播，受众处于被动地位，虽然也有信息反馈，但这种反馈具有很大的局限性，并不是所有的反馈都会被重视，更不要说被传播，即使反馈被重视甚至被传播，从反馈到被传播之间也有一定的时间差，而不是即时的，事过境迁，信息反馈的效果也大受影响。然而，在网络传播中受众变被动为主动，可以自由地选择媒体,"拉"出自己需要的信息。由于网络有足够的容量来传播反馈信息,任何有价值的反馈都不会被忽视。而且这种反馈是即时的,信息的接收者可以即时与信息的传播者对话,共同完成传播活动。

5. 网络传播提供个性化服务

传统大众传媒是工业革命的产物,它也同现代工业一样,每天进行着批量生产。报刊的发行量不管多大,每一期的内容都是一样的;广播、电视的同一播出频率或频道在同一时段,内容也是一样的。传统大众传播时代的信息呈现大众化、通俗化和趋同化趋势,因此个别受众的特殊要求很难得到满足。而网络传播中的信息则明显出现了小众化、个性化和多元化趋势,网络提供的个性化服务可以为用户"度身定制",用户可以按照自己的需要和兴趣,订阅相关内容,也就是尼葛洛庞帝所说的"我的日报"、"我的电视"。

值得一提的是,网络传播的上述特色都建立在相对低成本的基础之上。在传统大众传播模式中,个人要博览天下报刊是不可能的,除了时间和精力限制以外,经济是个重要因素。而要向公众发布信息,则必须掌握大众传媒,这也不是普通人的经济实力所能及的。而掌握了大众传媒的机构,要想扩大自己的覆盖面和影响力,除了技术因素外,也同样受到经济条件的限制。然而在网上,这些都不成问题。任何个人只要花很少的钱,就可以阅读、收听和收看任何传统媒体的网络版,也可以通过个人网站和博客、播客,就像个人报刊或个人广播电台、电视台那样,把信息发到全世界。在网上,传统大众传媒得到了最大限度的延伸,而个人的传播能力,在某种程度上也不亚于大众传媒了。

第三节　网络人际传播的功能和特征

人际传播是与人类社会同时产生的社会活动。正是这种社会活动,形成了人类赖以生存的社会空间,或曰"社会生态环境"。而今天计算机网络构成的全新的网络空间,给人们提供了一种前所未有的生态环境。现实生活中的人际传播向网络,并通过网络向虚拟空间延伸,并正在发展成为一种前所未有的人际传播方式。

一、网络人际传播的功能

一般认为,人际传播"指的是人们之间传递和交流知识、意见、感情、愿望等的社会行为"①。其功能包括信息沟通、思想沟通和情感沟通。而上了互联网,这些功能就因网络传播的特性而扩大了。

1. 传递信息功能

在现实生活中,人际传播过程,包括直接传播和间接传播,首先是信息传递、交换和分享的过程。被传递、交换和分享的信息可以是外部世界发生的一切,可以是生产和生活的具体经验,也可以是从中抽象出来的科学知识。计算机网络建构的初衷就是实现信息的传递和分享,而人们上网的最主要的目的也就是传递或获取信息。尽管互联网还只是未来信息高速公路的雏形,但是今天网上的信息已经足够丰富,只要你拥有足够的金钱、时间和精力,不出家门而尽知天下之事,已不是幻想,只要你乐意,便可以轻点鼠标将这些信息复制、转发给任何人。

2. 协调人际关系功能

在现实生活中,人际关系纷繁复杂,而要创造良好的人际关系,也是一项复杂的工程,人们往往通过人际传播,交流意见,达成共识。有时传播的内容并无太大的意义,一个笑话,甚至一个表情、一个眼神,都能起到交流感情的作用,起到协调人际关系的作用。网络传播中既可以传递重大的信息,展开严肃话题的讨论,也可以传递幽默笑话,或者一张贺卡、一句问候,同样起到交流感情、协调人际关系的作用。虽然网上不可能进行直接的面对面的人际传播,但与传统的书信、电话、电报等间接人际传播相比,明显要方便、快捷,而且成本要低得多。

如果说现实生活中的间接人际传播拓展了人们交流的范围,那么在计算机网络这个虚拟空间,人际传播的空间被无限扩大了。在现实生活中的人际传播,除了开会、讲演以外,一般都在熟人之间进行,而深入的交流,更是只能在"圈内"进行。这是因为,人际传播受到各种主客观条件的限制。所谓"物以类聚,人以群分",现实生活中每个人的社会地位、宗教文化背景和受教育程度等因素决定了他们的有限的交流范围。在计算机网络的虚拟环境中,这些限制因素不复存在,任何有

---

① 陈德道:《传播学教程》,武汉测绘科技大学出版社,1996年,第224页。

着特殊兴趣的个人都可以在网上找到知音,不管是社会精英,还是贩夫走卒,在网上谁都不在乎,只要有共同兴趣,就可以进行信息交流和分享,真正实现了人际交流的平等。现实生活中的某些特殊群体,如残疾人士,接触的人和事比健全人少得多,然而通过网络,他们得到了与常人一样的社会交往的权利。一位足不出户的残疾网友说,是网络开阔了他的视野,"电脑的那一端总是有许多未曾谋面的知心朋友,我们的喜怒哀乐随着手指在键盘上轻轻敲动闪现在屏幕上,可能彼此隔着街巷千条,但亲情却不曾冷却"①。

3. 调节情绪、满足心理需求功能

网络传播所营造的虚拟环境,扩大了网民的交际范围。网民既可以方便地与现实生活中的亲人、同事、朋友交流信息,互致问候,不管他(她)身处遥远的他乡,还是隔壁房间,甚至就在同一办公室的另一张办公桌上,也可以与素不相识的网友展开讨论。而这正是网络传播的魅力所在。在网上,各种讨论话题广泛,从身边琐事到宇宙终极,几乎无所不包。

在网络这个虚拟环境里,上网者戴上了面具,放下了身价,不必考虑自己的社会身份和地位,甚至不必考虑自己的年龄、性别,家长里短、趣事绯闻、治国方略、国际关系,尽管实话实说,或假话假说,全凭自己高兴,而不必顾虑别人是否爱听。这有几分像站在伦敦海德公园的肥皂箱上发表宏论,不管有多少听众,反正达到了心理上的满足。

二、网络人际传播的特征

网络传播的虚拟性决定了它与现实生活中的人际传播有着很大的不同。

1. 匿名性

网络传播的匿名性使得人际传播的调节情绪、满足心理需求的功能得到了淋漓尽致的发挥。在现实生活中,"话不投机半句多"的事情经常发生,但是由于各种原因,"抬头不见低头见",有时还不得不进行交流,或言不由衷,或看他人颜色。而在网上,交流是自由的、自愿的,没有人强迫任何人,合则聚,不合则散,有话则长,无话则短,无拘无束,

---

① 陆俊:《重建巴比塔》,北京出版社,1999 年,第 87 页。

畅所欲言。

网络传播的匿名性也给信息的发送者带来一种安全感。匿名既给信息传播者说假话的方便,也使他们打消了说真话的顾虑。如果说参与网络传播就像参加一场"假面舞会"的话,那么所有的舞者只要不作自我介绍,没人知道你是谁,你也不需要知道谁是谁。你可以指点江山,也可以议论家长里短,事实上,正是隐瞒了自己的真实身份,才可以不隐瞒自己的真实思想,发表一些在现实生活中不便于公开发表的言论,使得网上论坛显得更加丰富多彩。

2. 想象空间

基于文本的网络传播,给信息的接收者留下了巨大的想象空间。在现实生活中,特别是面对面的直接交流,留给信息接收者的想象余地是十分有限的。传播者的身份、地位、知识、修养、气质、外形乃至穿着打扮都会影响信息接收者的理解。而在网上,除非通过视频聊天,这一切因素都不复存在,交流的双方面对的是电脑屏幕,信息的载体是一串串字符。虽然通过网络传情,找到自己的意中人,最后喜结良缘的网民确有人在,但是更多的只是在虚拟环境中发挥想象力获得的心理满足。

3. 网络语言和非语言符号

在网络传播实践中,广大网民创造了网络语言和适用于网络传播的非语言符号。在现实生活中的人际传播除了通过语言表达实现以外,还可以通过非语言表达方式实现,如表情、眼神、姿势、肢体动作、语音语调等。网络传播一般是通过电脑屏幕上显示的字符来实现的。为了提高文字输入速度,一些网络语言应运而生,如"斑竹"、"美眉"、"大虾"、"偶"、"东东"、"PK"等等,有些甚至进入了日常生活和传统媒体,以至于引起一些人的忧虑。为了减少篇幅,一些特殊语言和非语言符号也被普遍采用,包括英语缩写或谐音、阿拉伯数字以及用标点符号组成的图形等。为了便于理解,避免误解,这些特殊语言和非语言符号均为约定俗成。

第四节 全球化背景下的网络传播

信息和传播技术的进步,如同历史上一切技术的进步一样,推动了全人类的社会发展。早在20世纪60年代初,加拿大的传播学者麦克卢汉就提出了"地球村"的概念。他在 1962 年出版的《谷登堡星汉》一书中写道:"新的电子相互依存性按照地球村的样子来重新塑造这个世界。"①两年后,他又在《理解媒介》一书中说:"由于瞬息万里的电力技术,地球再也不可能超过一个小小村落的规模……最近宇航员环绕地球的飞行也是一样,它改变了人对地球的感觉,使之缩小到黄昏漫步时弹丸之地的规模。"②40 多年前,"地球村"的确只是一个概念,并没有引起多少人的注意。随着网络传播的发展,概念正在变成现实,仅从信息传播的速度和范围来说,今天的地球与当年"鸡犬之声相闻"的小山村没有多大区别了。

但是今天的地球并不是一个村落。信息和传播新技术在给不同国家、民族和信仰的人们带来交流的自由和便利的同时,也给各国的信息主权、各民族的文化独特性带来了前所未有的威胁和挑战。

一个国家的经济发展水平以及与之密切相关的技术发展水平,直接影响到这个国家的参与信息交流的能力和水平。美国作为世界上最发达的国家,率先提出了建立"信息高速公路"的计划,西方发达国家以及后来的发展中国家纷纷响应,力图跟上这一世界潮流。但是,网络的普及程度在很大程度上取决于各国的经济技术发展水平。令人担忧的是,今天国家之间的贫富差距越来越大,反映到互联网的普及率上,世界各国极不平衡。据 internetworldstats. com 公布的数字,截至 2007 年底,全世界互联网的普及率为 20.0%,其中北美洲最高,为 71.1%,亚洲为 13.7%,非洲最低,仅为 4.7%。

在网络传播环境中,每一台计算机都是平等的,从这个意义上说,网络向所有的用户提供了一个平等的传播机会;而且在网络传播中,国家、政府对信息流动的干预和控制能力被削弱,这对所有国家都一样,可以说是机会均等。但是如果将这一理论上的假设放到当前的国际传播大环境中加以考察,就不难发现,这种"机会均等"在普遍意义上是不现实的。也就是说,理论上的平等不等于现实中的平等,理论上的机会不等于现实中的实际能力。作为个人,可以平等地相互交流,但是作为一个国家、一个民族,特别是不发达国家和弱小民族,不可能与发达国家和占据经济技术强势的国家和民族进行平等交流。

---

① McLuhan, M. , *The Gutenberg Galaxy*, New York:Mentor, 1962, p. 43.
② 马歇尔·麦克卢汉:《理解媒介》,商务印书馆,2000 年,第 423 页。

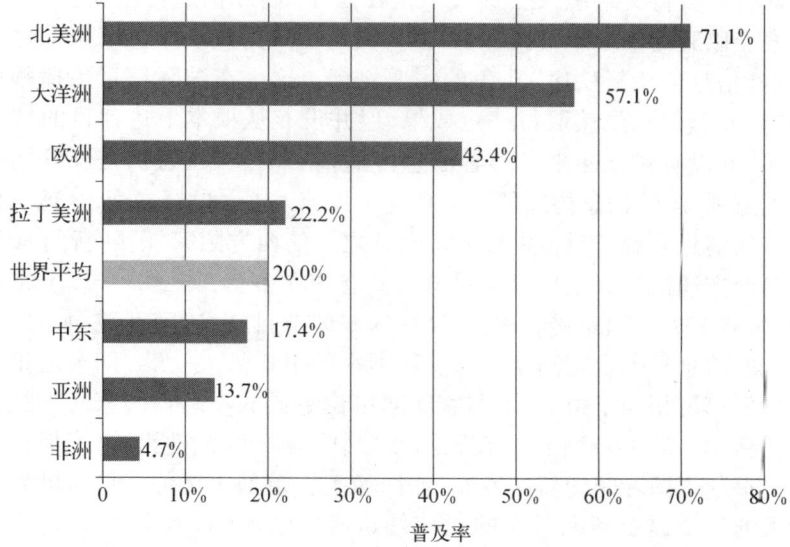

图 3 - 2 全世界互联网普及率(2007. 12)
(来源:**www. internetworldstats. com**)

一、信息交流不平衡扩大

多少年来,国际信息传播始终处于不平衡的状态,少数西方发达国家操纵了国际信息流通,它们凭借自己的经济和技术优势,以信息传播自由为名,任意搜集和散发对自己有利的信息,而其他不发达和欠发达的国家则只有被动接收流入的信息以及被扭曲了的报道。第二次世界大战以后,随着新兴民族国家的发展,这种不平衡日益引起第三世界国家的重视。在 20 世纪 60 年代,西方的美联社、路透社、法新社和合众国际社的新闻占整个国际新闻的 80%,塔斯社和其他地区性通讯社占20%。第三世界国家开始意识到这种国际信息交流的不平衡有可能消解自己国家的国家意识,带来文化和经济上的依赖性,不利于自身开拓国际空间的斗争。70 年代,世界信息和交流问题得到了发展中国家的重视,成为此后近 20 年历次国际会议的中心议题之一。1976 年 3 月,不结盟国家在突尼斯举行的不结盟国家新闻讨论会上提出了建立"国际信息传播新秩序"的要求,同年 8 月,发展中国家向 31 届联大和 19

届联合国教科文组织大会提交了旨在建立"国际信息传播新秩序"的议案。以后的十多年里,联大和教科文组织成为发展中国家争取建立"国际信息传播新秩序"斗争的主要舞台。这一在国际信息传播领域的"南北"较量,虽然取得一定成果,但并没有从根本上达到目的,"新秩序"并没有建立起来。随着信息传播技术的发展,特别是互联网的飞速发展,国际信息传播的不平衡进一步扩大了。世纪之交,全球三分之二的消息来源于只占世界人口七分之一的西方国家,国际新闻80%来自西方通讯社。全世界卫星电视共有300多套,其中一半以上来自美国,有137个国家接收美国CNN的新闻节目,发达国家流向不发达国家的信息是不发达国家流向发达国家的100倍①。西方四大通讯社的日发稿量相当于由84个国家新闻单位组成的不结盟国家通讯社提供的新闻量的1 000倍②。在国际社会中影响较大的通讯社,不但在文字上垄断了国际间的新闻发布,在图像上更是处于优势。目前世界上最大的三个提供新闻录像的机构是路透社电视(VisNews)、哥伦比亚新闻社(CBSNews)、世界电视新闻社(Worldwide Television NewsCorp,即WTN),其中占第一位的是路透社电视,它的服务对象已超过83个国家,全球每天有近七亿部电视机播送它提供的电视新闻。这三大图像新闻提供机构均在美、英本土,世界电视新闻社的主要股东是美国广播公司(ABC),所以其选择新闻的标准当然是符合西方价值观的。

不少学者曾经预言,网络传播的发展迎来了传播权力的平等,国际信息交流的不平衡状况将被改变。虽然这从理论上讲是有可能的,但是从现实看,这种传播的平等离我们十分遥远,学者们的预言未免过于乐观。正是由于网络传播与生俱来的"无政府状态",使得国家对网络传播进行行政干预和控制的可能性越来越小。广大第三世界国家如果不想拒绝新技术,不想游离于信息社会之外,就必须大力发展网络传播,而这就意味着向网络上自由流通的各种信息敞开大门。尽管第三世界国家也可以利用网络传播加强自己的对外传播,然而掌握了先进技术的西方发达国家已经占领了信息传播的制高点,在网上发展中国家的声音与西方发达国家相比是微乎其微的。加拿大政府在20世纪

---

① 杨学锋:《要重视和加强利用海外主流媒体进行对外宣传》,载《对外宣传参考》,2000年第5期,第21页。

② 徐学江:《面对新世纪的新华社对外报道》,载《对外宣传参考》,2000年第4期,第5页。

80 年代就曾在一个报告中指出,美、加两国日渐增多的跨国资料流通危害了加拿大的国家主权。另有研究表明,德国数据库中的资料大部分是美国供给的,美国数据库中储存的德国政府所做的研究资料在数量上比德国政府储存的还要多。连德国、加拿大这样的发达国家都感到了这种不平衡,发展中国家自不待言。

二、文化冲突日益加剧

网络传播不受时空限制,网络传播没有内外之别。从理论上讲,任何信息只要上了网,世界任何一个角落的用户都有可能接触到,因此,网络传播在促进不同文化传统的交流的同时,不可避免地带来了全球范围的文化冲突。

不同国家和民族有着在特殊的环境中经过长期发展积累经验而形成的不同的文化传统和风俗习惯,并具有适应环境、改进环境的功能。当这些不同性质的文化传统相互接近进行交流时,实际上也就是不同文化相互融合和排斥的过程。在这一过程中发生冲突是正常的。事实上西方文化就是在与多种文化的交流中发展起来的。正如罗素 1922 年在《中西文化比较》一文中写道:"不同文化之间的交流过去已经证明是人类文明发展的里程碑。希腊学习埃及,罗马借鉴希腊,阿拉伯参照罗马帝国,中世纪的欧洲又模仿阿拉伯,而文艺复兴使欧洲则仿效拜占庭帝国。"①

今天,互联网使全世界的国家和民族空前接近。网络空间信息流动的自由使民族文化发生剧烈碰撞,不同性质的文化在交流时也就产生了不同形式和程度的文化冲撞。发达国家凭借自己的经济和科技实力,通过网络强化本民族和国家的世界地位,同时肆无忌惮地向经济落后的国家和民族输入自己的文化价值观和意识形态。如果说以前一个国家的政府还可以通过立法或政策调控,减少或削弱其他国家文化的负面影响,保护本民族的文化特色,那么今天,发达国家的信息内容可以通过先进的科技手段特别是网络传播直接送达世界各地,政府的干预和调控能力已大大削弱。同时,落后国家和民族为了争取到与发达国家平等的对话地位,也必须借助新技术,借助网络传播来发展自己,

---

① 转引自汤一介:《文化的多元化趋势将是不可逆转的》,载乐黛云、李比雄:《跨文化对话(二)》,上海文化出版社,1999 年,第 45—46 页。

这就不可避免地被迫接受发达国家的文化侵略,为自己的发展付出代价。而如果拒绝新技术,不跟上信息社会的潮流,那么,历史已经多次证明,落后必然挨打。在这种形势下,民族文化冲突将会日趋激烈,而达到前所未有的程度。

文化冲突形成的根本原因是文化的不同性质,而直接原因是经济、政治势力造成的文化实力的不同,以及由此引起的强势文化对弱势文化的压制和渗透。也就是说,政治经济实力较强的民族在与其他民族进行文化交流时往往会有意识地将自己的文化凌驾于其他文化之上,企图用自己的文化影响对方,在对方的文化中植入自己的价值观念。

西方国家曾经利用商品和武器宣扬自己的意识形态和文化风格,去"征服""异域文化"。在网络时代,占领了制高点的西方国家可以更方便地做到这一点。而面对强大的网络传播攻势,弱小民族的文化根本无力抵抗。如果说以前它们还能借助地域屏障来抵制文化侵略,保护自己文化的话,那么今天的网络传播早已无情地打破了这道防线,除非与世隔绝,否则你只有被迫接受源源不断的信息流。一些相对落后、封闭的第三世界国家,需要新技术,需要最新的信息,但新技术打开的大门使人们可以通过网络,跨越人为障碍,甚至直接接入西方国家的网站,获取、传播与本国意识形态、文化传统和宗教信仰不相符甚至相违背的内容,这就使这些国家的当局感到了失控的威胁。

对于 21 世纪世界文化发展的走向,专家认为,由于经济上的全球一体化和科学技术的高度发展(特别是电脑网络的发展)使世界成为一个地球村,从而文化在相互影响和相互撞击下将会越来越趋同,而走向文化全球一体化的局面。但是,在 21 世纪后的相当长的一个时期,民族文化不但不会削弱,相反更有发展趋势。有学者提出,由于二战后殖民体系的瓦解,新兴民族国家的兴起,迫切要求发展本民族的文化。如马来西亚为了强调其民族的统一性,坚持以马来语为国语;以色列为了建国,决定恢复只有在宗教仪式上才使用的希伯来语作为日常用语。经过几十年的努力,现在希伯来语不但已经成为耶路撒冷街头巷尾的生活用语,而且逐渐成为美国犹太人追寻文化根源的凭借①。因此我们认为,网络传播有使文化全球一体化的可能,要保持各民族的文化差

① 汤一介:《文化的多元化趋势将是不可逆转的》,载乐黛云、李比雄:《跨文化对话(二)》,上海文化出版社,1999 年,第 45—46 页。

异、文化的多样性,必须发展具有民族文化特色的网络传播内容。

三、国际政治斗争的新武器

进入 20 世纪 90 年代以来,随着东西方"冷战"的结束,世界政治格局发生了很大变化。美国虽为唯一的超级大国,但仍不能独霸世界。地区的紧张局势一直存在,局部战争烽火不断。正如传统的大众传媒历来是国际政治斗争的重要武器之一一样,今天的网络空间也是"兵家必争之地"。

在国际斗争中,一个国家有能力对新闻舆论进行有效控制,封杀敌对国家的报刊,对广播电视信号进行干扰。但是,这些技术手段对网络传播的作用却十分有限。互联网的设计理念就是"去中心化",以便在受到核攻击时保证信息通信的畅通。这样的高度开放、高度兼容、高度自由的网络一旦建立起来,要想通过技术手段阻止信息的流通就成了不可能完成的任务。因此,在国际政治斗争中,当传统大众传媒不能发挥应有的作用时,网络传播的优势就凸显出来。

1998 年 5 月,印度尼西亚发生政治动荡,引起骚乱,印尼华人在骚乱中受到严重侵害,特别是不少华人妇女遭到强暴。消息通过网络传播以后,引起了国际社会的重视和全球华人的愤慨。新加坡《联合早报》电子版开设的"印尼局势读者论坛"在一个半月中收到世界各地的读者发来的 4 000 多封电子邮件,网上的舆论推动了传统传媒的报道和评论,推动了各地华人的集会和游行等抗议活动。正如有读者在来信中所说的,网络传播的舆论力量体现了全球华人的凝聚力。

1999 年 5 月 8 日,以美国为首的北约用导弹袭击了中国驻南斯拉夫大使馆,是互联网首先向国内受众传递了这一信息。在以后的几天内,西方主流媒体对这一事件的报道轻描淡写,而对我国大学生抗议活动中的少数出格行为却大肆渲染。我国传媒利用网络开展对外宣传,披露事实,以正视听。据不完全统计,从 5 月 8 日到 5 月 14 日 16:00,国际互联网络新闻中心、《人民日报》《光明日报》、新华社、中央电视台、国际广播电台、中新社、国中网等中央新闻媒体网站,共编发中、英、德、西、日五种文字信息 6 655 条,图片 1 100 幅,七天来总访问人次突破 3 480 万,共收到电子邮件 9 084 封。各新闻媒体网站都以最快的速度开辟抗议专栏,并不断充实内容,快速更新页面。各网站及时建立了适应网络媒体的独立发稿机制,编辑处于 24 小时值守、发稿的状态,将有关新闻在第一时间传播出去。《人民日报》网络版于 5 月 9 日开设了"强烈抗议北约暴行 BBS 论坛"。到 6 月 19 日晚"抗议论坛"改版为"强国论坛"时,网友共发表 90 000 余条帖子,产生了巨大的影响。国务院新闻办公室主持的中国互联网络新闻中心于 5 月 8 日下午开辟抗议专栏,用中、英文两种文本,向国际社会报道事件真相和我国政府的严正立场,在北京主网站和美国华盛顿、波士顿镜像节点同时发布信息。5 月 9 日该网站的访问量突破 31 万次,创建站以来最高纪录,而且 95% 以上的访问者来自国外。网络媒体不仅在对内的宣传报道上发挥了作用,而且在对外宣传报道、争取国际舆论方面也开始发挥独特的作用。

当网络传播正在变成国际政治斗争新武器的时候,我们看到,掌握先进技术的西方发达国家处于绝对优势的地位。正如阿尔温·托夫勒在《权力的转移》一书中所说的:"世界已经离开了依靠暴力和金钱控制的时代,而未来世界政治的魔方将控制在拥有信息强权的人的手里,他们会使用手中掌握的网络控制权、信息发布权,利用英语这种强大的语言文化优势,达到暴力金钱无法征服的目的。"[①]美国前总统克林顿说:"今后的时代,控制世界的国家将不是靠军事,而是信息能力走在前面的国家。"

战争是政治的继续。军事专家认为,未来的战争可能是计算机操纵的高级电子游戏。1991 年的海湾战争就被称为是"信息战的实验场"。多国部队使用了由最先进的信息技术手段装备起来的作战手段,包括由计算机控制的 100 多架电子作战飞机和 60 多颗卫星。到"沙漠风暴"结束时,仅与美国本土联网的计算机就有 3 000 多台。据英国《新科学报》报道,在海湾战争爆发前,美国情报部门获悉,伊拉克从法国购买了一种用于防空系统的新型电脑打印机,准备从约旦首都安曼偷运到巴格达。美国在安曼的特工人员立即行动,把一套带有病毒的同类芯片偷偷安装到这种电脑打印机里,通过打印机将病毒带入伊拉克军事指挥中心的主机。当以美国为首的多国部队发动"沙漠风暴"的时候,美军用无线电遥控装置激活了隐藏的病毒,致使伊拉克的防空系统陷入瘫痪,处处被动挨打。双方军队还没有照面,就已定胜负。在

---

① 阿尔温·托夫勒:《权力的转移》,四川人民出版社,1992 年,第 105 页。

这场历时 42 天的战争中,伊拉克军队伤亡人数高达十多万,而多国部队死亡仅 126 人。

在持续 78 天的科索沃战争中,以美国为首的北约在对南斯拉夫联盟的空袭中出动了 1 000 多架飞机,战争结束后,北约方面声称只损失了 2 架战斗机,而南联盟方面则声称共击落 61 架战斗机、30 架无人驾驶飞机和 7 架直升机,并拦截了 238 枚巡航导弹。据美国国防部的一份秘密报告说,战争期间,美国军方的电子专家侵入了南联盟防空体系的计算机系统,成功地用假目标迷惑了南联盟防空部队的雷达识别系统,致使南联盟的导弹大多击中了假目标。这就是南联盟的"战果"与美军实际损失大相径庭的原因。

但是,掌握最先进的网络通信技术和手段的美国,并不因此而高枕无忧,相反,黑客的攻击成了它的心腹之患。美国五角大楼一直是黑客攻击的首选目标。美国联邦调查局负责计算机犯罪稽查的 J·赛特尔说:"给我 10 个精选出来的黑客,90 天内我就能使这个国家缴械投降。"[1]据英国《星期日电讯报》1997 年 3 月披露,荷兰的电脑黑客曾利用互联网窃取了美国的军事机密,并欲将这些情报以 100 万美元卖给伊拉克,而伊拉克方面认为开价太高,没有理睬,否则海湾战争就有可能是另一个结局。

未来的信息战将不但改变作战方式,而且将改变战争形态。传统的"国界"意义被网络传播削弱了,而"信息疆域"、"信息边界"的概念被引进国与国之间的关系中,成为信息时代新的国家边疆。这种疆界以各种信息圈为基础,涉及政治、经济、科技、军事、文化等一切社会领域,关系到一个国家、民族在信息时代的生死存亡。可以预见,在新的世纪里,世界各国在拓展"信息疆域"、保卫"信息边界"、争夺信息领域优势的斗争将更为激烈[2]。

---

[1]　乔良、王湘穗:《超限战》,解放军文艺出版社,1999 年,第 143 页。
[2]　孙伟平:《猫与耗子的新游戏——网络犯罪及其治理》,北京出版社,1999 年,第 180 页。

第四章

网 络 媒 体

现代通信技术已大大不同于传统通信技术，它不再以邮政、电报、电话业务为支柱，而是以微电子技术、计算机技术、激光技术、光纤技术和卫星通信技术为支撑。被认为是迄今为止人类发明的最神奇的传播工具的互联网，长期以来一直主要是政府和科研机构使用的信息交流平台。到20世纪80年代，世界许多大学、研究中心和其他机构纷纷接入初具规模的互联网，而此时互联网的商业用途为零，主要用于信息交换、教育和科研。进入90年代以来，特别是走向商业化应用以来，互联网提供了一个低价位的发送、接收和储存大量信息的工具，用以传递文字、图片、声音、图像、动画、软件以至金钱。互联网迅速扩张，发展成为功能最强、覆盖面最广、影响最大的全球性计算机网络，并开始发挥大众传媒的作用，同时也孕育了网络媒体。

仅从渗透率和影响力等方面来说，互联网还不及传统的大众传媒——报刊、广播和电视，但其发展速度远远超过了传统媒体，而其在传播上的明显优势和巨大的发展潜力更加强了传统媒体的危机感。任何公司、组织、政府机构乃至个人都可以设立网站发布自己想要发布的新闻，任何用户都可以直接接触到信息源，报刊、广播电视在大众传播领域作为信息发布者的权威地位开始动摇。但是，万维网技术和浏览器软件在推动互联网的发展并向传统媒体提出挑战的同时，也给传统媒体运用网络发展自己、迎接挑战提供了技术保证。互联网的开放性，使传统媒体在新闻的采集上可以接触到更多的新闻源；传统媒体在网络上可以突破时空限制，扩展报道内容和报道深度；在网上，传统媒体可以突破原先各自的媒体形式向多媒体发展。

总之,网络提供了一种全新的传播形态,也给媒体的发展带来了无限的活力和发展机遇。

第一节 网络媒体的发展

1998年5月,在联合国新闻委员会年会上,互联网被确认为继报刊、广播和电视之后的"第四媒体",但是,网络媒体的发展可以追溯到互联网正式问世以前。

一、从可视图文到在线信息服务

早在20世纪70年代,欧洲一些国家就着手试验通过电视信号和电话系统向公众提供服务信息。大约1970年前后,英国广播公司(BBC)的一次"头脑风暴"决定开展一项研究,寻找一种方法将加密字幕发送给电视观众。随着研究的进行,BBC觉得可以通过图文系统将各种信息而不仅仅是字幕发送给订户。1973年,BBC开创了一种叫做Ceefax的早期文字电视广播,这是一个单向系统,将加密后的信息随电视信号发送到用户的家庭电视机上。尽管这一系统可以显示大量信息,但速度缓慢,而且图解能力有限。与此同时,英国电信也在研究通过名为Viewdata的电话系统发送文字信息。英国电信认为通过这个系统,还可以鼓励更多的用户使用电话。为了抢占市场,英国电信推出了自己的图文系统Prestel,而BBC的竞争对手独立电视(ITV)也推出了Ceefax的"克隆"版——ORACLE。比BBC略胜一筹的是,电信系统是一个双向传播的系统,但为了在电视接收机上显示信息,Prestel的用户必须购买接收终端,即"机顶盒",同时还必须支付额外的信息费,而Prestel所提供的内容与Ceefax相差不多,因此其市场占有率始终没能超过Ceefax。

到目前为止,可视图文业务发展较好的只有法国的Minitel。1980年,法国电话公司推出的Minitel是一种与特殊的电话终端相连接的双向互动的图文电视系统。由于法国电话公司免费向订户提供接收终端,Mninitel提供的服务内容也从电话指南扩展到银行服务、电子邮件和预订送餐到家等。20 世纪 80 年代中期,电话的普及增加了 Minitel 的吸引力,到 1990 年,数以千万计的法国电话用户接入了 Minitel 的服务。

在美国,可视图文系统的开发却是以失败而告终的。20 世纪 70 年代末,美国的两大报业集团 Knight Ridder 和 Times Mirror 投资数百万美元试图开发可视图文(videotex)系统。这是一种通过电话线传输信息,以电视技术为基础,以电子报纸形式出现的信息服务。当美国用户花了数百美元安装系统并支付 30 美元月租费以后,发现接收到的信息完全可以从电视节目或社区公共图书馆免费获得。由于试验没有在试销用户中引起多大的兴趣,短短几年后,开发新系统的公司终止了试验,为此投入的几百万美元打了水漂。

欧洲的信息系统发展得到了政府的支持,而在美国,成功地利用网络技术建立面向企业界和家庭用户的信息服务系统的是私营的在线信息服务公司。这些公司建立自己的覆盖多个城市的计算机信息网络,组织这些城市的信息在网上发布,订户通过拨号上网便可获得公司提供的信息服务。

创建于 1969 年的 CompuServe 是美国最早的全国性的私营信息提供商。创办 CompuServe 的是一家叫 H&R Block 的税收准备公司,它的初衷是将税收服务与信息服务连接起来,然而事实上 CompuServe 的业务重心是提供有关经营、商业和技术的深度讨论区。建立于 1978 年的 The Source 提供计算机公告板服务,两年后因财政困难被出版界巨头《读者文摘》收购,成为第一个家庭计算机网络。到 20 世纪 80 年代中期,CompuServe 成为当时全球最大的信息服务网络,在 30 多个美国城市设有分支机构,向各大公司提供基础网络信息服务。1989 年,CompuServe 收购了自己的主要竞争对手 The Source。

早期的在线服务公司提供的是文字界面。1984 年,Prodigy 向用户提供了一个崭新的图形界面,尽管当时的图形还相当粗糙。Prodigy 最初由美国哥伦比亚广播公司(CBS)、计算机制造商 IBM 以及美国零售业巨头 Sears 合资建立(CBS 于 1986 年退出)。与当时其他在线服务不同的是,Prodigy 提供的服务内容是在线杂志。像杂志一样,广告也被安插在相关内容的页面中,Prodigy 希望借助这些显眼的广告来吸引用户打开更多的有关广告产品信息的页面。而作为 Prodigy 的所有者之一,Sears 也希望用现代化的在线购物网络来代替传统的商品目录购物服务。对于用户来说,收费包月,上网获取信息和收发电子邮件不受限制,可谓价廉物美。创办之初,Prodigy 力图使计算机网络成为一个拥有大众市场的业务,因而不惜耗资数百万美元打广告,争取订户,迅速变得家喻户晓。

今天,美国乃至全世界在线服务"通吃"的赢家是大名鼎鼎的美国在线(AOL)。美国在线的前身量子计算机公司(Quantum Computer Services)创办于 1985 年,它向用户提供了一个非常友好的登录界面,这是一个"点—击"选择菜单,特别适合电脑游戏。1989 年,量子正式改为美国在线(AOL)。为了使自己能够有别于 Prodigy,美国在线有意识地加强其他在线服务仅仅作为辅助项目的讨论区和聊天室,尽管如此,美国在线并没有马上被用户接受。全国性的运营开始四年后,美国在线依然表现平平,订户只有 20 万,而当时 Prodigy 和 CompuServe 的用户都超过百万。

这些私营的在线服务公司的用户可以通过拨号上网接入公司的网络,获得文件和软件下载、电子公告、新闻信息、股市行情、聊天室和电子邮件服务。在线服务公司提供的服务与互联网服务提供商(ISP)的不同之处在于它们所提供的信息和服务仅仅存在于公司的网络上,因此在线服务公司的用户只能参与本公司的聊天室,只能与本公司的其他用户交换电子邮件。而 ISP 主要提供互联网的接入,本身并不提供多少信息。

20 世纪 80 年代,互联网成型,但主要用于军事、科研领域,从 90 年代开始逐步向社会公众开放。与此同时,能够快速处理大量工作的新一代计算机问世,彩色显示屏取代了单色显示屏,新型的调制解调器取代了原来的速度很慢的调制解调器,使连线速度大大加快。所有这些因素,再加上微软的图形界面(Windows),极大地增强了在线服务对普通用户的吸引力。随着互联网的开放,在线服务公司纷纷向 ISP 转型。1994 年,Prodigy 率先向用户提供 WWW 接入,当时 Prodigy 开发了自己的浏览器,但在各方面都不如主流浏览器。1997 年,Prodigy 正式转型为 ISP。

美国在线虽然在向 ISP 转型方面比竞争对手慢了一拍,但它通过一系列的收购兼并,使自己立于不败之地。1994 年 11 月,美国在线收购了互联网发布工具开发商 NaviSoft;一个月后,收购了互联网应用开发公司 BookiLink;第二年 2 月又收购了一个互联网接入商业公司

ANS,从而与互联网全面接轨。1998年,美国在线完成了对CompuServe的购并,同年又收购了网景公司,从而奠定了自己在在线服务业的龙头老大地位。

在线信息服务业的发展引起了作为新闻内容提供者的传统媒体的关注。随着互联网的成熟和向社会开放,传统媒体看到了发展的机遇。早在1987年,美国加利福尼亚的《圣何塞信使报》就将纸质报纸的内容搬上了互联网,成为第一家网络报纸。以后陆续又有多家报纸跟进,但由于当时技术条件的限制,互联网用户数量有限,网络报纸仅仅处于试验阶段。真正意义上的网络媒体的诞生,还有待于技术的突破。

20世纪90年代初期WWW技术和浏览器技术的结合,形成了促使互联网起飞的"应用杀手",万维网因此而一夜走红。1993年基于WWW的服务器从一开始屈指可数的几个增加到200多个,网页的数量增加了3 400倍。1994年,中国科学院高能物理研究所建立了中国第一个WWW服务器,当时就吸引了不少海内外访问者。

1993年,美国政府宣布正式实施"国家信息基础设施行动计划"。1994年开始,互联网从以科研和教育服务为主向商业性服务转变,世界著名企业纷纷建立自己的网站,新闻媒体机构自然不甘落后,网络媒体呼之欲出。

二、从 ISP 到 ICP

任何一台计算机或一个计算机网络要想与互联网连接,必须经过一个中间机构,这个中间机构就是ISP(Internet Services Provider),即互联网服务提供商。ISP的主要业务是向需要上网的企业、政府机构和个人提供接入服务,提供网络信息增值服务,帮助用户解决软件和硬件方面的问题,以及域名注册、主机托管、硬盘出租、主页制作和广告服务等。

随着美国在线等在线信息服务公司的加入,ISP在提供基本服务的同时,又发挥了自己原有的内容服务的特长,ISP开始向ICP(Internet Content Provider),即互联网内容提供商转变。同样作为商业性的运作,ISP主要提供技术服务,向订户收取上网费用;而ICP更注重内容,除了向用户提供经过加工处理的信息内容以外,还包括搜索引擎、数据库、论坛、电子邮箱、聊天室以及网络游戏等。随着网络传播的发展,现在又增加了短信、音视频下载、博客空间等。除了付费订户外,ICP 还吸引了大量免费用户。正是这些特色服务和聚集的"人气",为广告提供了一个崭新的载体。

在中国,1995 年成立的北京瀛海威科技有限责任公司就是最早的 ISP 之一。事实上,瀛海威走的是美国在线的路子。当中国刚刚与互联网连接时,瀛海威既提供互联网接入,又提供部分内容,更重要的是,正如当时媒体所报道的那样,在绝大部分普通中国人还不知道互联网为何物时,"瀛海威像传教士布道一样,向中国人讲何谓 Internet"。1996 年 10 月,北京中关村的一个路口竖起了一块广告牌:"中国人离信息高速公路还有多远?——向北 1 500 米。"而那里正是瀛海威的网络科教馆。市场竞争是残酷的,由于一系列的失误,从 1997 年开始,瀛海威逐渐衰落,几年后黯然退出了人们的视线,2004 年被工商管理部门吊销执照。但这条广告,却在中国网络传播发展史上留下了精彩的一笔,"瀛海威"作为信息高速公路(Information Highway)的谐音,让更多的中国人知道了互联网。

除了"瀛海威",全国还涌现了大大小小数百家 ISP,截至 1996 年10 月,仅北京地区就有 ISP 31 家。随着市场的发展,ISP 逐步走上联合、兼并、重组的道路,互联网接入业务向大型 ISP 集中,而其他公司则向 ICP 转型。

如果说早期的在线信息服务公司依赖于自己的计算机网络,那么今天的 ICP 则可以是单纯的信息内容提供者。从这个意义上说,各类网站,包括传统媒体网站都可以算是 ICP。而事实上,国内外的主流媒体网站也确实在向这个方向努力,其中的成功者也可以与非传统媒体网站(在我国称为商业性网站)一比高下。

三、传统媒体网上行

20 世纪 90 年代中期以来,互联网迅速发展给传统大众传播媒体带来的挑战是显而易见的。据著名的美国《编辑与出版家》杂志(*Editor & Publisher*)研究发现,大约三分之一阅读在线电子新闻的用户对传统媒体已失去兴趣。电视的收视人数下降了 35%,利用电话收听新闻的人数减少了 29%,收听无线电广播的人数下降了 25%,购买报纸的人数下降了 18%。另据美国 Paragon 研究公司的调查显示,1998 年 13%的美国家庭因上网而退掉了订阅的报纸。在中国,许多 20～30 岁的年轻人表示,"仅从互联网上而基本上不从纸质报纸上阅读新闻",有的每天花一小时上网看报①。1999 年 1 月 9 日,在美国举行的"新闻业与互联网"专题研讨会上,美国在线(AOL)的创始人斯蒂夫·凯茨说:"如果你们观察一下'美国在线',你们会发现,我们没有记者,我们也没有消息来源,因此,我们并不是你们的新闻业同行。但是,每天从'美国在线'获得他们感兴趣新闻的人,比全美 11 家顶尖报纸的读者加起来的总数还多;在黄金时间,我们的读者和 CNN 或者 MTV 的观众一样多。"斯蒂夫·凯茨并没有夸大其词,当时通过美国在线接入互联网的直接用户已达 1 600 万,在耗资 40 多亿美元成功收购微软的劲敌 Netscape 公司后,美国在线迅速壮大成了一个屈指可数的新媒体巨人。而 SUN 微电子公司的杰可布·尼尔森(Jakob Nielsen)则为传统媒体敲响了警钟。他在一篇题为《传统媒体的终结》的专栏文章中说:未来的五年到十年间,大多数现行的媒体样式将寿终正寝。它们将被以综合为特征的网络媒体所取代。

　　事实上,尼尔森的预言并没有完全实现。随着网络技术的发展,特别是万维网和浏览器的广泛应用,以及计算机的普及,上网费用的降低,"拥抱 Internet"成了传统大众传播媒体的共识。1994 年底,美国上网的报纸不过几十家,全世界也不超过 100 家。到 1995 年底,互联网上的电子报纸迅速增长到 1 000 多家。以后,美国报纸上网的数量差不多以每年 60%的比例增长。根据美国报协的统计,到 1998 年 3 月 1 日,全美 1 520 家日报中已经有 500 多家推出了网络版,占总数的三分之一②。到 1998 年,美国已有 800 家左右的电视台、150 家以上的有线电视台和几百家广播电台上了网,而 1998 年 10 月,以《新闻周刊》网站的正式开通为标志,美国的主要新闻媒体实现了全部上网③。

---

① 孙坚华:《新媒体的崛起与传统媒体的终结》,www.chinabyte.com。
② 田智辉、黄楚新:《1995—2001 中国网络新闻的发展状况研究》,载《现代传播》,2001 年第 4 期。
③ 屠忠俊、吴廷俊:《网络新闻传播导论》,华中科技大学出版社,2002 年,第 322—323 页。

第二节　网络媒体的分类

　　科学技术的进步,历来是新闻媒体报道的重点之一。计算机技术、现代通信技术和互联网的发展一直为新闻媒体所关注。随着网上信息的日益丰富、搜索的日益方便以及网民的日益增多,新闻媒体敏感地察觉到,自己作为公众主要信息来源的地位正在动摇。这既是严峻的挑战,同时也是进一步发展的机遇。与此同时,互联网中所蕴藏着的巨大商机吸引了众多的企业家和风险投资,而作为网络基础建设的推动者,政府也通过建立网站直接向公众发布信息,与公众沟通。互联网的媒体功能日益显现,影响日益扩大。

一、门户网站

　　门户网站(Portal Site)是指网络大门、停泊站或入口。网站经营者都希望用户打开浏览器,首先登录到自己的网站,然后被网站提供的信息和服务留住,从而使网站拥有较高的访问量,以吸引大量的广告和商机。

　　最早的门户网站大多是由搜索引擎发展起来的。面对呈几何级数增长的网络信息,网络用户不再满足于搜索引擎服务,因此网络信息服务业者不失时机地提出了"门户"的概念。在国外典型的有 Yahoo!、美国在线和网景公司推出的 NetCenter 等,国内的包括新浪、搜狐、网易等。从门户网站提供的内容和服务上看,如果与传统媒体相类比,它更像是综合性的大报,内容从新闻到体育,从财经到娱乐,可以说是无所不包。门户网站最理想的状况是用户进了"门",所有想要的服务一应俱全,不必再访问其他网站了,因此其服务向来是以"包罗万象"而自居。例如 Yahoo! 除了各种各样、无所不有的内容外,还有功能强大的搜索引擎、免费电子信箱、网上聊天、网上拍卖、网上购物等各种各样的服务功能。

　　中国大多数门户网站都借鉴了 Yahoo! 的做法,其中以搜狐最为典型。著名的搜索引擎搜狐是 1998 年 2 月由张朝阳创立的,当时被称为是向 Yahoo! 叫板的国内第一家中文搜索引擎。不仅如此,该网站还集成了新闻、财经、体育、娱乐、影视、音乐、旅游等各种内容,并且宣称,"搜狐不仅仅是一个网站,它更是一种媒体,并将超越媒体,成为人们生活中不可或缺的电子商务市场"。1998 年底建立的新浪网也是典型的门户网站,只不过在诸多内容之中,它主推新闻,从而成为内容有重点的门户网站。

进入新世纪以后,中国政府加强了对网络传播的重视程度,加强了网络媒体的建设,各大主流媒体的网站也纷纷扩充内容,增加功能,向门户方面发展。原来的门户网站,因其资本来源而被统称为"商业性网站",以示与"传统媒体网站"的区别。相对于传统媒体网站,商业性网站特别是一些大型网站,虽然没有一支专业的新闻采编队伍,但是像新浪、网易等本身创业时就是依靠软件起家的,因此它们具备较强的新闻信息整合能力。加上有些商业网站拥有较强的融资能力、市场运作能力和技术实力,因而在网络媒体发展初期成为一匹"黑马",很快在网络用户中创立了自己的品牌。根据中国互联网络信息中心 2000 年7 月 27 日公布的第五次中国互联网络网站影响力调查报告,中国互联网络影响力十大网站名单的前五名均为门户网站。

二、从个人网站到博客

技术的发展带来了信息传播"门槛"的降低。任何个人,只要能够接入互联网,都可以在网上建立讨论组,可以通过邮件列表向其他用户(认识的和不认识的)发布信息。WWW 技术又给个人网站的建立创造了条件。

早期的个人网站多为计算机网络爱好者所建立。以率先发布克林顿绯闻而闻名天下的"德拉吉报告"(Drudge Report)可以说是最成功的个人网站,德拉吉本人也因消息来源众多,更重要的是善于制造轰动效应而被称为是"互联网上的第一明星"。成名之前的麦特·德拉吉是一个既没有大学文凭,又没有经过专业新闻训练的小人物。他利用业余时间从各种信息源中寻找有价值的资料并送上新闻讨论组,1995年创办了"德拉吉报告",发给他的订户。按照"正统"的标准,"德拉吉报告"不过是地摊上的猎奇小报在网上的翻版而已。然而,它的一些独家报道引起了大名鼎鼎的美国在线的注意,美国在线以每年 3. 6 万美元的价格将"德拉吉报告"同步发送。借助美国在线的庞大用户群，德拉吉拥有了更多的读者，也有了更多的独家新闻。英国王妃戴安娜车祸身亡的消息就是他先于美国各大电视网七分钟率先在美国发布的。

众多个人网站的设立大大丰富了互联网上的内容。张继新是新华社《半月谈》的记者，他的个人网站"神山圣湖"是一个介绍西藏文化的综合性网站。1998 年对雅鲁藏布江大峡谷的穿越考察活动使关心西藏的人成倍增长，"神山圣湖"被中央电视台《走进科学》的编导看到之后，张继新成为一期专题节目的主人公，他称自己经历了"一个传统主义者的网路历程"。张继新曾经把"神山圣湖"送进"网易"的排行榜，最好的名次曾到达 180 名。尽管在浏览量这一指标的竞争中，"神山圣湖"不可能与那些提供电脑信息、图书、歌曲等内容的个人网站竞争，但"神山圣湖"的内容确有它自己的独到之处。

众多个人网站的出现，也打破了传统媒体所拥有的信息发布的特权。例如，2000 年 1 月美国著名电影演员麦克尔·道格拉斯（Michael Douglas）与著名女影星凯瑟琳·泽塔·琼斯（Catherine Zeta-Jones）订婚的消息就是在麦克尔·道格拉斯的个人网站上最先发布的。当时世界著名通讯社法新社在发布这一消息时就是引用的麦克尔·道格拉斯个人网站上的新闻稿。

个人网站所刊载的内容的社会影响力不可低估。许多明星人物正是因为注意到这一点，才纷纷"触网"，借助网络来扩大自己的影响。比如香港影、视、歌三栖明星刘德华的个人网站 www.andylau.com 自 2000 年 3 月 1 日开通以后，每日浏览人次超过 200 万，首日更高达 260 万。

不知不觉中，个人网站已被博客所替代。之所以说是"不知不觉"，是因为博客是多人共同开发的产物，而我们无法确认博客出现的确切时间以及个人网站转变为博客的确切时间。有人将"德拉吉报告"作为博客的成功案例之一，却忽略了一个事实，那就是博客（Web Blog）这个名称最早是由一个名叫 Jorn Barger 的作家在 1997 年提出来的，而如今使用的博客软件是 1999 年开发的，这些都在德拉吉成名之后。如果说克林顿绯闻使个人网站步入新闻传播媒介的殿堂，那么2000 年发生在美国的"9·11"恐怖袭击事件，使博客成为重要的新闻信息来源。在恐怖袭击发生后的几小时里，几乎所有的主要传统媒体网站都由于访问量过大而近乎瘫痪,而传统的电视媒体的报道虽然及时但因容量有限,不能满足人们深入全面了解事件真相的要求。而一些个人博客担负起了传递最新消息的责任,在第一时间发表了目击者的亲笔描述,大楼内的被困者试图与外界联系以及现场救援的情况,从而成为人们获取第一手资料的最佳渠道,成为传统媒体和其他网站的部分消息来源。2003 年的伊拉克战争被称为"博客的战争",在美国主流媒体的公信力遭到质疑的同时,相关博客点击量大增,甚至一些美国参战士兵也开了博客,提供第一手信息。战争博客提供了不同于官方的立场和观点,帮助公众全面了解这场战争的真相。

不管怎么说,今天的博客成了个人在网上发布新闻、发表见解、记录见闻和感想的主要方式,而原来的个人网站则淡出了人们的视线。

三、传统媒体网站

传统媒体网站是传统媒体"拥抱 Internet"的产物,是传统媒体在网络上的延伸。如果将没有传统媒体背景的网站(在我国指的是商业网站)称为网上媒体的话,那么传统媒体网站可以说是上网媒体。

1. 印刷媒体上网

从传统媒体上网的历程看,首先上网的是印刷媒体。这是因为在当时的技术条件下,相对于广播、电视而言,以文本为主的印刷媒体上网要简单容易一些。自从 1987 年美国《圣何塞信使报》(*San Jose Mercury News*)将自己的内容送上互联网以来,特别是 WWW 和浏览器技术的推出,从而引发网络媒体的大发展,报界在感到危机的同时也认识到,与其让别人吃掉,不如让自己的儿子吃掉。因此,从世界著名大报到各地的地方小报纸纷纷上网。报刊网站不再受版面、篇幅的局限,不但可以提供详尽的背景材料,还可以随时滚动播出最新消息,其时效性足以和广播、电视竞争。美国《华盛顿邮报》每天在美国东部时间 23:00 就将第二天的印刷版内容送到网上;下午 13:00(东部时间)又推出网上专刊,内容远远超过印刷版,包括国际、国内、各州和地方新闻。《华盛顿邮报》网络版新闻内容每周七天、每天 24 小时实时更新,总共有数万页内容是印刷版上看不到的。《纽约时报》网络版从原来的纸质报纸的翻版发展到不仅提供纸质报纸的全部内容,而且提供纸质报纸所没有或容纳不了的特别报道,以及实时更新的滚动新闻报道。《华尔街日报》和英国《金融时报》等则根据自己的特色,提供相关内容的信息和其他服务。此外,有些报纸的网络版还提供音频、视频产品,从而依靠互联网实现了纸质媒体不可能实现的功能。而读者不但可以根据自己的喜好来选择有关的新闻和资料,还可以把这些内容复制或打印出来,甚至还可以把它们作为电子邮件发送给亲朋好友或其他相关人士。

因此,互联网被报业看成是可以跟传统报章配合得天衣无缝的媒体,是报业的发展方向,它为报纸提供了空间、即时性和更大的读者群。网络媒体的发展固然吸引了部分受众的"注意力",但是报纸在网上的延伸分享了这部分"注意力",扩大了报纸的影响。《人民日报》网络版人士认为,网络版在可预见的几年内不会威胁报纸的发行量。因为仅就《人民日报》而言,它的读者是不重叠的。《人民日报》的读者是大小单位的领导干部,而网上读者80%是30岁以下的年轻人。所以,网络版不仅没有对报纸的发行造成冲击,反而扩大了《人民日报》的影响①。

2. 网络广播

网络广播开辟了网上媒体信息传播的新形式。由于网络上的音频广播所占的带宽并不多,因此,网络广播的音质完全可以满足听众的需求。而且开办网络广播的技术和资金门槛都较低,因此个人也可以在网上开设广播电台。作为传统媒体的广播电台,更可以利用网络作为自己的延伸和补充。

将广播节目的声音送上互联网是广播媒体网上运作过程中有别于印刷媒体的一个重要特征。网上广播电台的节目播出在声音的处理上大体是两种形态:一种是在线广播,它与电台广播节目的播出同步,时效性很强,一些电台还通过这类形式对重大事件或重要活动进行网上直播;另一种是录播节目,网上见诸文字的新闻和其他各类专题,都可以按受众需要提供点播服务。

网络广播改变了广播传统的播出形态,使这一声音媒体文字化、视觉化。广播信息的概念就是声音,传统的广播信息传播模式是通过信号发射与接收(通过收音机)来完成的。而网上广播除保留了广播媒体原有的声音特征外,还赋予它新的功能。首先是广播的视觉化、文字化。广播节目在互联网上与受众的沟通首先是通过视觉来完成的。广播节目文字化,使网上用户不仅可以听广播,也可以"读"广播。这种

---

① 《北美报业直面网络时代》,载《人民日报》,1999年11月22日。

听觉与视觉的结合,进一步拉近了电台与受众的距离,也缩小了声音媒体与文字媒体的差异。稍纵即逝的语音信息可以成为白纸黑字,可以长期保存、随时检索。此外,一些广播电台还把节目主持人的照片放到网上,从而使主持人从话筒后走到荧屏前,图文并茂的介绍无疑有助于拉近主持人与听众间的距离。其次,网络广播扩展了受众的选择空间。广播受众历来是一种被动性较强的受众群体。他们接收转瞬即逝的广播信息往往要按照准确的时间来进行,否则错过了时间,信息就难以再次捕捉。这种状况对受众来说是一种很大的制约。网络广播则不同,受众首先通过文字来了解广播节目的内容,然后再根据自己的需要和兴趣选择要看或要听的内容。这在很大程度上改变了过去电台播什么、受众听什么的状况,而形成了想听什么、看什么,就选听什么、选看什么的信息接收模式。第三是广播数据库的形成。无论是模拟式广播系统,还是如今正在被广泛运用的数字化广播系统,广播信息的数据库都是建在电台内部的。电台与电台、电台与其他媒体、电台与受众间,难以做到资源共享。而现在一些在网上运作比较好的电台,已建起了规模不等的广播信息数据库。广播数据库的建立,不仅使媒体间的资源共享成为可能,也大大方便了受众。如一些精品栏目库,受众可以从中十分便利地点看、点听到以前播出过的精彩节目。

自 1996 年 10 月广东人民广播电台上网以来,截至 2005 年底,包括台湾在内的全国 34 个省、直辖市、自治区和特别行政区,除海南省和澳门特别行政区以外,都建立了省级广播网站,另外还有 97 个地市级的广播电台也建立了自己的网站。这些网站有的提供实时在线收听,有的提供节目点播。中国广播网是目前我国最大的音频网站,其前身是建立于 1998 年 8 月的中央人民广播电台网站,2002 年 1 月 1 日正式更名为中国广播网,提供中央人民广播电台九套节目的网上直播以及 270 多个重点栏目的在线点播服务。为了适应广大青少年网民的需求,2005 年 7 月,中国广播网正式开通了银河网络电台。银河网络电台根据网络媒体的特点和规律,提供互联网电台、移动电台、博客、播客和音视频等个性化、互动式的服务,用户可以通过互联网或手机收听银河电台的节目。借助中广社区的互动聊天软件,银河电台可以实现电台与用户、用户与用户之间的文字、语音、视频全方位的立体互动①。

① 《中国广播电视年鉴 2006》,中国广播电视年鉴社,2006 年,第 221 页。

不受时空限制的网络传播使广播不再按照覆盖范围分为地方电台、全国电台和国际电台,任何机构,甚至个人通过计算机将音频信号送上互联网,就可以做到全球广播。很多担负着对外广播任务的国家广播机构如英国广播公司(BBC)、美国之音(VOA)和中国国际广播电台(CRI)等,传统上是依靠短波发射,以及境外建台、租机转播、寄送节目等手段实现全球覆盖的,但这些已远远不能适应广播发展的需要。网络广播的发展给对外广播提供了新的发展机遇,真正意义上的全球广播成为现实。中国国际广播电台网站("国际在线")1998 年 12 月 26 日正式推出之际,将华语(普通话、粤语)、英语、德语和西班牙语四种语言的节目送上了互联网,1999 年底,又将日语、朝鲜语、俄语、法语、葡萄牙语五种语言的节目上网。目前,"国际在线"用 43 种文字和 48 种语言发布,提供新闻、文化和经济类信息,并已发展成为囊括环球网络电台、网络电视和播客平台等新媒体在内的多媒体集群网站。除浏览网站图文外,访问者可以登录北京、华盛顿、伦敦、东京、柏林、开罗、莫斯科、悉尼等 12 个城市的环球网络电台欣赏"国际在线"专门为网友制作的精彩节目,或制作自己的个性播客,也可以登录网络电视收看视频节目。

3. 网络电视

互联网的出现对电视造成的冲击表现为大批电视观众的流失。1997 年 12 月 PointCast 公司的报告显示,网络用户花在阅读与看电视上的时间较以前减少了。这份报告说,互联网使用者中有 21% 减少了看电视的时间。另一家调查公司 Intelliquest 的调查结果显示,接受调查的网上用户中,有 26% 说减少了看电视的时间[①]。

与此同时,自称为"网上电视台"的商业网站也开始向传统电视媒体叫板。由加拿大多伦多的 TVRadio Now 公司设立的一家网站 iCraveTV. com,从 1999 年 11 月开始播放加拿大和美国 17 家电视台的节目。传统电视媒体认为这种做法侵犯了它们的版权,要求 iCraveTV. com 停止侵权。美式足球联盟(NFL)也警告说,iCraveTV. com 的播放行为未经过准许,如果 iCraveTV. com 不停止播放,NFL 将向 iCraveTV. com 索赔,未经许可转播一场球赛将赔偿 10 万美元。其他电视台也表示要采取行动,停止 iCraveTV. com 的播放。iCraveTV. com 则表示自己

---

　　① 孙坚华:《报业别来无恙?》,www. cjr. com. cn。

的所作所为并未违法。根据加拿大的电视播放法规,第三者可以在电视节目播出的同时,不经电视台许可,播放未做剪辑的电视台节目。iCraveTV.com 辩称自己的服务对象是加拿大观众,加拿大居民上网观赏前,还要输入自己的电话区域号码,证明居住地在加拿大境内。但是网络传播不受国界限制,因而美国及其他地区的网络用户也可以连上这个网站。这就引发了美国电视媒体的不满和抗议。

面对互联网的冲击,传统电视媒体纷纷上网,希望借助这一新的舞台找到新的发展空间。1995 年 8 月 30 日,美国有线电视新闻网(CNN)网站正式开通,以后哥伦比亚广播公司(CBS)、福克斯广播公司(FOX)和美国广播公司(ABC)等各大广播公司也纷纷跟进,相继建立了自己的网站。1995 年底,美国全国广播公司(NBC)则与微软公司联手,创办了 MS-NBC,建立了第一个跨行业联合的媒体网站。

自 1996 年,中国中央电视台在国际互联网上申请了域名,建立了自己的网站以来,截至 2005 年底,全国除青海省以外,各省、直辖市、自治区和特别行政区的电视台都建立了自己的网站,并开设了音视频的频道或栏目,供用户下载或点播。中国中央电视台从 1996 年开始网站建设,经过几年的试运行,1998 年元旦正式开通。1998 年 12 月 31 日22:00 至 1999 年 1 月 1 日 0:20 中央电视台与上海电视台合作举办的"五洲风——'99 中英文双语元旦晚会",首开大型活动网上视频直播的先河。1999 年 2 月 15 日晚中央电视台网站首次直播了春节联欢晚会,从此,中国观众每年除夕的传统节目又多了一个观赏平台。这是一个双向互动的平台,观众可以通过短信参与竞猜,通过留言与主持人交流。2006 年 4 月 28 日,中央电视台成立网络传播中心和央视国际网络有限公司,央视国际(CCTV.com)同时实现全新改版。改版后的央视国际拥有信息网络在电视、PC、手机终端上传播视听业务的许可,是一个以央视为依托,集新闻、信息、娱乐、服务为一体的综合性网络媒体①。

除了电视台网站以外,广播电视机构还开展了通过电信宽带网络传输,以个人电脑为接收终端的宽频网络视听业务,即 IPTV。从广义上讲,IPTV 是指利用宽带网,采用流媒体技术,通过互联网协议(IP)来提供包括视频节目在内的多媒体交互业务。其用户终端可以是 IP 机

---

① 《中国广播电视年鉴 2006》,中国广播电视年鉴社,2006 年,第 222 页。

顶盒＋电视机，也可以是计算机（PC），也可以是手机。承载这种业务
的宽带网络可以是双向有线电视网、计算机宽带网（五类线网）、ADSL
网（电话线宽带网）、无线宽带网（如3G）等。目前通常所指的IPTV主
要是指基于IP机顶盒＋电视机终端的视听业务，而以手机为终端的叫
做手机电视①。

2002年底，上海文化广播电影电视集团获得了国家广播电影电视
总局颁发的互联网视听节目传播许可证。成立于2004年1月的上海
东方宽频传播有限公司正在与中国电信"互联星空"合作，为各地的电
信宽带门户提供节目内容，包括新闻、体育、娱乐、影视剧等十多套节目
的直播、点播和下载服务。目前，中国电信与上海文广集团在上海和哈
尔滨两个地方开展了IPTV业务，截至2007年10月，上海地区的IPTV
用户突破18万。

第三节 网络媒体的特征

与传统媒体相比，网络媒体的优势是显而易见的。

一、超越时空限制

今天互联网的触角已经延伸到了世界的几乎每一个角落，信息
在网上的流通已经不再受到时间和空间的限制。世界上任何地方发
生的任何事情，任何国家的任何用户的观点，只要上了网，就可以在
瞬间传遍全球，而只要这一信息具有足够的价值或吸引力，就可能引
起全世界的关注。1998年1月17日深夜，美国一个名叫麦特·德拉
吉的人在网上发布了一条自称为"世界独家新闻"的消息："一个白
宫实习生与美国总统有染。"这条信息引起了网民的注意，更引起了
传媒的注意，导致了追逐克林顿绯闻的新闻大战，成为世界舆论的焦
点。1998年9月11日，美国众议院司法委员会经过辩论表决，决定
将独立检察官斯塔尔的报告在互联网上公布。当天下午2点20分，

①　《中国广播电视年鉴2006》，中国广播电视年鉴社，2006年，第223页。

这份长达 445 页的调查报告被送上互联网。一时间,世界各地的用户蜂拥而至,美国国会图书馆、众议院、白宫以及各大新闻网站严重堵塞长达数小时之久。尽管如此,网络传播的优势还是得到了淋漓尽致的发挥,而传统媒体则望尘莫及。广播电视受播出时间的限制,不可能全文播出如此长的报告,印刷媒体即使刊登报告摘要也要等到第二天。这就使对克林顿性丑闻的报道具有了传播学上的意义,被认为是网络媒体发展的里程碑。

如果说,克林顿性丑闻使全世界的人们对互联网有了更新的认识,那么,中国驻南斯拉夫联盟共和国大使馆遭北约导弹袭击事件使互联网在中国被更多的人所认识。纵观整个事件,网络媒体的报道无论是时效性,还是报道量和报道深度,都远远超过传统媒体。

二、海量信息

互联网将全世界的计算机和计算机网络连接起来,从而形成一个巨大无比的数据库,网上的信息可以说是无所不包。以上海东方网为例,2000 年 5 月 28 日开通后受到广泛关注,100 天后进行了改版。新版东方网开设新闻、财经、体育、娱乐、军事、少年、旅游、生活、文苑等 15 个频道,1 200 个栏目,平均每天发稿约 1 500 条。其信息量不但超过上海的任何一家传统媒体,而且还超过了其发起单位《解放日报》、文汇新民联合报业集团、上海人民广播电台、东方广播电台、上海电视台、东方电视台等 10 家上海市主要新闻媒体的信息量的总和。在东方网"数字图书馆"的"上海宝典"中,8 000 余张珍贵老照片全面反映了上海开埠 100 多年来城市面貌的沧桑变化;"视听室"汇集了 15 种戏曲的名家老唱段;"科技百花园"收藏了 140 集科普短片;"数字博物馆"收藏了所有陈列的和部分库藏的文物精品;"敦煌宝典"栏目荟萃了 300 多幅敦煌精美壁画和佛像的图片;"东方助医"栏目已初步建立起一个囊括全市市区两级医院和各特色医院 3 290 位主任、副主任医师资料的医疗数据库。这些内容都是传统媒体所不能提供的。一些传统媒体上网后信息量大增,以至于其母体的内容只占很小的一部分。如美国的《华盛顿邮报》网络版包括上万个页面,除了提供印刷版全文外,还提供重要新闻、商业、科技、市场、都市、评论、体育、时尚、图片集锦、天气预报、黄页信息、背景资料以及分类广告等内容,并正在形成一个综合性的信息平台。

三、多媒体

传统媒体各有各的表现方式,印刷媒体通过文字和图片传递信息,广播通过声音传递信息,电视则通过画面和声音的有机结合而成为最受欢迎的传统媒体。应当说,这些传播方式各有各的长处和短处。计算机信息技术的发展,提供了综合性处理文字、图形、声音和图像的新技术——多媒体技术。多媒体技术能够同时采集、处理、存储和传递两个以上不同类型的信息,把自然形式存在的各种媒体数字化,并利用计算机对这些数字化的信息进行处理,以最容易被用户接受,从而也是利用率最高的形式提供给用户。网络媒体正是应用了多媒体技术而集所有传统媒体的长处于一身。对于用户来说,信息最终以何种媒体形式出现,是文字、图片、声音还是图像,完全由用户根据信息的内容、自己的喜好以及接收条件自行决定。

四、交互性

在传统媒体的传播理念中,传者和受者是严格区分的。前者主动地传播信息,后者被动地接收信息。也就是说,无论报纸、广播还是电视,受众对于传播的内容没有挑选的余地,最多只能选择是看(听)还是不看(听)。现在,网络媒体的受众除了可以在极大的范围内选择自己需要的信息外,还可以参与信息的传播。如克林顿绯闻案、大韩航空公司飞机在上海坠毁的消息,都是网民首先发布的。

事实上,网络媒体的"交互性"使用户有可能按照自己的需要来控制获得信息的顺序。另一方面,用户可以对所获得的信息做出迅速、及时、有效的反馈,甚至可以对被传播的内容进行控制。InfoWorld 的前任总编辑 Stewart Alsop 把交互性描述为四个层次:观看(watching)、浏览(navigating)、使用(using)和控制(programming)。在他看来,"观看"是最低层次的,其实没有任何"交互性"可言;第二层次是"浏览",允许用户用相对随机的方式从一个项目跳到另一个项目,同时不必陷入到任何材料中;作为第三层次的"使用",指用户在与内容或媒介发生关系时,可以从中获得一些有用的东西;而"控制",则被认为是"交互性"最强的方式,意味着用户可以自己定义概念,可以赋予内容以含义,并且可以控制整个交互过程。网络媒体所带来的传播者与受众,即信息生产者与信息消费者之间日益增长的交互性关系,以及网民,即消费者与消费者之间的交互性关系,是传统媒体所无法比拟的。

五、小众化

大众传播媒介作为工业革命的产物,其产品也和汽车、彩电、汉堡包一样是大批量生产出来的。今天,人们对各种信息的需求越来越广泛,造成报纸、杂志的种类越来越多,每份报纸、杂志的版面也越来越多;广播、电视的频率、频道越来越多,节目(栏目)的名目也越来越多。这种批量生产带来的必然结果是多而不精,广而不专。随着社会的多元化发展,现代人越来越注重个性发展,因而对个性化信息的需求也越来越高。他们在忍受自己并不十分需要的信息的"狂轰滥炸"的同时,又苦于很难找到自己所需要的特殊信息,苦于那些专业信息达不到自己所需要的深度。网络媒体为用户解决了这个矛盾。网络媒体的海量信息解决了信息的广度问题,而它的个性化服务功能则解决了信息的深度和专业化问题。用户可以从网络媒体"拉出"(pull)自己所需要的信息,剔除自己不需要的信息,并通过"超链接"获得更多的相关信息。媒体也可以使用"推送"(push)技术,将用户需要的信息直接送到用户的计算机上。这种为用户"度身定制"的服务,是传统媒体无法提供的。

第四节　中国网络新闻媒体的发展

1994年4月20日,中国科学技术网实现与互联网的全功能连接以后,互联网在中国经历了一个爆炸式的发展过程。各种类型的网站如雨后春笋般涌现,同时,互联网也成了新闻发布的一个重要渠道。中国网络新闻与世界发达国家基本上同时起步,但与互联网的发源地美国相比,中国最早接触网络新闻的是传统媒体而不是商业网站。

一、传统媒体率先上网

1995 年 5 月 17 日，中国邮电部宣布向公众开放互联网服务。同年 10 月，《中国贸易报》就在中国新闻界中率先将自己的新闻信息搬上了国际互联网，这标志着中国网络新闻事业的起步。

中国的传统媒体在这时期对互联网信息传播还处于初期的了解阶段，对于互联网所具有的巨大能量、互联网给新闻传播带来的全新的发展机遇还缺乏深刻的认识，对于互联网信息传播活动的一系列新的规律和特点，也还缺乏足够的了解。加上对网络技术不熟悉，专业人员不足，以及设备条件的限制，网络新闻在中国还远没有形成规模，网络媒体无论是在数量上还是在多样性上，发展的速度都比较迟缓，运作的水准也比较低。所有这些特点可以从《人民日报》网络版最早期的形态中得到验证。《人民日报》是我国较早推出网络版的中央级新闻单位，于 1997 年 1 月 1 日正式推出网络版。图 4-1 是《人民日报》网络版刚创办时的形态。从这幅图中我们可以看到，这一时期的《人民日报》网络版信息量少，不重视新闻的时效性，更新频率低（新闻每天更新一次），没有交互功能，只不过是将《人民日报》的纸质媒体的内容搬到网上而已。用《人民日报》网络版的工作人员自己的话说，这一时期的网络版是非常"原始"的。

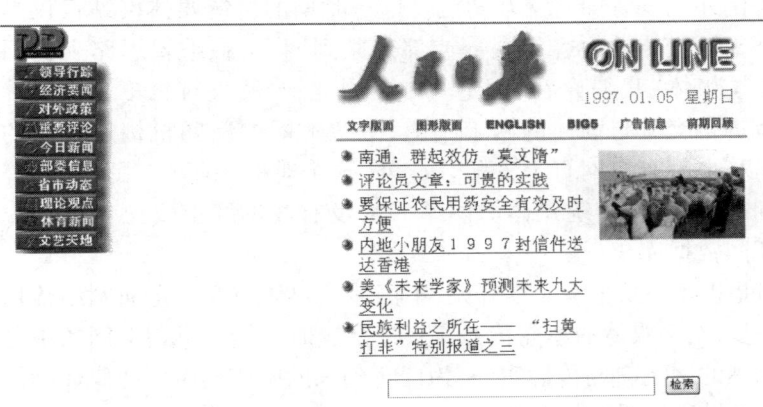

图 4-1 《人民日报》网络版（1997 年 1 月）

最早上网的中国传统媒体具有以下一些特征：

（1）从数量上看，上网媒体数量很少。据国务院新闻办 1997 年 10 月的统计，截至 1997 年 5 月，以各种形式上网的新闻传播媒体只有大约 36 家。而且，这些传统媒体在网上的运作基本处于自发状态，国家对网络媒体和网络新闻还没有进行任何管理和规范，也没有相关的法律、法规。

（2）从技术手段看，这一时期传统媒体在网上的表现在今天看来还相当初级。首先，由于对互联网这一新的传播手段的认识还有很大的局限，对网络技术还比较陌生，在这一阶段上网的中国传统媒体大多没有自己独立的网站域名，也没有自己的网站，而是交由网络公司进行制作，代为发布新闻。其次，网站的组织和网页设计非常简单，这表现在网站的网页数量有限，层次不多，基本上谈不上有什么复杂的网页和美工设计。

（3）从内容上看，这一阶段传统媒体在网上发布的信息一般为单一的文字信息，没有多媒体信息。这一阶段上网的几十家新闻媒体的网页上大多连图片都没有，信息量也非常有限。例如此时的《人民日报》网络版，所有内容加在一起，也仅有一屏（见图 4－1）。除了《人民日报》等极少数报刊能够保证定时更新之外，绝大多数上网报刊不能保证定时更新，有些报刊包括中央级报纸甚至长达数月不对新闻进行更新。

（4）从网站提供的功能和服务看，这一时期传统媒体的网站几乎无一例外地没有即时交互功能。这一时期的传统媒体网站仅仅是把自己平面媒体的内容的全部或部分搬到网上，在编辑思路上仍旧处于传统媒体"我编你看"的定式中。因此，当然没有也不可能设计与读者进行交流与沟通的网上渠道，一些上网的新闻机构连自己的电子信箱也没有在网页上安放。此外，这个时期除了《人民日报》等极个别的网站外，传统媒体的网站一般没有在网络上安放供读者查询的新闻数据库。

但是也正是从这一时期开始，中国传统媒体迈开了走向网络传播的第一步，网络媒体的新闻传播实践也从这时开始。早期上网的中国新闻媒体的网上新闻传播实践，为即将到来的中国网络新闻媒体的加速发展提供和积累了宝贵的经验。

表 4 - 1 最先走上互联网的中国新闻媒体

媒 体 名 称	上 网 时 间	媒 体 类 型
《神州学人》	1995 年 1 月 12 日	杂志
中国新闻社	1995 年 4 月	通讯社
《中国贸易报》	1995 年 10 月 20 日	报纸
广东人民广播电台	1996 年 12 月	广播电台
中央电视台	1996 年 12 月 10 日	电视台
中国互联网络新闻中心	1997 年 1 月 1 日开通	网络新闻媒体的综合平台

二、商业性 ICP 加入竞争

1998 年 12 月 1 日,是中国互联网新闻发展的又一个具有里程碑意义的日子。这一天,位于北京中关村,专业从事中文软件产品开发、销售与服务的中外合资企业四通利方信息技术有限公司同位于美国硅谷,由三位斯坦福大学华裔研究生创立的华渊生活资讯网合并,成立新浪网公司并推出同名的中文网站 www. sina. com。新浪在自己的公司介绍中说,新浪的目标是"通过提供全面、及时的中文信息内容,以及高效、方便的网络工具",使自己成为"世界各地中国人的全功能网上生活社区"。而浏览过新浪网的人都知道,这里所谓的"全面、及时的中文信息内容",指的就是新闻。而新浪也丝毫不掩饰对自己的新闻内容的自豪之情。新浪在自己的公司介绍中谈及新闻时宣称:"我们始终是全球最优秀的中文新闻中心,以前是,现在是,将来也是。"尽管新浪并不是中国大陆第一家商业网站——在它之前已经有搜狐、网易等——但由于这些网站都不是以新闻为主打产品,所以我们仍然以新浪的出现作为第二阶段的开始。正因为新浪网的诞生具有重要意义,"四通利方与华渊合并建立全球最大华人网站——新浪网"一事被《互联网周刊》评为"1998 年十大 IT 新闻"之首。

新浪主打新闻获得成功,促使其他一些商业网站纷纷开始在新闻上加大投入。早于新浪成立的网易(www. netease. com)1999 年初同新华社和 Internet. com 达成内容购买协议。网易新闻涵盖国内、国际、财经、体育、娱乐、科学、IT 和专题报道等内容。由于商业网站涉足新闻本身就是一个新鲜事物,因而备受关注,加之商业性网站的大规模市场推广活动,是传统媒体所不熟悉的,而其雄厚的财力又是传统媒体的网络版望尘莫及的,这就使这些商业网站在很短的时间内就在网民中家喻户晓。

一些商业网站在新闻报道方面也突破了传统媒体的局限。1999年 4 月 15 日,大韩航空公司一架麦道 MD11 货机于 16 点 04 分从上海虹桥机场起飞,一分钟后坠落在莘庄附近。当天 17 点 57 分一位网友将主题为"飞机坠落"的帖子贴到新浪网的"谈天说地"论坛中,并简要描述了自己目击的事故现场情况。18 点 11 分,新浪网以"快讯"形式在国内新闻栏目中报道:"一架飞机今天 16:00 在上海附近失事。"随着事态的发展,新浪网在滚动播发的"要闻"和"国内新闻"栏目中共播发了 20 多条相关新闻和图片。而上海的传统媒体虽然也在第一时间从官方渠道获得了飞机失事的信息,但正式报道的时间却远远落后于商业网站。正是由于新浪在类似突发性重大事件上的出色表现,中国互联网络信息中心(CNNIC)的"中国互联网发展状况统计报告(1999.7)"将新浪网列为优秀互联网站点第一名。

三、传统媒体加快与网络融合

商业网站新闻的成功,刺激了传统媒体更快、更好地与网络融合,并在实际操作中借鉴商业网站的一些成功经验,中国互联网新闻出现了良性竞争格局。

从 1999 年开始,上网媒体的数量迅速增加。据中国互联网络信息中心(CNNIC)统计,截至 1998 年底,我国有 127 家报纸上网。而到1999 年底,中国上网报纸已经接近 1 000 家,上网的广播电台和电视台超过 100 家。

这些传统媒体的网站还在技术领域做出了有益的探索,例如尝试使用多媒体信息。从 1997 年底开始,随着中国互联网基础设施建设的推进,中国新闻媒体开始关注并着手开发网络多媒体信息传播的渠道。1997 年除夕,《华声报》电子版在主页上首次运用网络动态影像和声音传播技术,发表了国务院侨办主任郭东坡向全球华人的新年贺词。1998 年 2 月元宵节前夕,《华声报》电子版又组织有海外亲属的国内读者,帮助他们使用当时最先进的 V(Video)—Mail,向他们的海外亲人送去音像并茂的节日问候。1999 年,中央电视台与中国电信及联通公司合作,尝试分别在海内外多家网站同时直播春节晚会,在晚会现场同时打出五个网址的字幕,在整台晚会进行期间,上网人数达 50 万,收看直播的有 15 万。到 1999 年 7 月,中央电视台的网站已经开辟新闻、评论、体育、文艺等各方面专题,网上影像信息的总容量达 10 G。上海东方电视台网站每天也将电视新闻节目送到网上。北京人民广播电台经济台参与建立了《动心九时》网上专栏,每晚 21 点到 22 点进行网上直播。中央人民广播电台文艺调频与"中国文娱网"合办了《中国歌曲榜》,以当时受欢迎的 MP3 格式提供上榜的中国流行歌曲。广州两大广播电台的音响节目主持人参与制作的"中国影音世界"网站向听众提供 CD 及 Hi‐Fi 信息及热门音乐。中国的网上报刊也开始运用多媒体手段传播信息,最具代表性的是《人民日报》网络版,开辟了音频新闻和视频新闻的常设栏目①。

与此同时,传统媒体网站大都实现了内容定时更新,而且更新频率加快。《华声报》电子版 1997 年 5 月创办时只有每周新闻,三个月后开设每日要闻,到 1999 年已经对八个分类新闻专栏每日进行定时更新。《人民日报》网络版从 1998 年 10 月 20 日起,周一至周五每天九次发布新闻,进入 1999 年后,周一到周五各类新闻已做到从凌晨 4 点到晚上 9 点每小时更新一次,成为当时国内更新最快的新闻媒体网站。《人民日报》、新华社、中国新闻社、中国国际广播电台这些国家级新闻媒体开始注意在网站上即时更新新闻。1999 年 5 月在中国驻南大使馆被炸期间,《人民日报》网站每天的更新次数最高达到 27 次。

传统媒体网站还注重借鉴商业网站成功的经验,开发使用网络交互功能,加强与读者的联系。当时几乎所有上网的传统媒体都在自己的主页上设置了专供读者使用的电子信箱,以保证读者能够随时将自己的意见直接反馈到媒体。1998 年印尼发生迫害华人的严重事件,《华声报》电子版开辟了读者来信专区,发表全球各界华人读者对这一事态的反应,及时反映了全球华人的人道主义呼声,引起很大的社会反响。

---

① 胡延平、刘韧、李甫、李学凌、邹剑宇:《2000 年中国网络经济发展生态报告(第一季度)》,http://tech.sina.com.cn/hotnews/internet2000/index.html。

　　此外,传统媒体网站还利用自身丰富的新闻资源积累,开发网络动态数据查询功能。例如,新华社在 1997 年 11 月 7 日建社 66 周年之际正式开通网站。新华社数据库利用本社丰富的新闻信息资源,及时、全面地反映国内外各个领域的最新动态,不仅收录了大量的一次文献,而且还有许多经过精心组织和编写的二次文献。全库分为中文和外文两个大类,包括 28 个库 100 多个子库,数量达 80 多亿汉字,并以日均 150 万汉字的速度增长。再比如,《人民日报》网络版自 1997 年 1 月 1 日开通以来,已先后推出了"邓小平文选"、"香港回归"、"中共十五大"、"历次党代会"、"中美关系大事记"、"三峡工程纪实"等几十个可供全文检索的重大新闻专辑和背景资料库。《人民日报》网络版还建立了对读者全方位开放的网上动态数据库,读者可以通过"全文检索"功能,查阅 1995 年以来《人民日报》上发表的任何一篇文章。

　　作为跨越国界的信息传播,国际互联网上的中文新闻传播受到文字编码形式的严重束缚。无论是商业网站还是传统媒体的网络版,在这一时期都非常重视信息的跨国界传播。在传统媒体网站方面,《人民日报》网络版不仅有中文版(含 GB 码和 Big5 码两种版本),而且有英文版、日文版。中国新闻社设有北京、中国香港、日本三个站点,同时提供 GB 码、Big5 码和日文三种版本。《华声报》电子版开辟北京、美国两个站点,并通过与新浪网北美站的合作,向读者同时提供图形编码、GB 码和 Big5 码三种版本的当日新闻,通过与日本《中国评论》合作提供 JIS 编码的中文新闻与日文新闻。新华社网站同时提供多达八种语言的信息新闻传播。

　　图 4-2 为 2000 年 3 月《人民日报》网络版的形态。从这幅图中我们可以看出,与刚推出时的原始状态相比,此时的《人民日报》网络版的内容大大增加了,更新频率加快了,语种多了(有英语版和日语版),推出了多个重大新闻专辑和资料库,而且有了交互性的论坛。

四、传统媒体网络版向综合性网站转型

　　2000 年 4 月,国务院新闻办公室组建了网络新闻管理局,加强了对全国网络新闻的管理。同时,从中央级新闻媒体开始,传统媒体的网络版纷纷向以新闻为主的综合性网站转型。

图4-2　《人民日报》网络版(2000年3月)

2000年4月7日,《人民日报》网络版再次改版,并改名为"人民网"。改版后的网页界面美观,更新频率进一步提高,随时更新,从凌晨4时到21时,包括《人民日报》国内外记者采写的新闻和国内外重要媒体如新华社、中新社、美联社、CNN等有价值的新闻,都及时地被人民网采纳;可读性强,内容编排更为合理;提高了网页下载的速度,增加了免费电子信箱、统一的网站和资料库检索,增加了130多个专题,每日更新新闻超过2 000条,信息量增加了50%;拥有300多个、数据量上亿字的专题数据库;名栏目"强国论坛"是全球最大的中文论坛,日访问量13万,有时高达30多万。2000年7月,在文化部举办的中国优秀文化网站评估调查中,人民网被评为文化新闻类中的优秀奖①。

新华社网站1999年下半年被列为国家重点新闻网站以来,积极谋

---

① 《这样的网站我们最需要——记人民日报网络版》,《人民日报》网络版,2000年8月10日。

求变革,迎接挑战。2000 年 3 月 10 日,新华社网站更名为新华网,进一步发挥作为国内最大的新闻信息源的优势。2000 年下半年中央电视台网站改版,大幅度增加了视频内容这一电视的强项。《光明日报》网络版改版后,原先网络版的内容演化成了"光明新闻网",《光明日报》网络部已经不只是做母报的一个电子版,它不仅仅提供新闻信息,而且向自己所擅长的领域拓展,推出了"光明书评网"、"光明历史网"、"光明人才网"、"光明法制网"等,旨在"建成国内外知识分子思想文化的一个站点"。2000 年 5 月 15 日,由《中国青年报》网络版演化而来的"中青在线"开通。中青在线网站由中国青年报与北京中青在线网络信息技术有限公司联合创办,由北京中青在线网络信息技术有限公司经营,按市场规则独立运作。《中国青年报》电脑网络部负责中青在线网站新闻频道内容(中国青年报网络版:www.cyd.com.cn)的采写、制作与发布,北京中青在线网络信息技术有限公司负责中青在线网站除新闻以外的教育、人生、生活、服务等内容的策划、制作与发布。2000 年 5 月 15 日,《中国青年报》网络版成为中青在线的新闻频道后,除继续制作上述内容外,还开设了滚动新闻、新闻专题、自采新闻、网上报摘等专题专栏。

除了这些传统媒体网站的转型以外,还出现了一种全新的有着浓厚传统媒体背景、并获得政府大力支持的网站,其代表就是北京的"千龙网"和上海的"东方网"。

2000 年 3 月 7 日,北京几大媒体的头条报道了相同的新闻,《北京日报》、《北京晚报》、《北京青年报》、《北京晨报》、北京电视台、北京人民广播电台和《北京经济报》等媒体联合成立新闻网——"千龙新闻网"(www.21ddn.com)。该网是"北京市第一家综合性网上新闻传媒",它把九家媒体的新闻信息经过编辑后在网上发布,使网上新闻内容更丰富,表现手法更多样。同时,"千龙网"还招聘记者,以第一报道时间 24 小时向全球提供中国的新闻信息,并在亚洲、欧洲、北美等地建立镜像点。

在上海,各媒体也成立了一个类似"千龙网"的网站——"东方网"(www.eastday.com)。2000 年 3 月 27 日的《解放日报》在报道此事时称"东方网"是上海各新闻单位合力推出的一个上海最大规模的综合网站,由上海市主要新闻单位联合东方明珠股份有限公司、上海信息投资股份有限公司共同发起成立上海东方网际传讯股份有限公司并注册东方网,各大媒体以资本或信源投入占有网站股份。"东方网"的发展策略为新闻导入、服务衔接、商务展开,将利用国际互联网、有线网和天线传输等高新技术,用中、英两种语言为上海、全国乃至全球网民服务。网站新闻板块以权威、及时、全面、原创、互动为特色,将侧重上海新闻、国内新闻、财经新闻、文化体育和国际新闻报道。网站除提供导航、免费邮件等通用服务外,还围绕衣食住行玩购,提供信息服务。"东方网"还将联合社会力量逐步开拓商务板块,建设大型网上交易平台,开展电子商务项目。

"千龙网"和"东方网"的相同之处在于两者都得到了当地政府和在当地有巨大影响的传统媒体的大力支持,同时又引入了商业网站市场化的运作方式,以商业网站的形式出现。然而,它们与一般意义上的商业网站之间最大的不同之处在于,它们的背后有传统媒体的强力支持,有自己的采编队伍,因而有自己的原创内容。

第五节　中国网络媒体走向成熟

经过近十年的发展,2003 年 10 月 10 日在北京举行的"2003 年中国网络媒体论坛"标志着中国的网络媒体开始走向成熟。当时、全国依法取得登载新闻资格的互联网站有 150 家,全国有 1 400 家新闻媒体创办了网络版。国务院新闻办公室负责人在论坛上所作的主题报告中指出,由新闻机构创办的综合性新闻网站的迅速发展,不仅成为人们获取新闻信息的重要渠道,而且成为其他网站登载新闻的主要来源。重点新闻网站和知名商业网站共吸引了国内 95% 以上的互联网信息访问者,成为影响我国网上舆论的主要力量。

一、国家重点新闻网站确立,地方重点新闻网站遍布全国

早在 2000 年 5 月,由中共中央宣传部和中央对外宣传办公室制定的《国际互联网新闻宣传事业发展纲要(2000—2002 年)》就提出了国家重点新闻网站的概念,并确定人民网、新华网、中国网、中国日报网站、中国国际广播电台网站和央视国际为第一批国家重点新闻网站,以

后又增加了中青网和中国经济网。这些国家重点网站构成了网上新闻宣传的主力军,已经在网民中产生了广泛影响,成为网民获取新闻信息的重要来源,同时也成为商业网站登载新闻信息的主要来源。

在北京千龙新闻网和上海东方网的影响和带动下,全国各省、自治区和直辖市先后建立了各自的重点新闻网站,并力争成为当地的门户网站。这些官方背景的地方新闻网站,背靠传统媒体而又突破传统媒体的限制,不满足于仅仅将传统媒体的内容搬上网页,而是充分发挥网络优势,大力进行内容的整合,提供多种服务,加强与网民的互动。随着全球互联网和网络媒体的发展,我国地方重点新闻网站得到了很快的发展,无论是技术方面、内容建设方面,还是在影响力方面都与日俱增,地方重点新闻网站在当地的优势得到了明显的体现。

2005 年 5 月,北方网、北方热线、北国网、东北网、东北新闻网、东方网、大河网、大连天健网、大众网、福建东南新闻网、桂龙网、黄河新闻网、华龙网、海南新闻网、红网、荆楚网、内蒙古新闻网、宁夏新闻网、青海新闻网、千龙网、四川新闻网、天山网、通网、中安网、中国吉林网、中国江苏网、中国江西网、浙江在线等 28 家地方重点新闻网站的负责人聚会沈阳,就如何发挥地方重点新闻网站的优势,地方重点新闻网站之间如何优势互补,如何加强联系、加强合作,如何在多方面实现资源共享开展了广泛讨论。为了推动地方重点新闻网站的发展,会议决定在技术和信息资源等多方面实现资源共享和合作,把资源优势转变为资本优势,以获得更多的内容资源和发展空间。会议决定建立"地方重点新闻网站联席会(地方网联)",成员单位的原创新闻和其他信息资源可以共享;成员单位在建设好各自的特色频道的基础上将其他成员的特色频道以文字链接的方式链接到自己的频道中;在与广告商合作的过程中,各成员单位互通信息,共同避免网站损失。几年来,"地方网联"本着自愿、平等、互信、互助、互利、互惠、互赢的原则,推动了地方重点新闻网站之间的交流与合作,整体提升了地方重点新闻网站的知名度和影响力,促进了地方重点新闻网站的健康发展。

随着国家重点新闻网站的迅速发展和有关互联网的法律、法规的颁布实施,在国内网站传播的新闻信息中,有害信息、虚假信息明显减少,正确的舆论导向开始在网上占据主导地位。特别是国家和地方重点新闻网站,围绕党和国家的工作大局,有针对性地开展网上宣传,内容丰富,导向正确,受到网民的欢迎,增强了网上正面宣传的影响力,初步显示出重点新闻网站正确引导网上舆论的主渠道作用。

二、网络媒体逐步走上依法管理和行业自律的轨道

2000 年以来,我国在互联网方面的立法工作取得了重大进展,先后颁布了《中华人民共和国电信条例》、《互联网信息服务管理办法》、《互联网电子公告服务管理规定》、《全国人大常委会关于互联网安全的决定》等一系列法律、法规。这些法律、法规的颁布实施,不仅为确保网上新闻宣传的正确导向、促进我国网络新闻宣传事业的健康发展发挥了重要作用,同时也标志着我国互联网事业开始步入法制化管理的轨道。

对于网站运作的监管,2000 年 9 月 25 日国务院发布的《互联网信息服务管理办法》规定:"国务院信息产业主管部门和省、自治区、直辖市电信管理机构,依法对互联网信息服务实施监督管理。"同时发布的《中华人民共和国电信条例》规定:"国务院信息产业主管部门依照本条例的规定对全国电信业实施监督管理。省、自治区、直辖市电信管理机构在国务院信息产业主管部门的领导下,依照本条例的规定对本行政区域内的电信业实施监督管理。"

对于网络媒体发布的内容,2000 年 10 月 8 日国务院新闻办公室和信息产业部发布的《互联网站从事登载新闻业务管理暂行规定》规定:"国务院新闻办公室负责全国互联网站从事登载新闻业务的管理工作。省、自治区、直辖市人民政府新闻办公室依照本规定负责本行政区域内互联网站从事登载新闻业务的管理工作。"国家广播电影电视总局发布并于 2004 年 10 月 11 日起施行的《互联网等信息网络传播视听节目管理办法》规定:"国家对从事信息网络传播视听节目业务实行许可制度。"并规定:"本办法适用于以互联网协议(IP)作为主要技术形态,以计算机、电视机、手机等各类电子设备为接收终端,通过移动通信网、固定通信网、微波通信网、有线电视网、卫星或其他城域网、广域网、局域网等信息网络,从事开办、播放(含点播、转播、直播)、集成、传输、下载视听节目服务等活动。"

经过五年的发展,互联网技术、互联网新闻信息服务的形式和内容都已发生了很大变化,2000 年发布的《互联网站从事登载新闻业务管理暂行规定》的有关内容已不适应新形势的需要。国务院新闻办公室

和信息产业部在总结实践经验的基础上,针对互联网等新型媒体发展的新情况、新问题,对《暂行规定》进行了修订和完善,于 2005 年 9 月 25 日联合发布了《互联网新闻信息服务管理规定》(以下简称《规定》)。《规定》明确指出,所指的互联网新闻信息服务,包括通过互联网登载新闻信息、提供时政类电子公告服务和向公众发送时政类通讯信息。经审批的互联网新闻信息服务单位,转载新闻信息或者向公众发送时政类通讯信息,应当转载、发送中央新闻单位或者省、自治区、直辖市直属新闻单位发布的新闻信息,并应当注明新闻信息来源,不得歪曲原新闻信息的内容。《规定》将互联网新闻信息服务单位分为三类。第一类是新闻单位设立的登载超出本单位已刊登播发的新闻信息、提供时政类电子公告服务、向公众发送时政类通讯信息的互联网新闻信息服务单位;第二类是非新闻单位设立的转载新闻信息、提供时政类电子公告服务、向公众发送时政类通讯信息的互联网新闻信息服务单位;第三类是新闻单位设立的登载本单位已刊登播发的新闻信息的互联网新闻信息服务单位。设立前两类互联网新闻信息服务单位,应当经国务院新闻办公室审批。设立第三类互联网新闻信息服务单位,应当向国务院新闻办公室或者省、自治区、直辖市人民政府新闻办公室办理备案手续。对设立各类互联网新闻信息服务单位的资质,《规定》中作了详细的表述。《规定》要求互联网新闻信息服务单位从事互联网新闻信息服务,应当遵守宪法、法律和法规,坚持为人民服务、为社会主义服务的方向,坚持正确的舆论导向,维护国家利益和公共利益。国家鼓励互联网新闻信息服务单位传播有益于提高民族素质、推动经济发展、促进社会进步的健康、文明的新闻信息。同时,根据我国法律规定,《规定》明确:互联网新闻信息服务中不得含有下列内容:(一)违反宪法确定的基本原则的;(二)危害国家安全,泄露国家秘密,颠覆国家政权,破坏国家统一的;(三)损害国家荣誉和利益的;(四)煽动民族仇恨、民族歧视,破坏民族团结的;(五)破坏国家宗教政策,宣扬邪教和封建迷信的;(六)散布谣言,扰乱社会秩序,破坏社会稳定的;(七)散布淫秽、色情、赌博、暴力、恐怖或者教唆犯罪的;(八)侮辱或者诽谤他人,侵害他人合法权益的;(九)煽动非法集会、结社、游行、示威、聚众扰乱社会秩序的;(十)以非法民间组织名义活动的;(十一)含有法律、行政法规禁止的其他内容的。

如同传统媒体的发展一样,网络媒体的健康发展也离不开行业自律。2001年5月,国内70多家互联网企业,包括从事互联网行业的网络运营商、网络服务提供商、网络设备制造商、系统集成商以及科研教育机构等共同发起成立了中国互联网协会。2002年3月,中国互联网协会发布了《中国互联网行业自律公约》,在协会的积极倡导下,到2007年全国已有2 000多家互联网企业成为签约单位。为推动和加强行业自律,2003年12月8日,人民网、新华网、中国网、南方网、新浪网、搜狐网、网易等30多家互联网新闻信息服务单位共同签署了《互联网新闻信息服务自律公约》,承诺自觉接受政府管理和公众监督,坚决抵制淫秽、色情、迷信等有害信息的网上传播,抵制与中华民族优秀文化传统和道德规范相违背的信息内容。2006年6月,中国互联网协会互联网新闻信息服务工作委员会开通了"违法与不良信息举报网站",同年7月,公安部开通了"淫秽色情举报网站",接受公众对危害国家安全、宣扬暴力、色情和邪教以及违反知识产权的网站的举报。通过舆论引导、企业自查自纠、社会监督举报等措施,建立了符合中国国情的互联网行业自律机制,得到了政府主管部门、社会各界以及广大从业者的认同与支持。

第五章

网络信息资源

今天,互联网已经把整个世界连接在一起。在看到网络给我们的工作、学习和生活带来极大便利的同时,我们也不得不承认这样一个事实,那就是,网络信息资源的剧增,形成了规模空前的"信息爆炸"。英国学者 J·马丁测算,人类的知识在 19 世纪大约每隔 50 年翻一番,到 20 世纪初,大约每 30 年翻一番,而到 20 世纪 50 年代每 10 年就翻一番,到 70 年代更是每 5 年增加一倍,80 年代,增加一倍的时间只要 3 年。近 30 年来,人类创造的知识量相当于过去 2 000 年的总和。2002 年,全球由纸张、胶片以及磁、光存储介质所记录的信息生产总量达到 5 万亿兆字节。这些信息如果全都印刷出版,足能装满 50 万座美国国会图书馆①。今天的互联网,已经成为全球最大的信息库,但由于网上信息的无序性和离散性,信息内容丰富多彩而又良莠不齐,因而与用户的个性化需求矛盾突出,人们面对海量信息,往往感到无从下手。因此,怎样才能有效利用网络信息资源的问题摆在研究人员和普通网络用户面前。

第一节　网络信息资源的获取

所谓网络信息资源,目前并没有一个统一的界定。一般认为,网上

---

① 王国荣:《信息化与文化产业》,上海文化出版社,2004 年,第 4 页。

信息是"以网络为载体和传播介质,以超文本、数字化为组织和存在方式,通过计算机网络可以利用的各种信息资源的总和"①。也就是说,网络信息是以计算机网络为物理载体,通过超文本链接组织成为一个整体,以数字化的形式储存在全世界的网络服务器上,而用户则通过互联网获取并使用这些资源。

网上信息几乎包含所有类型的信息资源。按信息来源分,有政府、研究机构、大学、公司企业、社会团体、个人等;按信息内容分,有政治性文件、学术研究报告、技术信息、经济活动信息、历史文献资料、文学艺术信息、娱乐信息、电子论坛、电子邮件等;按信息文件类型分,有文本式文件、计算机软件、图像文件、HTML 文件、数据库文件等;按信息的内容形式和用途,分为全文型信息、事实型信息、数值型信息、数据库类信息、实时活动型信息以及其他类型信息。

随着技术的进步,人们获取信息的方式从传统的大众传播媒体和图书馆发展到联机检索和光盘检索,而 20 世纪 90 年代网络传播迅猛发展,今天通过网络检索已经成为很多人获取信息的首选方式。

获取网络信息资源的主要方式包括以下几种②。

一、网络全文数据库

网络全文数据库是指网上提供全文检索服务的数据库。国外著名的全文数据库包括 Elsevier、Springer、Blackwell 和 Kluwer 等。其中 Elsevier 是世界上最大的科技出版商,出版的期刊被公认为世界上高质量的学术期刊。它的数据库收录的全文期刊达 1 500 多种,收录了 1998 年以来的全文文献 300 多万篇,内容涉及数学、物理、化学、生命科学等 12 个学科。而国内的全文数据库主要有中国学术期刊全文数据库和重庆维普全文数据库等。其中维普数据库是国内最大的综合性文献数据库之一,收录了包括自然科学、工程技术、医药卫生等学科的 27 个专题,9 000 多种期刊全文。

① 朱江岭等:《虚拟图书馆与网上信息检索》,海洋出版社,2005 年,第 24 页。
② 谢新洲:《网络信息检索技术与案例》,北京图书馆出版社,2005 年,第 13 页。

二、联机馆藏目录库

联机馆藏目录系统是网络用户在网上获取图书馆书目信息的重要途径。在美国，包括国会图书馆在内的 600 多所公共图书馆、大学图书馆以及 4 000 多个学术机构的馆藏机读目录库通过网络对外开放。我国包括国家图书馆在内的公共图书馆和许多高校图书馆都建立了自己的联机馆藏目录库供读者网上查询。

三、学科信息门户

学科信息门户是将一学科领域内有关的信息资源、研究机构、主要人物、主要会议和参考工具等整合在一起，为该学科内的用户提供高质量的网络信息服务的一个入口。学科信息门户最早在国外兴起，目前中国科学院国家科学数字图书馆已经建成了包括物理、数学、化学、生命科学、资源和环境科学、图书情报学在内的六大学科信息门户。

四、开放获取

开放获取一般是指能够供科研人员免费或低成本地获取科研信息的出版机制。这种机制充分利用互联网环境，建立相应的质量控制机制、出版系统平台、经济运行模式和激励政策，使科研人员所发表的文献能被所有有兴趣的人获取，使科学成果无障碍地传播，使全球科研人员不受地域和经济状况的影响平等地获取科技信息。

五、互联网

在 20 世纪 90 年代浏览器和 Web 技术开发以前，网络用户就有多种方式获取网络信息。

1. FTP 文件传输

互联网的前身 ARPANET 的一项主要目的就是允许美国军方能够在网上不间断地传输文件，因此，FTP 成为互联网与生俱来的一项功能。FTP 是"文件传输协议"（File Transfer Protocol）的简称，它的作用是使用户可以从世界各地的联网计算机上获取文件并复制到自己的计算机上,或者把自己计算机上的文件发送到另一个地方的计算机上。用户可以操纵对方的 FTP 服务器,向它发出指令,让它按照自己的需要来行动,既可以下载(download)文件,也可以上载(upload)文件。通过 FTP,用户还可以得到共享的免费软件,也可以为自己已有的软件升级。在 Web 技术出现和普及以前,FTP 一直是互联网传送数量最大的服务项目。

2. Telnet 远程登录

远程登录是一个能够使人们与互联网上其他计算机(分处世界各地的主机、UNIX 机甚至是 PC 机)相连的工具。远程登录是普通的分时计算机系统上登录机制的一种扩展。许多大型的计算机能够允许多个用户同时使用,而所谓的计算机分时系统,就是指那些大型计算机上能够允许和支持多个用户同时使用的系统软件。在过去,一台大型计算机的分时使用只能局限于一个特定的区域,而远程登录则将这种功能进行扩展,使得来自不同地区的用户能同时使用一台异地计算机。目前世界上许多学术机构、大学图书馆和一些政府部门通过远程登录服务向公众提供联机检索服务。

3. Gopher 基于菜单的网络服务

这是一种客户/服务器模式的工具,用户通过一系列方便恒用的多级菜单可以找到存储于互联网上所有 Gopher 服务器的文本信息。互联网上有成千上万个分布在世界各地的 Gopher 服务器,每一个 Gopher 服务器都有本系统的菜单,列出信息的主题、本地的文件以及其他相关 Gopher 服务器的信息。用户可运行专门的 Gopher 软件搜寻某一具体主题,并在菜单中选中相关项目,服务器会自动在本服务器中找到相应文件,或将用户连到其他拥有相关信息的服务器上。当用户找到所需的信息和文件后,不必在网上浏览,只要将它们拷贝到自己的计算机上,就可以方便地阅读或打印了。

4. Archie

Archie 作为一种网络信息检索工具,是加拿大麦吉尔大学(University of McGill)计算机学院的师生于 1990 年开发的,目的是为了便于人们在分散的 FTP 资源中找到所需要的东西。它可以从遍布全世界的服务器中搜索文档数据库、软件和数据库文件,并将它们下载。由于每一个 Archie 数据库只能列出有限的文件,用户只要在一个 Archie 服务器上点击相关的清单,就会被带到存有相关文件的另一个计算机系统,可以根据其他可供参考的列表,继续搜寻。当找到所需文件后,可以利用文件转换程序将文件下载。尽管 Archie 所提供服务的信息资源对象不是 HTML 文件,但基本工作方式,如自动搜集分布在广域网上的信息、建立索引、提供检索服务等与搜索引擎差不多,因此被公认为现代搜索引擎的鼻祖。

5. WAIS 广域信息服务器

这是在全球范围内搜索文件的方式,是检索某一具体文件最彻底的途径,但用户必须知道所要检索的数据库的名称。一旦输入了具体数据库的名称和关键字,WAIS 就会在这些数据库的文件中对关键字进行查找。查找完成后,菜单会列出所有包含该关键字的文件。

当然对于普通网络用户来说,目前最常用的还是搜索引擎和目录指南。

第二节 搜 索 引 擎

在 1993 年以前,多数网络用户查找并获取信息的方式是从一个 Web 服务器的某一个 URL(统一资源定位器)开始,然后通过其网页上的超文本链接连接到其他 URL。随着网络上信息量的迅速增加,用户单靠自己手工查询或通过人工组织所有的信息已经是不可能的了。于是,能够在较短的时间内、在指定的范围内自动地发现信息,并且对其所覆盖的信息进行自动更新的搜索引擎应运而生。

搜索引擎作为专用的 Web 服务器,利用自动搜索软件(如 Robot、Spider、Harvest、Pursuit 等)沿着 Web 的超链接,搜索整个 Web 网上的主页,并为这些主页的文字建立索引并送回集中管理的索引数据库。索引信息包括文档的 WWW 地址、每个文档中单字出现的频率、位置等。这就是说,搜索引擎并不是在用户提交查询请求时在 Web 上搜索,而是事先已经搜索好一批网页,以某种方式存放在系统内,对用户提交的搜索请求在系统内部进行搜索。作为一种在互联网上查找信息的工具,相对于传统信息检索工具,搜索引擎同时也是用来对网络信息进行管理和检索的一系列软件。它既可以将各站点按主题内容组织成等级结构,用户可以按照该目录逐层深入,直至找到信息;又可以让用户在它们的程序界面(网页)中键入需检索的关键词,由搜索引擎在自己的数据库中找出与该关键词匹配的 URL,并将检索结果按一定的规则显示,用户再根据需要选择访问相关站点。

从用户角度看,搜索引擎是通过用户提交的自然语言和短语,以链接的方式返回一组相关的网页、软件和群体信息,用户可以进一步选择自己感兴趣的条目,点击链接,从而获得相关内容。完成这一系列工作的搜索引擎就是一个网络应用程序,一般说来,这个网络应用程序由网页收集系统、预处理系统以及查询系统三个子系统完成。

网页收集系统采用广度优先、深度优先或启发优先的策略,按照一定的规律和方式运行搜索软件,定期或不定期地搜索互联网各个站点,并将收集到的网络信息资源送到搜索引擎的临时数据库。

预处理系统主要是用于对 Spider 采集到的网页信息进行自动标引,形成规范的索引,实现建立可供检索的 Web 索引数据库的过程。具体说来索引软件分为分析和索引两部分。分析过程从网页中自动抽取能表达网页主题意义的分类或特征信息作为标引词来构建网页标引记录,如将网页标题、网址、链接、人名、机构名、地名和网页前面若干个词作为摘要等,并对文档进行分词、过滤和转换等分析;索引过程是理解搜索器所搜索的信息,承接分析过程的结果,抽取出索引项,将文档表示为一种便于检索的方式并存储在索引数据库中,生成文档库的索引表。

查询系统在 Web 的客户端提供特定的检索界面,供用户以一定的方式输入检索提问式并提交给系统,系统通过特定的检索软件检索其索引数据库,并将从中获得的与用户检索提问相匹配的查询结果再返回客户端供用户浏览[①]。

今天,搜索引擎已经成为人们查询网络信息资源不可缺少的工具。需要指出的是,与搜索引擎几乎同时发展起来的还有目录指南,即基于目录的信息服务网站。1994 年 4 月,美国斯坦福大学的两名博士生戴维·费罗(David Filo)和杨致远(Gerry Yang)共同创办了 Yahoo! 门户网站,并成功地使网络信息搜索概念深入人心。从技术上讲,这样的门户网站提供的搜索服务与搜索引擎是很不同的。它主要采取人工和机器搜索 Web 信息,然后由专业人员对搜集到的信息进行甄别、筛选、分

---

① 张厚生:《信息检索》,东南大学出版社,2006 年。

类、加工,建立以分类导航或分类摘要,供用户浏览查询。用户既可以直接沿着目录导航,寻找到需要的信息,也可以提交查询词,到达与该查询词最匹配的网站。

这种类型的门户网站采用的是类似传统信息检索中以分类法的分类目录指导检索的方式,对网上信息的分类清晰,条理性强,目录的设置基本上能够反映当前人们关注的主要问题,因此,通过目录式搜索引擎检索到的信息,其相关度和精确度比较高,对用户来说,查准率较高。但是由于人工分类成本高,费时费力,采集信息的速度远远跟不上网络信息资源增长的速度,因而目录式搜索引擎所建立的数据库规模较小,用户查全率较低[1]。

对于一般网络用户来说,搜索引擎和目录指南的差别无关紧要,只要好用就行,因此很多人把 Yahoo! 以及搜狐之类的门户网站提供的信息查找功能也称为搜索引擎。

经过十几年的发展,已经出现了多种不同类型的搜索引擎,常用的搜索引擎有以下几种。

一、Google

1998 年,美国斯坦福大学的博士生 Larry Page 和 Sergey Brin 创建了这一搜索引擎,短短几年,Google 就成为世界上人气最旺的搜索引擎,也是支持多语种的最优秀的搜索引擎之一。Google 的名字取自英文单词"googol",而"googol"的意思是 10 的 100 次方,从中可见开发者的目的是帮助人们从浩若烟海的网络信息中寻找到自己需要的信息。1998 年 9 月 Google 推出试用版后,受到用户欢迎。2000 年 Google 公司正式开始商业运营以后,其搜索引擎技术被 30 多个国家和地区引进,目前全世界有 150 多家公司采用了 Google 的搜索引擎技术。

Google 的基本检索功能包括以下几项。

(1) 自动使用"and"进行查询。当用户输入多个检索词时,只要每个检索词中间用空格分开,Google 便自动默认多个检索词之间的逻辑关系为"and",而如果需要输入群体逻辑关系,则可以在检索词之间输入相应的逻辑关系符("or"或"not")。如果需要缩小搜索范围,只

---

① 李跃珍:《信息检索与利用》,浙江大学出版社,2006 年。

要输入更多的检索词,并在每个词中间留有空格就行了。

（2）不区分大小写。用户输入的英文字母,不分大小写,都做小写处理。

（3）支持精确匹配,不支持截词或通配符运算。为了提供最准确的资料,Google只搜索与输入的关键词完全一样的字词。用户如果需要查找单复数、不同拼写或不同词形的概念,应分别输入进行检索。

（4）利用减号（"－"）去除无关信息。用户可以在输入不需要的检索词前面加上"－",也可以在已有的检索结果中选择"缩小搜索"或"只在本目录中搜索",然后输入群体关键词进行检索。

（5）使用双引号进行词组和短语搜索。一般用于专有名词和名言名句的查找。

（6）范畴检索。在某些词后面加上冒号有特殊的含义。比如"site："表示在某一特定的网站和域名中检索;"link："则表示所有指向该网址的网页。

二、百度

2000年推出的百度,是目前在中国最成功的一个商业搜索引擎,主要提供中文信息检索,并且为门户站点提供搜索结果服务。

使用百度搜索的方法与Google相似,有基本检索和高级检索两种检索方式。百度除常用的检索功能以外,还提供一些特色检索功能。

（1）拼音提示。如果只知道某个词的发音,却不知道怎么写,或者嫌某个词的拼写输入太麻烦时,可以使用拼音提示。只要输入检索词的汉语拼音,百度就能把最符合要求的对应汉字提示出来,拼音提示显示在搜索结果上方。

（2）错别字提示。由于汉字输入法的局限性,我们在搜索时经常会输入一些错别字,导致搜索结果不佳,百度会自动给出错别字纠正提示,错别字提示显示在搜索结果上方。

（3）计算器和度量衡转换。百度计算器为用户提供常用的数字计算功能,用户可在网页搜索栏内输入需要计算的数学表达式,例如"3＋2",点击搜索,即可获得结果。百度计算器支持实数范围内的计算,支持的运算包括加法、减法、乘法、除法、幂运算、阶乘;支持的函数包括正弦、余弦、正切、对数;并支持上述运算的混合运算。另外,在百度的搜索框中,也可以作度量衡转换。格式如下:"转换数量换算前单位 = ? 换算后单位",如" - 5 摄氏度 = ? 华氏度"。

(4) 专业文档搜索。百度支持对 Office 文档(包括 Word、Excel、Powerpoint)、Adobe PDF 文档、RTF 文档进行全文搜索。用户还可以通过"百度文档搜索"界面(http://file. baidu. com),直接使用专业文档搜索功能。

三、北大"天网"

"天网"(http://e. pku. edu. cn)是由北京大学计算机网络与分布式系统研究室研制开发的,是我国国家"九五"重点科技攻关项目"中文编码和分布式中英文信息发现"的研究成果,于 1997 年 10 月在 CERNET 上为互联网用户提供 Web 信息导航服务,成为中国最早的网络信息搜索引擎。"天网"支持中英文搜索,除了提供通常的关键词和短语检索外,还有自动网页分类目录。

四、其他网络信息搜索引擎

1. Alta Vista

AltaVista 是美国 Digital Equipment Corporation(DEC)于 1995 年 12 月推出的 Web 搜索引擎,是目前互联网上最优秀的搜索引擎之一。它以巨大的库容量和极快的响应速度为用户提供强有力的网络检索服务。AltaVista 检索功能强大,提供 Web 网页、图像、MP3 音频、视频、目录和新闻等检索服务。

2. Go/Infoseek

Go 创建于 1999 年 1 月,其前身是互联网早期的一个著名搜索引擎 Infoseek。Infoseek 自 1994 年推出以后,一直是知名度和使用率较高的搜索引擎之一。Go 在继承原有的 Infoseek 的优点的基础上,在综合网站的网络服务上进行拓展。Go/Infoseek 提供了主题分类查询和关键词搜索两种方式。

3. Lycos

Lycos 是搜索引擎中资格最老的一个,1994 年开始提供服务,曾经被认为是互联网上最好的信息搜索工具之一。Lycos 提供多种搜索选项和丰富的目录搜索。

4. 搜狐

搜狐是国内最早推出专业搜索引擎的站点。2000 年 9 月,搜狐收购了 ChinaRen,建立了中国最大的互联网门户网站。搜狐提供分类查询和关键词检索:在分类查询方式中,在每层目录的页面上都有关键词检索框,用户可以进行关键词检索。而在关键词检索方式中,用户可在检索结果页的类目、网站、网页、新闻、黄页、分类广告和供求信息等七类检索结果中任意切换,获取自己需要的结果。

5. 网易

网易搜索引擎是国内较大的门户网站网易提供的网络搜索工具,也是国内网络用户常用的搜索引擎之一。从 2000 年 8 月起,网易搜索引擎采用 Google 提供的新一代搜索技术,提供英、日、俄等几十个语种的检索,搜索方法与 Google 相似。

此外,著名的搜索引擎还有 HotBot(http://www. hotbot. com)、Excite(http://www. excite. com)、新浪网(http://cha. sina. com. cn)以及 21CN(http://www. 21cn. com)等等。

目前大多数搜索引擎已具备了过去大型书目型检索数据库所达到的基本检索特性[①]。它们都提供基本(简单)检索和高级检索两种检索方式。基本检索往往对检索提问式的构造要求较低,比较直观,检索过程相对简单,但对检索策略的优化和检索结果的精度提供的途径不够,适合于网络检索经验较少的用户使用。高级检索往往需要用户按照搜索引擎的检索规则和检索语法自行构造完整的检索提问式,检索过程相对复杂。但由于高级检索提供的可以限制检索的途径较多,对检索需求的表达功能更强,检索更为快捷,因此检索效率和检索结果的精度都比较高,适合于对网络检索较为熟悉的用户使用。

- 词组或短语检索

几乎所有的搜索引擎都支持词组或短语检索,即如果用双引号将一个词组或短语括起,系统将检索出与其完全精确匹配的检索结果。采用词组或短语检索始终被认为是提高检索结果精度的首选方法。

- 二次检索

---

① 张厚生:《信息检索》,东南大学出版社,2006 年。

有的搜索引擎允许在利用词组或短语检索的结果中进行二次检索,以提高检准率。

● 布尔逻辑检索

布尔逻辑检索是通过标准的布尔逻辑检索词来表达检索词之间的逻辑关系的一种检索模式。作为检索最常用的模式之一,目前大多数搜索引擎都能支持布尔逻辑检索。对于逻辑"与"和逻辑"或",基本上都采用"and"和"or"作为逻辑运算符,而对于逻辑"非",各搜索引擎的表达不完全一致,有的用"not",有的用"and not"。

● 词间位置限定检索

用检索词间的位置来对检索要求进行限定,可以大大提高检索的准确性和灵活性。在这方面,传统规范性的数据库及其检索系统(如Dialog 国际联机检索系统)就提供了一套十分完善的语法体系,可以达到很好的检索效果。而网络搜索引擎在此功能上相对要薄弱许多,具有词间位置限定检索功能的搜索引擎不多,即使提供了该功能,其灵活性和功能的完善性与 Dialog 相比也都有不少差距。

● 字段检索

采用字段检索,可以有效地限制检索的范围,进一步提高检索的准确率。由于网络信息的非规范性,并不像规范性书目数据库那样有十分严格的字段划分,如今对网络信息的字段描述是为了更有效地标引网络信息特征。一般搜索引擎给出的可检字段主要有:网页标题、域名、URL、链接等等。各搜索引擎支持的可检字段种类各不相同,即使同一字段所采用的字段标识符也可能相异。

● 截词检索和通配符检索

截词检索和通配符检索主要是为了解决同一单词因不同拼写、不同词形、单复数、缩略形式等导致漏检而采取的一种比较有效的方法,也大大减少了用户需要输入同一词的不同表达形式的麻烦。截词所达到的功能基本上有前方一致、后方一致和中间一致三种类型,目前搜索引擎使用较多的是前方一致。

● 大小写有别检索

区分大小写对人名检索、专有名词检索有特殊的功效,可以提高查准率。部分搜索引擎提供了该检索功能。

● 禁用词(停用词)

为了提高搜索效率,提高搜索准确率,搜索引擎常常将一些介词、冠词等作为禁用词,仅仅用这些词来进行检索,搜索引擎将不予作答。中文搜索引擎也有同样的问题,比如"的"。如果没有禁用词将会降低系统的效率和准确性。

第三节　网络信息资源的评估

面对网络带来的海量信息,我们固然可以通过搜索引擎等网络工具进行检索,但是,当键入某一个或某几个关键词后,得到的信息往往是数万条,甚至数十万、数百万条。对于一个用户来说,这些信息绝大部分是无用的"垃圾",而真正有用的则可能被淹没了。这不能不说是一种"信息污染"。网上海量的、杂乱的、缺乏质量控制的信息资源,与用户获取和利用高质量的信息资源的矛盾日益突出,因此对网上信息资源进行评估、过滤便被提到议事日程上了。

一、评估标准

对网络信息资源评估的研究始于 20 世纪 90 年代,目前从事网络信息资源评估的主要是图书馆和研究机构以及图书馆学、情报学和其他有关学术领域的专业人员。信息质量评估与其他产品质量评估的一个不同点在于信息的质量不仅仅由信息本身决定,而且与信息的使用者有关。信息的使用者,特别是网络信息资源的使用者的需求、目的以及文化和知识都存在差异,这就使得网络信息资源评估不可能有一个统一的标准。

但是,网络信息资源评估专业机构和专业人员还是制定了一些一般规则,比如美国国会图书馆的 BEOnline + 项目就是其中之一。美国国会图书馆是世界上最早的数字图书馆之一,1996 年,美国国会图书馆书目扩充顾问组(Bibliographic Enrichment Advisory Team)开始进行一项名为 BEOnline(Business and Economics Online)的试点项目,目的在于对互联网上的有关商业和经济学的信息资源进行选择、评估并进行编目和连接,供用户使用。从 2000 年 1 月开始,该试点项目正式更名为 BEOnline + ,涉及范围也从商业和经济学领域扩展到人文科学和社会科学。2001 年秋,BEOnline + 正式纳入美国国会图书馆资源选择和编目的日常工作流程①。

BEOnline + 的评估指标包括②:

1. 易得性(Accessibility)

(1)网站是否免费开放? 如果部分内容需要收费,是否有相当数量的免费信息供用户浏览?

(2)网站的服务器是否可靠并方便获得?

(3)网站的图片是否过多?

(4)网站内容加载是否需要很长时间?

(5)如果网站使用了图片、声音、图像等多媒体信息,是有益于网站还是分散了用户的注意力?

(6)如果网站需要插件,是否提供了这些插件资源的链接?

(7)如果要求用户注册,这一要求是否恰当? 网站是否对用户注册所提供的信息的隐私进行保护?

2. 权威性(Authority)

(1)网站是否明确标明对网站内信息来源负责的个人或团体? 就网站所涉及的话题来说,该个人或团体是否具有权威性?

(2)网站是否有版权声明?

(3)网站制作者是否有权将这些内容放在网上? 如果网站提供的信息内容的知识产权不属于网页制作者,网页上是否有这些内容已经获得许可的声明,以及这些信息内容的来源?

(4)如果网站是由某一机构维护,尤其是不广为人知的机构,网站上是否包括对该机构的历史和宗旨的介绍?

(5)网站是否提供联系方式(邮政地址、电话号码和电子邮件地址),以便用户咨询及核实网站提供的信息?

3. 内容(Content)

(1)网站是否包含对网站主要内容的说明?

(2)网站上的信息是否存在明显的偏见? 当网站提倡某一意见时,其观点是否明确?

(3)网站的预期受众是否明确?

---

① http://www.loc.gov/rr/business/beonline/。

② http://www.loc.gov/rr/business/beonline/questions.html。

（4）网站是否完善，即网站覆盖的内容是否与其所声明的相符，是否与预期受众相符？是否有大量内容处在"建设中"？

（5）网站内容的质量和深度是否比与其相应的印刷或电子出版物更令人满意？

（6）网站是否充分利用了网页来展示信息？

（7）网站是否注明了创建日期或最新刷新日期？

（8）网站是否具备时效性？刷新频率是否与其主题相适应？

4. 用户界面／导航性（User Interface/Navigability）

（1）网站有没有拼写或语法错误？

（2）网站有没有"站内搜索"或"站内索引"？

（3）网站有没有"帮助"功能？

（4）网站是否符合公认的设计原则？

二、网络噪音

互联网在给我们带来极大自由传播空间的同时，也无可避免地滋长了噪音，而且这种噪音在数量和危害程度上远远超过了其他传播方式所带来的噪音。信息论的创始人香农从工程技术的角度出发，提出了信息传播中的"噪音"概念，即由于技术故障或技术不完善所造成的干扰并使得发出信号与接收信号之间出现的信息失真。今天，以高速度、数字化、宽频带、多媒体化、智能化、网络化为特点的现代信息技术已经可以把信息失真减少到最低限度。但是从信息传播的内容而言，网络上的虚假信息、不良信息和不为受众所需要的信息成为困扰我们的网络传播中的噪音。

网络传播方式的普及标志着自由传播时代的到来。这种自由主要体现在：任何人只要上了网就可以成为自由的传播者，信息跨时间、跨空间自由传播，网民可自由选择和解释信息并据此行动。如果说在传统传播时代，这种传播内容上的噪音就已经存在，那么只有在网络时代，噪音才最大限度地唤起人们的关注。分析其原因，我们不难发现自由传播与噪音之间的必然联系。噪音可以说是自由传播时代的悲剧。失去了自由，网络不成其为网络；拥有了自由，噪音作祟不可避免。

1. 绝对噪音

在网络传播中，噪音最直接的表现形态就是包括虚假信息和有害信息在内的不良信息,它们为法律、道德规范所不容,为广大网民所唾弃,是一种绝对噪音,引起了世界范围的关注。由于世界各国的国情与法律不同,对非法信息和有害信息的理解和定义也各不相同,但有一点是有共识的,即这类信息对国家安全、社会运行秩序和大多数人的利益已构成了严重威胁。根据欧洲议会、欧洲委员会、欧洲经济和社会委员会、欧洲地区委员会联合签署的一项对互联网中违法与有害信息的调查与对策的文件,互联网中的非法与有害信息主要包括:

(1) 危害国家安全的信息(政治煽动、恐怖主义、如何制造炸弹、非法使用毒品等);

(2) 伤害未成年人的利益和健康(滥用营销手段、滥用暴力和色情);

(3) 伤害人的尊严(挑动民族对立、民族仇恨和种族歧视情绪);

(4) 威胁经济运作的安全性(商业上的欺诈行为、非法伪造、盗用信用卡);

(5) 破坏信息安全(恶意伤害他人);

(6) 侵犯他人的隐私权(非法窃取他人数据,利用电子手段对他人进行骚扰);

(7) 破坏他人的声誉(诽谤、侮辱他人、在广告中非法贬低同类其他产品);

(8) 侵犯知识产权(未经授权散发受版权保护的产品,如软件、音乐作品等)①。

我国也确立了互联网上违法与有害信息的范围,如国务院于 2000 年 9 月 20 日颁布了《互联网信息服务管理办法》,为中国互联网的信息传播制定了一个基础性的法律文件。该办法所禁止制作、复制、发布、传播的信息内容有:

(1) 反对宪法所确定的基本原则的;

(2) 危害国家安全,泄漏国家秘密,颠覆国家政权,破坏国家统一的;

(3) 损害国家荣誉和利益的;

(4) 煽动民族仇恨、民族歧视,破坏民族团结的;

---

① 孙伟平:《猫与耗子的新游戏——网络犯罪及其治理》,北京出版社,1999 年,第 163—164 页。

（5）破坏国家宗教政策，宣扬邪教和封建迷信的；

（6）散布谣言，扰乱社会秩序，破坏社会稳定的；

（7）散布淫秽、色情、赌博、暴力、凶杀、恐怖或者教唆犯罪的；

（8）侮辱或者诽谤他人，侵害他人合法权益的；

（9）含有法律、行政法规禁止的其他内容的。

网络传播的主体是单个的网民。决定个人传播者行为的因素是多方面的，如性格爱好、受教育程度、文化背景、宗教信仰、个人经历、政治态度、价值观念、信息处理技术水平等。毫无疑问，在这些方面每个人各有不同，然而，网络给了他们平等发言的权利，林林总总的人传播林林总总的信息，自然有真有假，有好有坏，良莠不齐。同时，网民还拥有不同程度的匿名心理，不对自己的传播行为负责。在网络上谁都可以成为传播者、把关人，传播权利被分散化、多极化；传播责任被淡化、模糊化。

网络的进一步发展促使了职业传播者的产生，然而作为网络新生代，他们缺乏一定的职业道德规范，营利是他们最看得见、摸得着的行为规范。传统的"大众传播社会责任论"不一定能约束网络上的职业传播者，他们中的有些人甚至迎合人们的低级趣味，传播黄色、暴力信息。

在传统传播时代，社会以时空距离为载体对传播进行控制，切实有效地减少了绝对噪音的产生。在时间上，政府通过登记制、刊前检查制等方式减少绝对噪音的产生，媒体则通过采写、编辑、制作等环节来选择、取舍信息，起到把关作用。在空间上，各国政府出于国家利益和对本国文化的保护，人为设置一定的传播壁垒，过滤绝对噪音。而今天，在时间上，网络即时传播相对于电视、广播的现场直播，它操作更简单，平常人也可以做到，而且具有多媒体功能，吸引力强。在空间上，一"网"打尽全世界，不同国界的人们拥有同一张网，任何地方的人都有可能接触到任何信息。传统的"传播壁垒"被一一击破，跨国界的网络同时也滋长了跨国界的噪音。

2. 相对噪音

网络传播还存在"相对噪音"。对于单个网民来说，他不需要的信息也是一种噪音，是噪音的间接表现形式。相对噪音可能包括虚假、不良信息，但更多的是真实的、健康的信息，却与单个网民的需要不相符合。网民甲的有用信息对网民乙来说就可能是"相对噪音"，所谓"甲之熊掌,乙之砒霜"。网络赋予个人自由发布信息的权利,这就带来了以下两个矛盾。

其一,有限需求与无限信息的矛盾。这些年来,人们一直在提"信息爆炸",然而,只有到网络逐渐普及的今天,人们才理解了什么叫"信息爆炸"。一方面,互联网信息承载能力随技术的发展不断增强,几乎趋于无限大;另一方面,上网的人越来越多,网络成为一个无限扩张的信息空间,链接无穷无尽。然而,单个网民的信息需求总是特定的、有限的,有用信息总是一个定量,而无用信息则越来越多,趋于无穷。

其二,有方向需求与无方向传播的矛盾。由于网上各传播者都是凭自己的喜好自由传播,信息是不具有方向性的,呈发散型,四通八达。而单个网民所需的信息又总是特定的、有方向的,在无限纷杂的信息海洋中寻找特定的有限信息,即使对于网络高手来说也是万分头疼的。信息的传播与受众的需要没有交集或交集很小,你所传的并非我所需的,相对噪音由此产生。

垃圾电子邮件是网络传播中的噪音或不良信息的一种,但是目前对垃圾电子邮件的定义还没有一个统一的认识。《中国互联网协会反垃圾邮件规范》(2003年2月26日公布)指出,包括下述属性的电子邮件为垃圾邮件:

(1)收件人事先没有提出要求或者同意接受的广告、电子刊物、各种形式的宣传品等宣传性质的电子邮件;

(2)收件人无法拒收的电子邮件;

(3)隐藏发件人身份、地址、标题等信息的电子邮件;

(4)含有虚假的信息源、发件人、路由等信息的电子邮件。

目前常见的垃圾电子邮件包括各类广告,恶意骚扰,如色情信息、邪教信息和病毒等,反政府的政治宣传品以及一些不请自来而又无法拒收的信件等。

垃圾电子邮件的蔓延和泛滥,如同现实生活中的垃圾一样,是对网络传播环境的污染。它不仅浪费了用户的时间和精力,而且造成巨大的经济损失。据国际电信联盟(ITU)2004年7月召开的"反垃圾邮件主题会议"估计,垃圾邮件每年给全世界带来的经济损失达250亿美元。在这次会议上,Messagelabs公司的首席技术官马克·森纳提供的数据表明,到2004年6月,全球垃圾邮件占到所有电子邮件的85.3%,

相当于平均每秒产生 305.5 封垃圾邮件①。

第四节　不良信息的过滤

如果说对非法信息和有害信息还比较容易鉴别的话,对于数量庞大、种类繁多、花样百出的不良信息,人们对它的认定则有很大的差异性。比如西方国家在网络上宣扬西方社会的生活方式、价值观念和意识形态,这些严重影响其他国家的政治、经济和文化安全;一个国家内不同的民族在生活方式、风俗习惯和思想观念上也存在着差异,而不同的社会群体由于所处的社会阶层、经济地位、价值观念的差异,都可能对同一信息作出不同的认定;即使是同一民族、同一社会群体的个体,由于年龄、阅历、兴趣爱好、文化素养、心理素质、价值观念的差异,对同一信息的认定也存在差异。正是由于对信息认定的差异性,使得对不良信息的界定变得十分复杂,加上网络信息跨国传播的特点,对不良信息的管理变得十分困难。

但是,这并不是说我们对泛滥的信息束手无策,目前的技术手段是可以用来对不良信息进行过滤的。我们可以通过识别技术对信息的内容进行扫描,阻挡不适宜的内容;可以对特定的网址加以控制,阻止用户的访问;也可以采用混合过滤的办法,即将内容与网址结合起来,控制不适宜的信息传播。

目前世界各国采用的信息过滤方法有以下几种。

一、分级法

由于互联网的开放性、跨时空性以及去中心化的传播特征,企图从源头上杜绝不良信息是不现实的,而比较容易做到的是在网络信息与用户之间设置对不良信息的控制机制,因此,各种分级过滤软件被开发出来,并得到了广泛应用。分级法根据网页所提供的内容或其他特征,按照一定的标准进行分级,并将分级的结果通过某种形式加以描述,即

①　www.itu.int/osg/spu/spam。

分级标志，以此作为对网络信息进行分级过滤的依据。分级可以由网页作者实施自我分级，也可以由第三方组织或机构实施第三方分级。

美国的 RSACi（The Recreational Software Advisory Council on the Internet）就是开发较早的分级体系。为了应对美国国会的"儿童保护法案"，美国娱乐软件咨询委员会（RSAC）于 1996 年组织编制了这一自我分级体系，其目的在于保护儿童免受网络不良信息的侵害，同时又不损害网页作者的言论自由。这一分级体系以"客观中性"为原则，设有暴力、性、裸体和语言四个类目，每个类目按照危害程度分为五个级别。为了保证自我分级的客观性，其类目对一些具有科学价值和文学艺术价值的不良信息不作特殊处理，比如对暴力内容的合法暴力和非法暴力不加区分，对裸体艺术与色情内容也不加区分。RSACi 类目体系简单，适合自我分级，推出后受到网络行业以及家长和教育工作者的欢迎。同时也正由于其简单，不能满足多样化的网络信息传播，受到不少人的批评。1999 年，娱乐软件咨询委员会被合并到美国互联网内容分级协会（Internet Content Rating Association，ICRA），2000 年，在 RSACi 的基础上又推出了新的 ICRA 自我分级体系。该体系设置的类目有裸体与性资料、暴力、语言、其他主题和聊天，以下还各有若干子类目。2005 年 7 月，ICRA 又公布了分级体系的新版本，新版本的类目包括裸体、性资料、暴力、语言、潜在有害行为、来自用户的内容以及特定上下文，并对各个类目作了进一步的界定，比如潜在有害行为涉及烟酒、毒品、赌博、武器以及性别歧视、种族歧视等；来自用户的内容包括聊天室和公告板的内容；特定上下文则对艺术、医学和教育类上下文中出现的有关性的内容、对体育类上下文（如拳击运动）中出现的暴力内容和新闻报道中的某些内容做了区别[①]。

利用分级法对网络不良信息进行过滤，可以反映用户的思想观点和价值观念，是现有技术条件下最可行的方法。

二、URL 地址列表法

这是网络信息过滤中最直接也是最简单的方法之一。这一方法通过事先编制的 URL 地址列表，决定哪些网站允许用户访问，哪些网站

---

① www.icra.org。

禁止用户访问。URL 地址列表分为白名单和黑名单两种,白名单为允许访问的地址列表,黑名单为禁止访问的地址列表。URL 地址列表一般由管理者或第三方根据一定的标准搜集、编制。家长可以根据自己孩子的年龄等具体情况编制允许孩子访问的网站和禁止访问的网站列表;学校、图书馆和公司企业也可以根据各自的管理对象编制 URL 地址列表。有些 ISP 和过滤软件开发商也编制了各种 URL 地址列表,供用户选择使用。

URL 地址列表法操作简单,可以用来弥补过滤软件过滤过度或过滤不足的缺陷,但列表的覆盖面往往达不到令人满意的效果。如果单纯采用白名单过滤,会将许多有价值的网站排除在外,而采用黑名单又不可能将所有需要过滤的地址搜集齐全,而且无法根据信息内容的变化进行动态过滤。

三、动态文本分析法

分级法和 URL 地址列表法简单直接,便于实施,但无法实现动态过滤,直接影响过滤效果。动态文本分析法在一定程度上可以克服这一缺陷。动态文本分析首先是根据用户的信息需求制定用户需求模块,然后根据这一模块对动态的文本信息进行过滤。用户的需求模块通常可以用关键词、规则或分类的方法来描述,因此这一方法有时被简单地称为关键词过滤法。动态文本分析法可以动态反映用户的信息需求,可以覆盖网上所有的文本信息,而且过滤成本较低。但用户需求的不确定性、自然语言的复杂性以及网络信息的跨语种特点,直接影响到动态文本分析法进行网络信息过滤的准确性。

上述这些网络信息过滤方法从技术上讲,还不尽如人意,主要表现在过滤效果不尽理想,一些不该过滤的信息经常被过滤,而一些本该过滤的信息却通行无阻。从用户方面看,不同国家、不同民族以及不同的群体和个人对不良信息有自己不同的定义,而任何过滤标准都反映了一定的思想观念和价值观念,面对开放的、多元化的网络传播,通过技术手段进行过滤,其局限性是显而易见的。而在信息过滤中,获取和跟踪用户的信息需求,有可能涉及用户的个人隐私,过滤的标准有时又事关言论自由,这些法律问题也是困扰网络信息过滤的问题。

第六章

移 动 媒 体

　　随着社会的发展,人们越来越需要突破时空限制,随时随地进行信息交流。手机作为移动通信工具,最初发挥着人际传播的功能,随着移动通信技术和手机本身的发展,今天的手机已不再是简单的通信工具,而是集信息的接收工具、采集工具和发送工具于一身,可以输入文字、拍摄照片、拍摄录像,甚至可以用于现场直播。

　　美国媒介理论家保罗·莱文森认为:"手机不仅是交流能力的净增长,而且是对网上传播的改进。"他甚至提出这样的观点:"从长远来看,互联网可以被认为是手机的副手。身体的移动性,再加上与世界的连接性——手机赋予我们的能力——可能会具有更加深远的革命性意义,比互联网在室内带给我们的一切信息的意义更加重大。"①

　　手机与传统媒体结合,并借助计算机网络技术,出现了手机报纸、手机电视等,原本为了解决在移动状态下进行人际沟通的手机本身也就具备了媒体的功能。而移动通信技术和手机媒体的发展,通信网络与互联网的接轨和融合,使得网络传播也从固定走向移动,手机的普及性、伴随性和便捷性,又使网络媒体延伸到手机以后,增加了网络媒体原来不具备的高度便携性,使人们随时随地获取和发布信息成为可能。网络传播的参与者借助手机也获得了前所未有的机动性与参与度,信息的传播者和接收者的角色随时互换,网络传播正在进入移动时代。

---

　　①　保罗·莱文森:《手机:挡不住的呼唤》,中国人民大学出版社,2004 年,第 9 页。

第一节 移动通信与手机

移动通信,顾名思义就是在移动状态下的通信。从技术上讲,移动通信是指通信的双方或至少一方在移动状态中进行信息交换。这里的信息是广义的信息,包括话音、数据、传真、图像和多媒体信息。这里的双方,可以是固定点与交通工具之间,或者人与机器之间,或者人与人之间的通信。

电话的发明,使人类的远距离即时通信更加直接,更加便捷,也更加人性化,因而迅速风靡全球。然而电话受电话线的束缚,一旦远离座机,便不可能通信。因而,人们一直没有中止寻求移动通信的努力。1895 年,意大利科学家马可尼发明了无线电报,从此人类通信技术开始进入无线领域。

借助无线通信技术的发展,20 世纪 20 年代到 40 年代,移动通信有了初步的发展。当时的移动通信有效距离不过几千米,由于采用电子管,又大又笨重,而且只能与规定的有限对象进行通信联络,主要使用对象是船舶、飞机、汽车等专用移动通信以及军事通信。

到了 20 世纪 60 年代末,移动通信有了进一步的发展。在频段的使用上,由原来的短波段发展到主要使用 VHF(甚高频)频段的150 MHz,以后又发展到 400 MHz 频段。同时,晶体管的应用促使移动通信设备一次次"瘦身",越来越便于携带,通信效果也不断改善。美国、日本、英国、联邦德国等国家开始应用汽车公用无线电话(MTS 或IMTS),与此同时,专用移动无线电话系统大量涌现,广泛用于公安、消防、出租汽车、新闻、调度等方面。

进入 20 世纪 70 年代,集成电路技术、微型计算机和微处理器快速发展,特别是由美国贝尔实验室推出"蜂窝"系统的概念及应用,美国、日本等国家纷纷研制出陆地移动电话系统。

一、大哥大——第一代模拟移动通信系统

1973 年 4 月 3 日,在美国纽约的街头,一名男子掏出了一个"大砖

头"开始通话。此人就是手机的发明者,摩托罗拉公司技术研究员马丁·库伯(Martin Cooper),他所拿的"大砖头"就是世界上第一部手机——摩托罗拉 DynaTAC。

图 6-1　马丁·库伯和他的手机
(来源: http://www.retrobrick. com/moto8000.html)

然而,手机从科学试验到投入市场走过了整整十年。1975 年,美国联邦通信委员会(FCC)确定了陆地移动电话通信和大容量蜂窝移动电话的频谱,为手机投入商用做好了准备。1979,美国试验成功 AMPS(Advanced Mobile Phone System)制式模拟蜂窝移动电话网,并于 1983 年投入商用。在此之前的 1981 年,北欧国家的 NMT(Nordic Mobile Telephone)系统在瑞典投入运营,以后很快推广到挪威、丹麦和芬兰等其他欧洲国家。到 20 世纪 90 年代初,美国的 AMPS 系统和北欧的 NMT 系统成为世界移动通信的主流。

第一代模拟移动通信系统,即现在通常称的 1 G,其基本结构包括交换中心、基站和终端(即模拟手机)。交换中心负责在主叫和被叫用户之间建立电路连接,处理从基站接收到的信号,并把要发送的信号选择合适的基站发送给用户等方面的工作。基站主要负责信号的发射和接收,控制在其覆盖范围内的天线的工作以及实时监测服务区内的用户数量和位置。作为网络终端的模拟手机,相当于一个小型的信号接收器和发射器的结合体,一方面接收基站的信号并做相应的调制等处理,另一方面在通话中接收话音信号并进行调制等处理,将信号发送给基站,完成与基站之间的双向通信①。当手机用户与另一手机用户通话时,对话双方按以下途径交换信息:

手机用户⇌基站⇌移动交换中心⇌基站⇌另一手机用户

如果手机用户拨打的是固定电话,则双方交换信息的途径为:

手机用户⇌基站⇌移动交换中心⇌公共电话交换网⇌普通电话用户

---

①　童晓渝等:《第五媒体原理》,人民邮电出版社,2006 年,第 36—37 页。

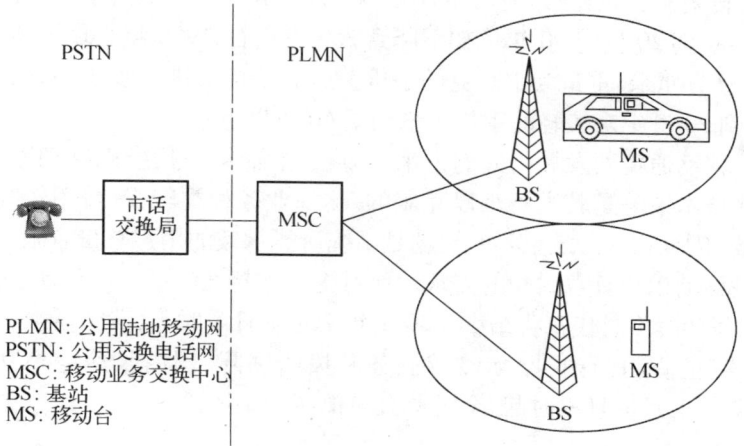

PLMN: 公用陆地移动网
PSTN: 公用交换电话网
MSC: 移动业务交换中心
BS: 基站
MS: 移动台

图 6-2 移动通信系统

为了有效提高无线频率的利用率,贝尔实验室研究开发了蜂窝系统原理和技术,采用重复利用频道的方法,即在使用区域划出一块块的小区域,每一个小区分配一些频率资源,隔几个小区后又把相同的频率划给另一个小区。这样只要保证每个小区内以及相邻小区的频率不重复,就可以避免相互干扰,又大大提高了频率的利用率,从而扩大了系统容量。如果一个手机用户边走边打电话,正好从一个小区进入了另一个小区,那么这两个小区的基站会自动进行"交接班",由新的小区基站把手机信号的频率转换成自己小区所使用的频率,并把信息传递工作继续进行下去。这种转换是在一瞬间完成的,用户几乎没有什么感觉。由于正六边形在空间利用上比正方形等其他图形效果更好,衔

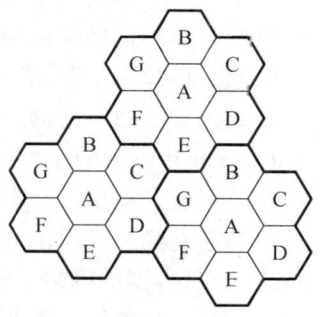

图 6-3 蜂窝结构示意图

接也更紧密,所以现在划分小区都采用这种结构,因此移动通信又被称为"蜂窝式移动通信",手机又被称为"蜂窝电话"。

第一代手机体形庞大,色彩单调,功能单一,却价格不菲,最早的手机价格数万元,一块电池也要数千元,普通百姓根本不敢问津。在20世纪80年代的港台影视剧中,被尊称为"大哥大"的黑道老大往往以手机显示身份,因而早期的手机被国人称为"大哥大"。

　　随着科技的进步,手机的"瘦身"越来越迅速。最早的手机重达750克,到20世纪90年代初下降到250克左右,1996年出现了体积为100立方厘米、重量为100克的手机。此后手机又进一步小型化、轻型化,到20世纪末最轻的手机重量到了60克以下。

　　移动通信的发展给人们带来了方便,然而第一代模拟移动通信的一些技术缺陷是其本身难以克服的,比如业务种类较少、费用较高、容易被窃听和盗打,最主要的问题是系统所能承载的用户总量有限,不能满足移动用户日益增长的需求。面对更具优越性的第二代移动通信系统,"大哥大"时代宣告结束。2001年7月1日零时起,我国模拟"大哥大"停止使用国内、国际漫游业务和拨叫国际、国内长途电话功能;2002年1月1日零时起,全国所有模拟网停止运营。

二、第二代数字移动通信系统

　　第二代数字移动通信,即2G,保留了第一代移动通信的蜂窝结构,但调制方式从模拟改为数字。与1G相比,2G的优势非常明显:网络容量大、号码资源丰富、通话质量高、安全性强,业务种类也更为丰富。

　　早在20世纪80年代初,北欧国家刚开始运营NMT系统时,它们就已经意识到这种模拟网络的预计容量远远跟不上移动通信业务的发展需求。1982年,欧洲邮政和电信大会(CEPT)建立了一个特别小组,该小组推出了数字化的全球移动通信系统GSM(Global System for Mobile Communication)。经过十年的研究开发,1992年GSM系统正式投入市场运营。美国和日本也制定了各自的数字移动通信系统。

　　鉴于在第一代移动通信网络建设中,世界各国采用了不同的技术标准,而且各国的网络又没有统一的接口标准,这就使第一代移动通信很难实现全球漫游。因此,在第二代移动通信网络建设之初,国际相关标准化组织就着手制定全球统一标准。目前,GSM已经成为全球占主导地位的数字移动通信系统,向用户提供覆盖全球的网络。我国于1995年开始运营GSM网络,到目前为止,我国90%以上的手机用户为GSM用户。

　　GSM系统的基本业务为话音业务,此外还可以提供数据业务,包括文字、图像、传真、计算机文件、访问因特网等以及来电显示、呼叫跟踪、短信业务等多种补充业务。可以说,第二代数字移动通信网络彻底颠覆了第一代网络中对手机的定义,把它从一个移动电话转变为综合性的个人移动通信终端①。

随着互联网的发展,人们希望上网行为也能像打电话一样摆脱电线和固定设备的束缚,在移动状态下上网"冲浪",手机因其移动性和便携性自然就成为移动上网终端的首选。由于 GSM 标准在制定时主要考虑提供话音业务,因此其数据传输速度为 9.6 kbit/s,这个速度只能支持低速率的数据传输,对于多媒体信息传输是远远不够的。而 GPRS,即通用分组无线业务(General Packet Radio Service)采用了分组交换方式,可以提供较高的数据传输速度,在理论上可以达到 171 kbit/s,实际应用中可达 20～30 kbit/s。而且 GPRS 可以在原来的 GSM 网络基础上平滑过渡,不必重新建网,改造投入不多,对用户来说,原来的手机可以继续使用。

GPRS 为用户提供了更多的优质服务,如收发电子邮件、移动办公、电子商务、网络聊天、网络浏览、互动游戏、铃声和图片下载等等,因此也被称为 2.5 G。然而,对于视频下载这种数据量更大的业务,GPRS显得力不从心。而被称为 2.75G 的 EDGE(Enhanced Data Rate for GSM Evolution,增强型数据速率 GSM 演进技术),数据传输的理论速度可达 473.6 kbit/s,用户可以在静止状态下获得一般固定上网的速度,满足各种数据需求。

三、3G——第三代移动通信系统

移动通信发展的下一步是第三代移动通信系统,即 3G(The Third Generation)。它实现了移动通信与互联网更紧密的融合,不仅兼容前两代技术的语音、文字传输功能,同时系统容量更大,传输速度更快,图像、音频、视频等多媒体信息都可与互联网连接后"自由"传输。从一定意义上说,3G 时代的手机将越来越成为互联网的简化移动终端。而在未来,移动通信网、互联网以及广播电视网也趋向三网融合,将形成一种名副其实的"移动大众传媒"。

第三代移动通信的基础技术是 CDMA(Code Division Multiple Access),即码多分址技术。这一技术最早被用于军事通信的抗干扰研

---

① 童晓渝等:《第五媒体原理》,人民邮电出版社,2006 年,第 53 页。

究,以后被引入商用无线通信网络。1995 年,我国香港地区首先开通了全球第一个 CDMA 商用系统,以后越来越多的国家和地区建立了 CDMA 商用网络。事实上,在 CDMA 网络发展的同时,GSM 网络已经相当成熟,但是 CDMA 的优势相当明显。它抗干扰性强,频率复用率高,安全可靠,而且用户数量可以不受限制,当然,用户数的增加有可能造成话音质量下降,但是这种质量的下降是可控的,也就是说,可以以轻微的话音质量下降来换取极大的系统容量。

为了满足大流量数据通信业务的需要,世界标准化组织对 3G 系统的数据传输速率制定的标准是,在室内、室外和行车环境中分别达到至少 2 mbit/s、384 kbit/s 和 144 kbit/s。这个速率可以满足对图像、音乐、视频流媒体等媒体形式的处理要求,可以提供网页浏览、电子商务和电话会议等多种信息服务。

目前得到世界标准化组织认可的 3G 标准有三种,即欧洲的 WCD-MA、美国的 CDMA2000 和我国的 TD - SCDMA 标准。我国在 2G 网络的发展中,由于在一些关键技术上缺乏自主知识产权,因而受到很大的局限和制约。因此,在 3G 网络的研发中,我国积极开发具有自主知识产权的技术和标准。1999 年 6 月,中国的大唐电信向国际电信联盟(ITU)提出了 TD - SCDMA 标准,于 2000 年 4 月获得通过,成为继 WC-DMA 和 CDMA2000 之后第三个被认可的 3G 标准。2006 年,中国信息产业部正式公布将 TD - SCDMA 作为我国的 3G 标准。

与前两代移动通信系统相比,3G 最大的优势之一是使手机成为一种多媒体的信息工具,除了传统的通信功能以外,还可以接收流媒体信息、参与网络社区、收发博客等,从而成为真正意义上的数字化移动媒体。

第二节　手机的媒体功能

手机作为一种通信工具,直到今天,其主要功能还是人际沟通,对于移动运营商来说,传统的话音业务仍是其主打业务。但是利用通信网络资源开发的附加通信业务可以给运营商带来新的经济效益,因而被称为增值业务。而部分增值业务的发展,特别是移动通信与互联网的接轨,使手机具备了传播媒介的功能,手机本身也从通信终端演变为信息终端。为了吸引用户使用和参与,传统媒体、新闻网站和商业网站近年来都增强了信息服务,提供丰富多彩的内容。人民网和新华网等国家重点网站在一些重大新闻报道中,逐步实现对手机媒体全业务领域的覆盖,形成短信、彩信、无线互联网、手机语音以及手机视频等技术手段全面运用的多层次传播格局。2006 年全国人民代表大会和全国政协会议期间,"掌上天下"手机网站推出了"掌上两会"专题,编发各类文字稿件 10 000 多条,各类图片 1 200 多幅,现场直播大会和记者招待会 19 场,代表委员访谈 100 场,还举办了手机投票、调查等活动,吸引手机用户 500 万人次,页面浏览量突破 2 000 万,使"掌上两会"成为传递"两会"盛况、传达百姓心声、公众参政议政的全新平台①。

一、手机短信

短信(SMS:Short Message Service)是目前除了话音以外最普及的手机功能。从电信业的角度说,短信是一种非实时、非话音的数据通信业务。短信可以由移动通信终端(手机)发起,也可以由移动网络运营商的短信平台服务器发起,还可以由与移动运营商短信平台互联的网络服务提供商 SP(Service Provider)发起。短信并不占用语音信道,这样不仅保证了传输的快捷,而且也大大降低了沟通成本。从发送方发送出来的信息并不是直接发送到目的用户终端,而是先被储存在短信息中心,然后再转发。这就意味着即使当接收方不在服务区,或者处于关机状态下而不能即时接收信息,系统仍然可以保存信息并在稍后适当的时候重新发送。这样,当用户重新进入服务区或开机,就能立刻收到短信息服务中心转发过来的短信。

1992 年,英国 Vodafone 的技术人员在 GSM 网络上通过个人电脑向移动电话成功发送了世界上第一条短信。中国用户开始注意到短信是在 2000 年。当年 5 月 17 日,中国移动正式开通了短信业务,短信迅速在中国形成了第一个发展高峰。2000 年,短信发送量超过 10 亿条,2001 年猛增到 189 亿条,到 2006 年,手机短信的发送量达到 4 300 亿条,六年间增长了 400 倍。

---

① 黄强:《手机信息传播的舆论化趋势分析》,载《网络传播》,2007 年第 8 期。

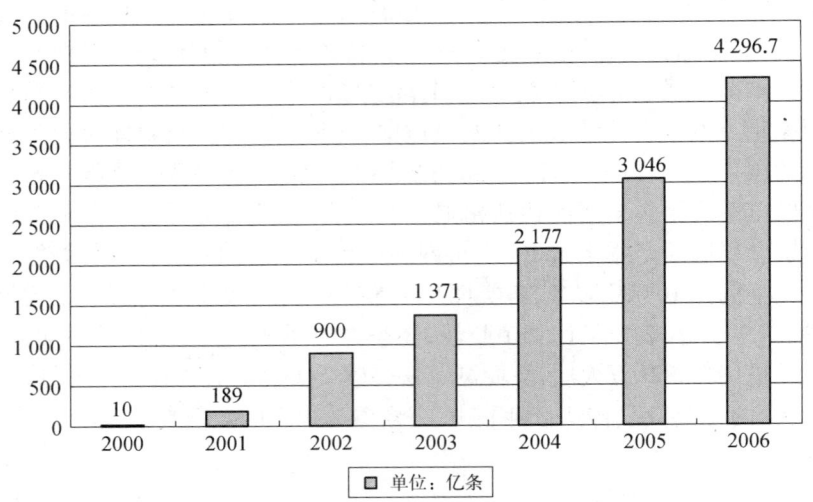

图 6 - 4　中国手机短信的发展(2000—2006 年)
(来源:国家信息产业部)

2002 年,《新周刊》委托北京勺海市场研究公司对北京、上海和广州三地的居民进行了一项有关手机短信消费行为的调查。据调查显示,和其他很多新生事物一样,短信是年轻人最先追捧的时尚。调查发现,15—19 岁、20—25 岁两个年龄群体是使用短信的主要群体,使用过短信的比例分别达到 83.3% 和 89.0% 。而且,年龄越小的被访者在短信方面的费用越高。15—19 岁的被访者上个月的短信费用为 47.3元,而年龄在 45—55 岁的被访者只有 7.5 元。在不同年龄段发送短信的数量上,15—19 岁的被访者每天发送的短信平均达到 12.48 条,而45—55 岁被访者发送的短信只有 1.52 条。与之相对应的是,使用短信的被访者每天平均接收的短信大约为 5.32 条。其中,15—19 岁的被访者每天接收的短信平均达到 11.75 条,而 45—55 岁被访者接收的短信只有 1.96 条①。

在短信的发展中,移动通信网与互联网的结合,移动运营商与门户网站的合作,使手机这一原本点对点的通信工具具备了传播媒介的功能。2000 年 9 月,中国移动与新浪、搜狐等门户网站合作,为全球通用户提供"全球奥运快讯"信息点播服务,由中国移动提供信息服务平

---

① 《新周刊》,2002 年第 135 期。

台,由门户网站提供奥运快讯的内容,用户通过手机有偿订阅,从而实现了移动通信网与互联网的接轨。2001 年 4 月底开始,新浪、搜狐、网易等门户网站率先推出手机短信新闻服务,提供重大时事、热点新闻、娱乐和财经等时效性较强的信息。

用户通过短信平台订阅和点播短信不再是两个用户之间点对点的通信过程,而是由三方参与的增值业务类短信传播过程。这里的三方是手机用户、移动运营商和服务提供商。手机用户作为消费主体,通过手机话费的形式支付一定的费用,购买自己需要的信息;移动运营商利用自己的网络资源向服务提供商提供一个开放的平台;服务提供商则作为业务的直接提供者,提供包括新闻、娱乐、财经和生活指南等各类信息服务。

此外,手机短信的这一互动功能也延伸到了传统的广播电视节目中,成为受众参与节目的方式。在各类广播电视娱乐节目中,经常可以听到主持人说的欢迎受众参与节目互动的话,"请发送短信××××,移动用户发送到××××,联通用户发送到××××,小灵通用户发送到××××"。

手机的便携性使之成为一种个人的随身媒体,成为个人与传统媒体和网络媒体的中介,也弥补了传统媒体和网络媒体的不足。2003 年 2 月 1 日,美国"哥伦比亚号"航天飞机失事,当时正值中国的传统节日春节,各大门户网站在十分钟内便把这一消息发送到各自的短信订户的手机上。而收到信息的用户又纷纷转发,进一步扩散了信息的传播,手机第一次被认为发挥了大众传播的功能。2002 年秋到 2003 年春,SARS 从广东开始,很快蔓延到全国大多数省市。在初期传统媒体"失语"期间,手机充当了主要的信息传播工具。通过手机传播的信息,鱼龙混杂,充斥了大量的流言甚至谣言,但毕竟也传递了一些正确的信息,特别是一些在救治患者第一线的医护人员,将他们的第一手信息通过手机传给自己的亲友,起到了一定的积极作用。2003 年 4 月,中央政府采取果断措施,抗击 SARS 的信息报道透明化以后,很多手机用户在第一时间收到了各大网站发来的病情通报以及相关的新闻短信。可以说,在抗击 SARS 的过程中,手机短信的"双刃剑"作用得到了充分的体现。

手机作为一种通信工具,一旦与互联网结合,在信息传播方面的互动性是任何传统媒体都不可比拟的。2004 年底的印度洋海啸,造成数十万人伤亡,当时许多幸免于难者都通过手机与外界联系,许多手机用户通过短信获得第一时间的信息。更有不少用户通过手机向灾区献爱心,在欧洲,一些国家的移动运营商与传统媒体合作,呼吁手机用户拨打特定号码,向国际慈善组织捐款。由于手机捐款反馈迅速,操作简便,筹款速度超过预先想象,有些地方甚至一时出现了通信网络拥堵现象。

二、手机上网

随着互联网的普及,人们开始不满足于被有线通信束缚而在家里或办公室里面对电脑正襟危坐,更多的用户要求随时可以登录互联网,轻松查阅各类信息。因此,应运而生的 WAP 手机给用户带来了无线上网的可能。

WAP(Wireless Application Protocol) 即无线应用协议,是一个专门为移动应用而设计的小型浏览器协议。我们通过互联网浏览的网页是用 HTML 语言编写的,而 WAP 协议不支持这种语言,因而使用手机上网不能直接进入互联网浏览网页。但是,使用 WAP 协议中的无线标记语言(WML)可以通过 WAP 网关浏览基于 WML 语言的网页。WAP 可以运行于 GSM、GPRS 或 CDMA 等各种无线移动网络上,并将移动通信网和国际互联网连接起来,实现无线上网。人们拥有支持 WAP 功能的手机就可以访问网上站点、浏览网页、收发 E-mail,还可以进行一定的电子商务活动。作为针对移动通讯设备接入互联网而设计的规范标准,WAP 已经成为事实上的各种无线终端上网全球标准。

WAP 协议的开发始于 1997 年建立的 WAP 论坛。这个论坛的宗旨是制定一个全球性的基于互联网的无线应用标准。1997 年 7 月,论坛推出了 WAP 标准架构,1998 年 5 月,WAP1.0 版本出台,1999 年 6 月,WAP1.1 版正式发行,2002 年初,又发布了适应 GPRS 和 3G 网络的 WAP2.0。

目前中国移动和联通两大运营商都推出了各具特色的 WAP 业务。中国移动的 WAP 业务基于 GPRS 网络,并已经为用户免费开通,用户不需要申请,直接从手机上选择"主页"或"连接到主页",便可登录移动梦网。移动梦网的主页提供"我的梦网"、"梦网家园"、"梦网推荐"、"百宝箱"、"新闻天气"、"铃声图片"等栏目,供用户选择点击。

同样,中国联通也为 CDMA1X 网络的用户开通了 1X 数据业务,使用支持 WAP 功能的 CDMA1X 手机的用户可以直接上网,进入中国联通的 uni 首页,可供选择的栏目有"今日资讯"、"彩 e 信箱"、"热点推荐"、"幻彩图片"、"交友聊天"、"财经证券"、"体育健身"、"生活助理"等。

需要指出的是,手机上网与电脑上网的最大区别是手机用户处于移动状态,而且手机屏幕较小,分辨率较低,接收到的信号易受干扰,加之资费较高,因此不可能像电脑上网那样从容,甚至漫无目的地浏览、"冲浪"。手机用户上网往往直奔主题,寻找自己最急需的信息。这就要求运营商和 SP 所提供的内容必须是即时的,如简明新闻、金融股票信息、突发事件报道、天气预报等,或者是个性化的服务,如在线交易、在线预订等。

三、手机报纸

手机报纸是电信增值业务与传统媒体相结合的产物。

手机报是手机媒体的重要形式。手机报可以分为两大类型:一是彩信手机报,二是 WAP 网站类型。第一种类型类似于传统纸媒,就是电信运营商将报纸内容以彩信的方式发送到手机终端上,用户可以离线观看;第二种类型是手机报订阅用户通过访问手机报的网站,在线浏览信息,类似于上网浏览的方式。目前我国大多数手机报纸采用的是彩信方式。

2002 年 10 月中国移动正式推出彩信业务,标志着中国移动多媒体时代的到来。紧接着,中国联通在 2003 年 3 月推出了"彩 e"业务。与短信新闻相比,彩信新闻的优势十分明显。短信每条只能发送 140 个字节,即 70 个汉字,而彩信的容量要大得多,可达 50 k,并且支持收发带有视频流、彩色图片和铃声等音频流的多媒体附件,因而推出不久便引起传统报业的关注。自 2004 年 7 月《中国妇女报》率先推出彩信版手机报后,手机报业务发展非常迅速,在短短两年多的时间内,全国已有 30 多家报业集团和报社推出了手机报业务,手机报的发展已成为业界关注的热点。手机彩信报图文并茂,可以最大限度地再现报纸全貌,能够让人更快更方便地获取所需的信息。手机报每天定时发送给订户,内容主要包括当天的精华新闻和上网浏览"手机报纸"的导读信息,帮助读者挑选新闻,使读者可以有针对性地阅读。

2006年初,解放日报报业集团与移动通信运营商联手推出了 i-news 手机报的 WAP 版。i-news 的 WAP 版实际上就是供手机用户浏览的新闻门户网站,用户点击进入后可以根据自己的需要和兴趣选择阅读由解放日报集团编排的新闻内容。与此同时,面向细分用户的手机报也相继问世。2006年7月,江西移动与《江西日报》的大江网联手推出我国首家面向农村的以农业生产信息为主要内容的"新农村手机报",主要栏目包括农产品信息公告、农事建议、农信通、农业新闻、科技兴农、政策指南等。2006年8月,《浙江手机报》也推出了《新农村手机报》。在广东,2006年6月,中国移动广东分公司联合《广州日报》和大洋网,推出广东首家英文手机报《Life of Guangzhou》(《广州生活》),包括彩信版和 WAP 版,内容包括新闻、城市指南、本地文化、政策咨询和商务内容等①。

随着技术的进步,特别是3G的发展,技术将不再是手机报纸发展的制约因素。从目前情况看,手机报最大的问题是资费过高,因而影响了用户的选择。以第一份手机报——《中国妇女报·彩信版》为例,当时每月订费为人民币20元,全年为人民币240元,而纸质的《中国妇女报》全年订费为187.20元。而且,《中国妇女报·彩信版》提供的只是纸质《中国妇女报》的精编内容,用户想要了解更多内容还必须以每条短信1元的价格单独索取。这就是说,手机报的订户需要支付更多的费用获得比纸质报纸更少的内容。目前的手机报资费普遍下降,但费用与内容之比也存在同样的问题,而这又实际上成了用户选择手机报纸的一大障碍。比如,浙江的《杭州日报》推出手机报之初为免费体验阶段,订户超过10万,2005年4月1日开始收费,尽管还是优惠期,5元包月,订户却下降到仅为1万。至于手机报 WAP 版,首先是对用户终端要求较高,同时又根据用户流量收费,因此对用户来说,使用成本要远远高于传统媒体的使用成本,这就必然使手机报纸的读者局限于拥有中、高档手机的具有较强经济实力的消费者。如同手机电视一样,移动新媒体的用户在我国五亿多手机用户中仅仅占很小的一部分,如何使手机成为大多数手机用户的媒体终端,看来还有相当长的路要走。

此外,受众的阅读习惯也是手机报纸发展的制约因素之一。手机

---

① 胡春磊:《2006年中国报业发展综述》,载《2006中国报业年鉴》,中华工商联合出版社,2007年,第9页。

的便携优势带来的另一个特点就是屏幕狭小,因而所能展示的内容十分有限。以彩信版为例,虽然彩信的容量可达50k,但手机屏幕一般只能显示100个汉字左右,因此用户阅读一期彩信报纸需要翻阅四五十页,而且在如此狭窄的屏幕上阅读,完全是另外一种感觉,与平面阅读相去甚远。作为平面媒体的报纸,经过几百年的发展,形成了自己的版面语言,而版面语言本身也是一种信息。平面媒体的版面语言是不可能搬到手机上的,而自有书写语言以来,一代又一代读者形成的阅读习惯又是很难在短时间内改变的。

四、手机电视

手机电视,作为移动电视的实现方式之一,是以手机作为移动终端来接收视频信号的。由于移动电视是移动通信业务与广播电视业的结合,手机用户可以欣赏到专门为在移动状态下收看而定制的个性化的互动电视节目内容。通过移动通信网络在移动状态下收看移动电视与收看传统电视节目有很大的不同,除了传统的电视直播节目以外,移动电视还提供视频点播,用户还可以根据自己的兴趣和需要来订阅付费节目,下载到手机中,然后离线收看。内容提供商则可以避开通信的高峰时间,在半夜发送节目。

从技术上讲,目前手机电视的发送方式有两种:一是基于移动运营商的蜂窝无线网络,实现流媒体多点对多点的传送,主要是DVB-H技术;二是利用数字广播网开展的点对多点传送,即DMB技术。支持广播方式的有地面无线电视网络和卫星电视网络。

DVB-H(Digital Video Broadcasting-Handheld)是欧洲的数字电视标准组织(DVB)为通过地面数字广播网络向手持终端提供多媒体业务所制定的传输标准。欧洲数字电视标准组织成立于1993年,由来自35个国家的300多家企业组成。1997年,该组织发布了数字电视地面广播标准DVB-T。当时发布标准的初衷并不是面向移动接收,但是在新加坡和德国的试运营中发现DVB-T在高码率传输移动环境中表现非常好,于是在2002年前后开始研究适用于移动终端的DVB-H标准。DVB-H是DVB-T的扩展应用,但与DVB-T相比,DVB-H终端具有更低的功耗,移动接收和抗干扰性能更为优越,因此该标准适用于移动电话、手持计算机等小型便携设备通过地面数字电视广播网络接收数字电视信号,而不占用移动通信网络中宝贵的频带资源。实际上,DVB－H 标准就是依托目前的 DVB－T 传输系统,通过增加一定的附加功能和改进技术使手机等便携设备能够稳定地接收广播电视信号,可以保证移动终端在移动环境和微功耗条件下接收数字电视节目,从而很好地配合 3G 网络的应用。目前全世界 120 多个商业性的移动电视服务中,90% 采用这种方式。

DMB(Digital Multimedia Broadcasting)是基于数字音频广播(DAB)标准向手机等移动装置发送多媒体信号的发送系统。DMB 首先由韩国开发,经过若干年的试运行后,于 2005 年正式投入使用。DMB 既可以通过卫星发送(S－DMB),也可以通过地面发送(T－DMB)。2005 年 5 月,韩国推出了 S－DMB 业务,到 2007 年 4 月,共有 15 个电视频道、19 个广播频道和 3 个数据频道。2005 年 12 月,又推出了 T－DMB 业务,到 2006 年底,共有 7 个电视频道、12 个广播频道和 8 个数据频道。韩国是目前世界上手机电视发展较快的国家。在韩国,S－DMB 是收费业务,全国都可以收到,而 T－DMB 是免费服务,但只能在部分地区收到。

这两种方式各有长处和短处。采用点对点的通信方式,传播的内容从一个节目源分别发送到不同的目的地,因此用户可以收到个性化的节目内容,而且从移动通信技术和市场发展角度看,有人认为利用现有的 3G 网络更有利于手机电视的发展。而通过广播方式,相同的内容发送到一大批用户,可以更有效地利用传统广播电视的丰富资源,同时也便于对播出内容进行有效的监管。

2005 年 3 月以来,中国移动和中国联通先后推出了基于蜂窝移动网络的手机电视业务,在我国广州、四川、苏州、北京等地逐步推进。2005 年 3 月底,广州移动向全球通 GPRS 用户提供了手机电视业务。5 月,"银色干线"作为移动的数据业务正式推出。中国联通在 2005 年推出"视讯新干线",与中央电视台的新闻频道、4 套、9 套以及凤凰资讯台等 12 个电视频道联手推出了手机视频服务。中国移动和中国联通均按流量来收取手机电视费用,收费标准分别为每小时 100 元和每小时 130 元。2005 年 3 月,上海文广新闻传媒集团获得国家广电总局颁发的手机电视全国集成运营许可证,5 月与中国移动通信集团公司达成战略合作协议,上海文广新闻传媒集团作为中国移动手机电视内容的唯一合作伙伴,共同开发手机电视业务,由其旗下的上海东方龙移动信息有限公司具体与电信展开合作。截至 2005 年 11 月底,中国移动全网的手机电视用户已经突破 15 万户,上海的实际用户突破 2 万户①。

与传统电视媒体相比,手机电视最大的优势就在于可以随身携带,随时收看,因此适宜于突发性新闻、重大新闻和重大体育赛事现场直播等。当然其不足之处也十分明显。首先是对接收终端要求较高。目前具有视频接收功能的手机种类不多,而且价格昂贵,目前的电池使用时间也不能满足较长时间收看电视节目的需求。其次是资费过高。如果按流量付费,目前看一小时手机电视需要支付数百元,如果采用包月付费,则资费过高用户不愿意接受,资费过低运营商又难以承受,特别是在我国广大电视观众还没有养成收看付费电视的习惯,手机电视的资费问题更是困扰手机电视发展的一大障碍。第三是网络速率有待提高。目前我国主要通过 2.5G 或 2.75G 网络技术传输手机电视节目,根本达不到适应视觉要求的每秒 25 帧画面,跳跃的电视画面,与其说是手机电视,还不如说是"手机幻灯"。

当然,这些不足之处随着技术的发展,特别是 3G 网络的普及,手机和手机电池的发展以及运营模式的成熟,都将逐步得到改善。但是,与手机报纸一样,手机电视本身的局限——显示屏狭小很难克服,电视媒体的视听优势受到很大限制,对于看惯了家里大彩电的观众来说,观看手机电视的感觉相差甚远。因此,手机电视如何扬长避短,对于内容供应商来说,不管是通信业还是广播电视业,都面临着同样的挑战,那就是节目内容如何适应移动接收。移动接收装置的优势就是便携,其显示屏不可能很大,因此更多的需要近景和特写画面;由于电池的容量有限,即使技术进步使电池使用时间更长,一般移动用户也不可能长时间观看,因此节目内容必须短小,一般为 3—5 分钟为好。这就需要为移动电视量身定制适合在移动状态下用便携装置收看的内容,如利用传统广播电视资源也必须重新剪辑编排。

第三节　移动媒体的传播特点

以手机为代表的移动通信工具最终完成从人际交流的二具向大

---

① 《中国广播电视年鉴 2006》,中国广播电视年鉴社,2006 年,第 223—224 页。

众传播媒体转变,固然有待于技术的进一步发展,有待于市场盈利模式的完善,尽管目前手机用户购置手机的首要目的是语音通话和收发短信,但手机作为个人媒体的功能日益强大,手机作为媒体的传播特点也日益凸显。基于无线通信网络这一平台进行传播的手机与计算机通信网络特别是互联网接轨,就使它不仅具备了网络传播的跨时空、个性化和互动性等基本特征,还因其自身在传播方式、传播载体等方面的不同而显示出更为独特的优势。当然,其不足之处也同样明显。

一、便携性

携带方便,全天候贴身服务是手机的最大特点。用保罗·莱文森的话说:"手机如此轻便、小巧,很容易装进衣袋,只有一丝不挂的人才有借口说不带手机。"①移动通信技术解决了人们在移动状态中进行通信联络的问题。随着技术的进步,当年的"大哥大"已被手机取代,而且手机本身也越来越灵巧,功能越来越多,小小手机集电话、记事本、闹钟、游戏机、照相机,甚至摄像机于一身,集信息接收终端与信息发送终端于一身,用户只要在服务区内,便可以随时随地接收和发送信息。这是任何其他媒体所不能取代的。特别是在不适合、不方便接触传统大众传播媒体和其他网络媒体的时间和场合,手机作为媒体则可以大有作为。2007 年 10 月 22 日,中国共产党第十七届中央委员会第一次全体会议结束以后,新当选的中共中央政治局成员与采访党的十七大的新闻记者见面,中央电视台、各地方电视台以及各大新闻网站都作了现场直播。由于正值中午时分,许多人不在电视机前,又不方便上网,因此手机短信和手机电视成为他们在第一时间获取信息的渠道。

手机的便携性也不可避免地带来了局限性。小巧玲珑的手机屏幕狭小,一次可呈现的信息量有限,阅读文本,如短信、手机报或浏览网页必须频繁翻页,缺乏平面媒体的阅读享受,观看手机电视也因屏幕狭小而影响观赏效果。

---

① 保罗·莱文森:《手机:挡不住的呼唤》,中国人民大学出版社,2004 年,第137 页。

二、私密性

随身携带的手机作为个人的通信工具,在人际交流的过程中私密性很强。特别是短信,即便是在公共场合,通信内容也可以不为周围人所知。因此,手机用户在通过手机短信交流时比面对面或电话交谈时更开放、更大胆。在现实生活中一些不可避免而又难以启齿的交流内容,如示爱、道歉、拒绝等,通过手机短信来表达更方便、更直接、更自由。据英国媒体援引英国一家移动通信公司的调查报道,有37%的用户用短信来说"我爱你",有24%的用户通过短信打情骂俏,甚至还有少量用户通过短信来求婚。报道说,进一步的调查表明,近半数手机短信含浪漫或情色内容,有一家手机公司还推出了所谓的"短信调情宝典"。

手机媒体的私密性给用户传递信息、交流感情带来了方便,同时也给不良信息的传播提供了渠道和空间。不法分子利用手机散布谣言,发布虚假广告,实施诈骗等行为,危害了社会秩序,而一些低级庸俗甚至黄色下流的"段子"也在手机短信中大量流行,污染了社会空气。

三、普遍性

与个人电脑相比,手机价格低廉,携带方便,其普及率已经大大超过个人电脑,也超过了互联网。据国际电信联盟的统计,截至2006年底,互联网全球渗透率为17.4%,而手机普及率则达到了41.0%,在发达国家甚至高达90.9%。在中国,据中国互联网信息中心的统计,截至2007年底,网民占总人口的比例为16%,同期,据信息产业部的统计,手机用户占总人口的比例近42%。据香港特区政府电讯管理局公布的数字,截至2007年9月,香港手机用户总数为9 925 412,普及率为143.4%,也就是说,香港近700万人口平均每人拥有近1.5部手机。在经济发达地区,手机的普及造成信息的"无处不在",手机媒体已经成为大众传播媒体的延伸和补充,而在突发新闻和重大社会问题的报道中,手机的作用有时甚至超过了传统媒体。

手机的普及及其信息传播的快捷,也给社会监控带来了新问题。2003年2月8日中午起,"广州发生致命流感"的信息开始以手机短信和口耳相传等形式传播。广东移动的短信息流量统计显示为：2 月 8 日,4 000 万条;9 日,4 100 万条;10 日,4 500 万条①。这一有可能引起社会恐慌的信息,经过互联网的放大又向全国扩散。2005 年春,北京、上海、深圳等地部分高校学生为了表示对日本右翼势力否定南京大屠杀、日本首相参拜"靖国神社"以及日本政府谋求加入联合国安理会常任理事国的强烈不满,组织了未经批准的示威游行。在上海,游行的组织和集结就是通过 BBS 以及手机短信传递信息完成的。由于游行的相关信息传播得广泛迅速,使这次非传统方式组织的游行未能得到及时制止,最终造成了不良影响。

四、精准性

大众传播,根据丹尼斯·麦奎尔的定义,是"由一些机构的技术所构成,专业化群体借助这些机构和技术,通过技术手段向为数众多、各种不同而又分布广泛的受众传播符号的内容"②。手机在发挥大众传播功能时却可以锁定目标受众,传播效果也大大提高。由于手机首先是个人通信工具,每一部手机都对应一个用户,而一般来说,用户的手机号码是相对固定的,用户在申请手机时又留下了个人信息,因此只要掌握了这些信息,锁定目标受众就十分方便。对于用户来说,可以订制自己所需要的信息,如新闻报道、天气预报、体育赛事、股票行情等,对于传播者来说,可以根据所掌握的用户信息主动推送服务内容。2007 年 8 月,受台风影响,广东湛江市遭遇百年一遇的暴雨袭击,各县、市大小水库都超过警戒水位。8 月 12 日,"湛江大暴雨要引发大地震"的谣言四起,造成灾区人心恐慌。上午 8 时 30 分,广东省气象局科技服务中心启动应急服务预案,向湛江市 140 万手机用户发出紧急短信辟谣。短信以每小时 50 万条的速度发送,短短几个小时,280 万条免费提醒短信发出,迅速稳定了灾区民心。

传播的精确,对广告和企业营销是一个好消息,但用户个人信息一旦被滥用,则会侵犯用户个人隐私,对用户形成骚扰。事实上,很多用

---

① 朱家麟:《广州"非典"事件中的手机短信——关于"第五媒体"传播特质的思考》,载《当代传播》,2003 年第 3 期。

② 丹尼斯·麦奎尔:《大众传播模式论》,上海译文出版社,1990 年。

户都会收到不请自来的手机短信,其中大部分是广告,也有一些不良信息。在日本,手机上网普及率相当高,但是据日本政府总务省的调查,用户对手机上网满意度较低,只有 21% 的用户表示满意和比较满意,表示不满意的则高达 68.5%。据调查,日本网络用户中有 72.4% 的人表示最不满意的就是垃圾信息泛滥①。

① 张海鹰:《从 e-日本到 u-日本——21 世纪日本的信息社会发展战略》,载《网络传播》,2006 年第 3 期。

第七章

网 络 广 告

随着商业发展而发展起来的广告,是企业为实现其目标而使用的一种营销手段。广告活动是一种有计划的大众传播活动,企业所要传递的广告信息必须通过一定的技术手段才能被广泛传播。广告媒介作为广告主与受众之间的中介,是广告活动的要素之一。现实生活中的广告媒体多种多样,有报纸杂志、广播电视等大众性传播媒体,又有路牌、灯箱、交通工具等户外媒体,以及 POP(point of purchase)、包装物、电话黄页、产品目录甚至人体等其他媒体,其中,报纸、杂志、广播、电视是公认的传统广告媒体。随着网络传播的发展,越来越多的企业利用互联网宣传自己和自己的品牌,互联网正在发展成为一种新兴的广告媒体。

第一节　网络广告的发展

追溯网络广告的历史,可以发现最早的是负面的例证。1994年一名使用者在尝试用奔腾计算机进行一些浮点数学运算时,发现总会出现一些错误。他通过 Usenet 新闻组请别人重复他的测试过程,结果相同。这说明 Intel 公司推出的奔腾芯片在设计上存在着缺陷。于是,用户们向 Intel 提出了质疑。Intel 起初并没有介意这回事,只是反复解释说这仅仅是一个很小的缺陷而且已经得到了改进,但这并不能使网上客户满意,Intel 公司成为网民嘲笑的对象。这种负面宣传不断升级,尽管时任 Intel 公司总裁的 Andrew Grove 连续几周在网上撰文,承认出现了一些问题,但于事无补。最后,Intel 不得不回收并替换所有已售出的奔腾芯片。这种负面的"广告效应"使 Intel 公司感到十分尴尬,公司形象受到了不可挽回的损害,直接影响到奔腾产品的销售乃至公司的股票价格。而最早尝试在互联网上进行商业宣传的是两个美国律师 Laurence Canter 和 Martha Siegel,然而他们收到的却是事与愿违的效应。1994 年夏,他们向互联网上的 7 000 多个新闻讨论组发送了自己的法律服务广告,不料换来的却是网民们的"狂轰滥炸",有的"黑客"破坏了他们的信息,他们通向信息高速公路的通道被阻断,而不利于他们的谣言则通过网络四处传播。然而,也就在这一年的 10 月 14 日,网上杂志 Hotwired 成功地推出了第一个网页广告,其中包括 AT&T、VOLVO 和波音等 14 则广告主的图像和信息。这一天由此被认为是网络广告时代的开始。

　　Hotwired 的广告模式的思路来源于传统的电视广告业。它将原来通过提供信息、用户按上网时间支付费用的做法改为"一头免费,一头收费",即一方面无偿为用户提供大量丰富多彩的信息,引来大量的访问者,另一方面又以高访问率为资本吸引企业在自己的网站上刊登广告,并收取佣金。这样用户就像看电视一样,用付出的"注意力"代替金钱换取获得所需要的信息。

　　经过短短几年的发展,网络广告已从试验阶段发展成每年数十亿美元的产业。据建立于 1996 年的美国互联网广告署(IAB)2000 年 4 月 18 日公布的数字,1996 年互联网广告费用为 2.67 亿美元,到 2006 年增加到近 170 亿美元,十年增长了 60 多倍。(见图 7 - 1)

　　网络广告于 1997 年登陆中国的网站。当年 3 月,一幅 Intel 的 468×60 像素的动画旗帜广告贴在了 chinabyte 网站上,这是中国第一个商业性的网络广告。1998 年,中国的网络广告开始初具规模。这一年的世界杯期间,"国中网"适时推出世界杯网站,其页面总浏览率达 803 万次,最高日点击率达 190 万次,杯赛期间广告收入 200 万元人民币。虽然为了组织这次广告活动,"国中网"耗资 300 万元,佺其意义远远超过了赚钱,第一次使国人认识到网络广告的潜在价值。1998 年,中国的网络广告营业额比 1997 年增加了 60%,而 1999 年又是

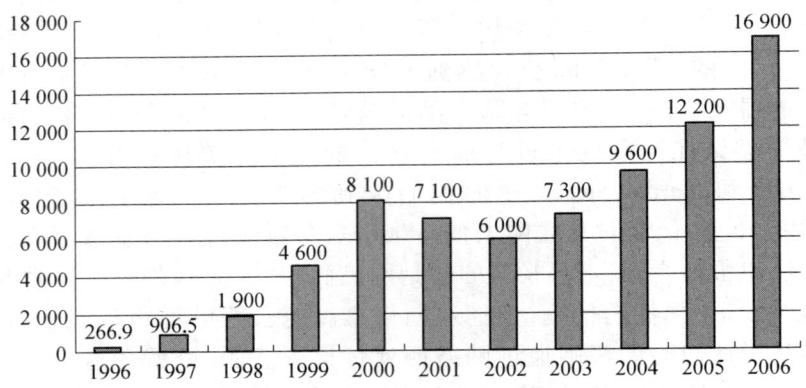

图 7 − 1　1996—2006 年美国互联网广告费用
增长幅度(单位:百万美元)
(来源: http://www.iab.com)

1998 年的三倍。

网络广告的迅速发展,在一定程度上也是网络经济泡沫的反映。世纪之交,随着经济泡沫的破裂,网络广告也进入了衰退期。根据美国互联网广告署(IAB)提供的数据,自 2000 年起,美国的网络广告连续三年下滑,2001 年和 2002 年全年广告收入分别比上年下降 12% 和 16%。2003 年,网络广告走出寒冬,迎来了复苏。继 2003 年的反弹之后,2004 年美国的网络广告创造了历史新高,以后又逐年上升(见图7 − 1)。中国的网络广告在网络"寒冬"中虽没有出现负增长,但增幅明显趋缓。2003 年 SARS 肆虐中国大地,全国人民奋起抗击,打响了一场没有硝烟的战争,这给网络广告带来了发展的机遇。当时许多公司、企事业单位放假,人们都尽量减少外出,这使传统的平面广告以及户外广告等效率大减。而部分在家中的人们选择了上网,这让很多一直青睐传统广告模式的企业看到了网络广告的机会。有数据显示,2003 年中国网络广告的市场规模急增,比 2002 年翻了一番多。以后几年增长势头不减,2004 年和 2005 年分别比上年增长将近 80%,2006 年比 2005 年增长 44%(见图 7 −2)。

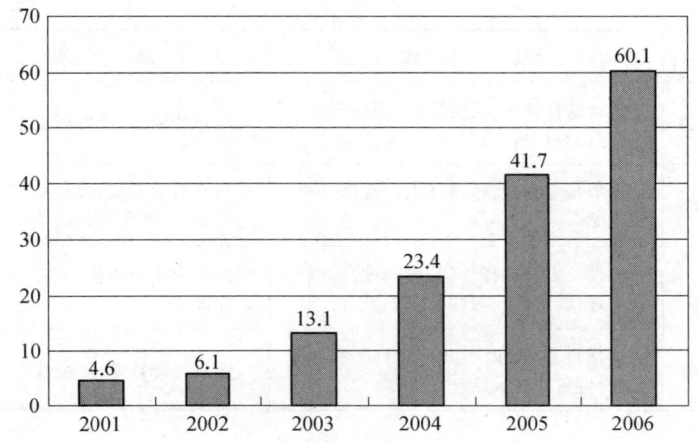

图7-2　2001—2006年中国网络营销市场规模(单位：亿元人民币)
(来源：http://www.iresearch.com)

第二节　网络广告的特点

　　广告主和广告商在进行广告策划、选择媒体时必然要考虑到广告的覆盖面、复现率、影响力以及制作成本等因素,而不同的媒体都有自己的优势和局限。主要传统广告媒介的优势和局限如表7-1所示[①]。

表7-1　传统广告媒体评价

媒　体	优　　　　点	局　　　　限
报　　纸	灵活、及时、良好的当地市场覆盖面,接受广泛,可信度高	时效短,制作质量差,转嫁读者少
电　　视	良好的大规模市场覆盖率,平均费用低,综合视、听及动作,诉诸感官	绝对费用高,内容庞杂,宣传短暂,观众可选择性差

---

　　① 〔美〕菲利普·科特勒、加里·阿姆斯特朗：《营销学导论》,俞利军译,华夏出版社,1998年,第615页。

媒　体	优　　点	局　　限
直　　邮	观众选择性强,灵活性好,同一媒体内没有竞争对手,个性化	相对费用高,广告形象差
广　　播	当地接受良好,地理及人口选择性强,费用低	只有听觉效果,宣传短暂,注意力较差,听众零星分散
杂　　志	地理及人口选择性强,可信度高,制作质量好,读者阅读时间长	购买版面费时间,费用高,位置无保证
户外广告	灵活性好,复现率高,费用低,媒体竞争少,位置选择灵活	观众选择性差,创造性差

一、网络广告的优势和特点

与传统媒介广告相比,网络广告具有传统媒介广告所无法比拟的优势,主要表现为以下特点。

1. 传播对象面广

目前互联网已经延伸到几乎所有的国家和地区,其覆盖面超过任何其他单一传统传播媒体。网络广告的传播不受时间和空间的限制,将产品、服务等信息传送到世界各地,网络广告的对象是与互联网相连的所有计算机终端客户,只要具备上网条件,任何人在任何地点都可以阅读。这是传统媒体无法达到的。

2. 表现手段丰富多彩

网络广告采用多媒体、超文本格式文件,通过文字介绍、声音、影像、图片、动画等丰富表现手段,集报刊、广播电视媒体的优点于一身,更加吸引受众。消费者可以对其感兴趣的产品了解更为详细的信息,可以通过试用亲身体验某些产品、服务与品牌。

3. 内容种类繁多,信息面广

庞大的互联网网络广告能够容纳难以计量的内容和信息,广告主或广告代理商可以提供无限量的广告信息和说明。报纸、杂志广告的信息量受到版面篇幅的限制,广播、电视广告的信息量受到频道播出时间和播出费用的限制。而网络广告的信息面之广、信息量之大是报纸、杂志和广播、电视无法比拟的。

4. 及时更新,长期保留

网络广告的发布是全天候的,即每天 24 小时,每周 7 天,一年 365 天从不间断。广告可以随时发布、更新或取消。传统媒体广告制作周期较长,报刊广告刊登后无法更改,如发现某广告不合适或效果不理想,必须等到下一期刊物出版时才能撤销或更换,广播电视广告虽能及时更改,但费用昂贵。而网络广告的广告主可以即时将最新的产品信息传播给消费者,可以根据需要随时进行广告信息的改动,广告主可以 24 小时调整产品价格,适应市场竞争的需要。而且,网络媒体也可以长久保存广告信息。广告主建立起有关产品的网站,可以一直保留,随时等待消费者查询。

5. 交互性强

交互性是网络媒体的最大的优势之一。它不同于传统媒体的信息单向传播,而是信息互动传播,用户可以获取他们认为有用的信息,厂商也可以随时得到宝贵的用户反馈信息。消费者用鼠标轻轻一点,就可继续访问相关网页,进一步了解企业情况,通过图片、动画和声音等获得有关该商品的进一步的信息,并可通过 E-mail 在线提交表格,进行咨询或要求进一步服务,也可在网上完成购买行为。用户反馈的意见和要求,商家最短可在几分钟内获得,并根据用户要求很快作出反应。这种交互性使网络广告比传统媒介广告更具活力,因为精明的商家都明白,广告的目的不仅仅是发布信息,更重要的是建立良好的客户关系以及提高公司和品牌的知名度。网络广告的交互功能帮助商家做到了这一点。

6. 受众人数可以测定

网络广告可以根据广告被点击的次数精确统计某一广告的宣传效果,而传统的广告媒介做不到这一点。广播、电视的受众只能根据广播的覆盖率粗略估计,报纸、杂志的读者人数可以根据发行量做出基本估计,但是到底有多少受众看到(听到)某一条广告却无法精确统计。因此广告界有一句话颇为流行:"明知道有一半广告投入浪费了,却不知道是哪一半。"而网络广告通过特定的软件可以十分容易地统计浏览每条广告的人数,以及他们浏览广告的时间和地理分布。这些统计数据对广告商和广告主评估广告的营销效果是十分有用的。

二、网络广告的新理念

网络广告的这些特征,带来了网络广告的新理念。

1. 注重理性说服力

传统传媒广告为篇幅(时间)所限,不可能包含太多的具体信息,主要靠创建印象对消费者产生潜移默化的劝诱作用。一个好的创意主要通过简洁的文字、优美的画面、动听的音乐引发消费者的某种情绪或联想,并经过多次重复给消费者造成印象,使其对广告宣传的产品或服务产生兴趣和购买欲望,最终采取购买行动。在目前的技术条件下,网络广告还不可能做到电视画面那样精致的声画效果,不可能做到如杂志广告那样的视觉冲击力,但网络广告可以提供无限的空间,广告主可以花很少的钱在网上提供企业本身和产品(服务)的百科全书式的信息,可以通过文字对产品的性能、用途、使用方法等进行详细描述,也可以通过三维动画和多媒体技术展示产品的外形、结构以及使用方法等。比如传统媒体做汽车广告,平面媒体的表现手法往往是一幅汽车的照片加上简短的文字说明,也许再加上性感女郎的照片,电视媒体广告可能是一组画面,表现汽车在高速公路或山林原野奔驰,开车者也可能是一名性感女郎,总之通过"香车美女"加深受众的印象。而网络广告可以通过三维动画全方位展示汽车的外观、内部结构,可以将新旧款型进行对比,甚至可以向用户提供模拟驾驶,让消费者体验驾车的方便和舒适。而且,企业还可以通过超文本技术,把包括公司历史、销售业绩、产品说明、客户反馈等在内的广告信息组织成一个多层面的递进结构,引导消费者层层阅读,而不同的消费者可以根据自己的需要在不同层面上获得相应的信息。与接受传统广告媒体不同的是,通过网络广告,消费者不再凭印象、凭感觉做出消费决定,而是将自己的消费行动建立在理性的基础之上。

2. 受众变被动为主动

受众是广告活动的终点。广告的成功与否,在于消费者的反映如何,因此广告活动应以消费者为中心。在现代商业社会,广告可以用"铺天盖地"、"无孔不入"来形容,但是传统媒体广告的宣传多少带有强迫性,除了报纸上的分类广告和电话黄页广告以外,受众处于被动接收广告信息的状态,而网络广告由于受众的主动阅取而可以获得更好的宣传效果。在现实中,除了特殊需要,人们对广告往往采取"规避"的态度。比如户外广告,可以闯入路人的眼帘,给人以印象,但很少有人驻足观看,仔细阅读。又如报纸、杂志上的广告与其他内容有着明确的分界线,即使是整版广告,读者也能分清。读者固然可以为了获取信息专门寻找相关广告,但也可以一翻而过,避而不读。网络上的旗帜广告在屏幕上的有效面积一般为 10% 左右,与网页内容也有十分明确的分界线。但是一些大公司本身既是网页发布者同时又是广告主,如微软公司、Yahoo!、IBM 公司等都有受欢迎的网页,在那里广告与网页内容的界线淡化了,对于"冲浪者"来说,很难分清是在读内容还是在看广告。

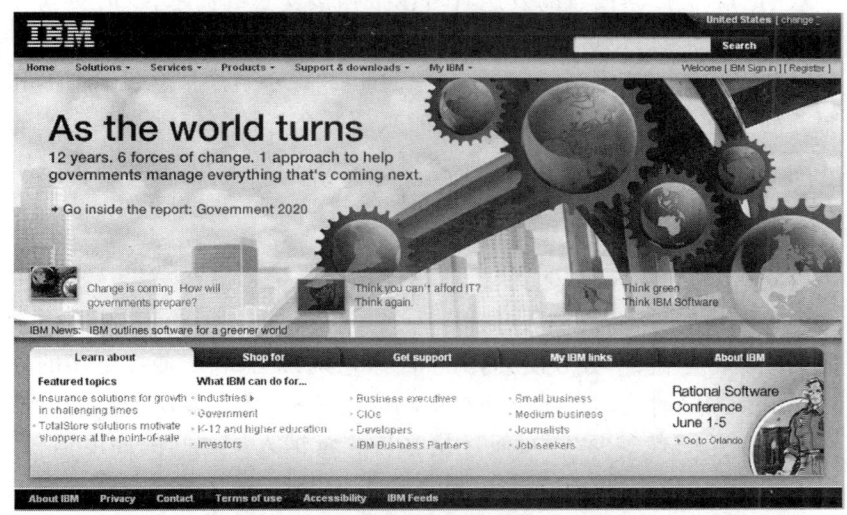

图 7－3　IBM 公司主页

再如,电视广告允许广告主的宣传占据整个电视屏幕,而大多数网页广告没有如此突出,尽管如此,旗帜广告的实际宣传效果仍好于电视广告。因为当电视插播广告时,观众很可能转换频道,或者去干其他事情。据美国的一项研究发现,只有 22% 的成年人观看电视广告。另一项调查表明,电视观众即使是对最大众化的电视节目,集中注意力观看者也不到三分之一。相反,网络用户上网往往带有一定的目的性,主动搜索自己感兴趣的信息,因此他们的注意力一般都集中在网页上,同时也就看到了网页上的旗帜广告,并有可能采取进一步动作,即点击旗帜进入广告主的网页①。

3. 双向互动

互联网与传统传媒的"广播"模式不同的是采用了"窄播"模式,广

————————

① 　Boyce, Rick, *Exploding the Web PCM Myth*, http://www. iab. net/advertise/adsource. html.

告主可以根据自己的宣传目的,有的放矢地选择受众对象,以求得最佳效果。网络广告也使广告主有可能将广告的策划制作从传统的"大量制作"模式转变为以客户为本的"度身定制"模式。网络传播的交互性改变了传统广告信息发送的单向性,减少了用户信息反馈的时差,实现了双向沟通。广告信息的发送者可以根据接受者的需求,及时更新和调整发出的信息,也可以将广告准确地发送到目标用户,或发送为用户的特殊兴趣和口味定制的广告。商家可以跟踪了解用户对自己商品和服务的反应,了解用户和潜在用户的兴趣所在。随着这种交互作用的深层次展开,市场进一步细分,最终可以形成企业与客户一对一的营销关系,使企业在市场竞争中占据有利地位。

4. 广告、销售一体化

网络不同于传统媒体,它将广告媒体与营销渠道合为一体。由于减少了中间环节,消费者从看到广告、做出决定到下单购买,只要点击鼠标或敲击键盘,十分方便,而对于商家来说,则有利于捕捉更多的商机。由于网络时代信息播出和查询功能空前提高,企业所拥有的无形资产不仅是拥有多少客户,而且是客户和营销人员之间的高度信任。传统的销售渠道中间环节过多,既增加了广告成本,又减慢了商品信息传递的速度,难以满足飞速变化的市场需求,而利用网络广告可将产品信息几乎在生产的同时,就同步传递到用户网中,等于在同一时间对无数受众做了广告宣传。

5. 培养消费群体

不同的商品和服务有着不同的消费群体。企业总是根据自己所提供的商品和服务,选择对象性较强的传统媒体,如选择专业性报刊(版面)和对象性广播电视节目(栏目)发布广告,但是消费者之间的横向交流很困难。虽然广告主可以请出消费者在广告中"现身说法",但这种交流仍是单向的。而利用网络,除了企业与消费者进行双向交流外,消费者之间也能进行双向交流,有利于组织和培养消费群体。一般用户可能会浏览汽车网站、家电网站或房地产网站,却很少光顾洗衣粉网站。P&G公司制作了一个女性网站,用女性网民共同关心的话题将特定的消费群联系起来,将有关商品的资讯结合在内容中。消费者也可以通过网站进行交流,相互影响,这就增加了产品的知名度,取得良好的广告宣传效果。对于传统广告媒介的广告宣传,单个消费者的反馈往往是滞后的,有时是不被重视的,而在网上,消费者取得了与广告发布者同等的传播权,作为一个群体,他们的声音是不可被忽视的。日本有一位消费者在购买东芝录像机时,因销售人员言辞欠妥而极为不满,他将与销售人员的对话录音贴到网络上,结果引来 500 多万人收听,最后东芝公司社长不得不亲自出面向消费者赔礼道歉。这一事例从另一侧面说明通过网络传播组织起来的消费者的巨大影响力。

第三节　网络广告的形式

目前网络广告的基本形式包括公司的 Web 主页、电子邮件(E-mail)和购买其他网络广告空间以及通过手机发布广告信息等。

一、公司企业独立建立的网站

从广义上讲,任何网站都能起到广告作用,以盈利为目的的公司企业建立自己的独立网站,当然是为了宣传自己和自己的产品或服务。网站作为企业独自占有的网络空间,实际上是一个属于企业自己而又面向广大网民的高效率、低成本的媒体,在这个媒体上信息由企业定制,没有传统媒体的时间、版面等限制,可以根据企业的发展需要不断实时更新,并且可应用多媒体手段吸引受众并与他们双向交流,及时有效地传递并获取有关信息。企业网站所承载的无限量的信息,不但包括直接推销产品(服务)的商品广告,也包括观念广告、企业广告,对消费者既产生直接效果,又可以产生积累效果,是在网络上树立企业形象的最佳选择。事实上,建立自己独立的网站对企业来说是通过网络进行广告活动的最根本的手段,其他形式都可以提供链接到公司主页的途径,目的在于提高公司主页的访问量。

不像电视广告那样“秒秒计较”,网络广告的时间概念对企业来说意义不大,但是对用户来说就不同了。要使用户舍得花时间来看广告,要在相对短的时间里向用户提供尽可能多的信息,关键在于网页本身的质量、吸引力和阅取的方便程度。网站的设计应遵循 KISS(即 Keep It Simple Stupid)原则,尽量简单明了,甚至可以是“傻瓜”型的,方便任何人浏览,给他们留下美好的记忆,下次再来。

二、通过电子邮件(E-mail)发送广告信息

电子邮件是互联网上最早出现的应用之一,到目前仍然是使用最广泛的网络服务之一,可以说已经融入了大多数网络用户的日常生活。

企业可以通过 E-mail 用"推"的手段直接向客户发送广告信息,或与客户直接交流,这种方式操作简便,成本较小,运用得当,可以取得较好的效果。最常用的方法就是通过邮件列表,企业在用户许可的前提下,将其纳入列表,然后以电子邮件的形式向列表发送企业的产品、服务以及促销等广告信息。由于列入列表的用户是自愿的,因此他们在接收到广告信息后作出回应的可能性很大,而当用户不愿意继续接收这些广告信息时,可以随时退出列表。

但是如果运用不当,则会引发社会道德问题,如"垃圾邮件"就是一个全球性的问题。又比如,当网络用户在登录网络或进行网上消费时,其姓名、性别、年龄,以及兴趣爱好、消费习惯甚至健康状况等资料会被输入企业数据库,企业的计算机经过分析、归类,可以有效地选择销售对象,提供更贴近消费者兴趣和需要的服务。但是,从消费者一方来说,会在接受服务的同时感到自己的个人隐私受到了侵犯。美国一联邦地方法院曾对电子邮件广告问题做出裁决,限制任何组织向素不相识的互联网用户发送未经要求的电子广告。根据裁决,费城的网商促销公司 CyberPromotions 被勒令停止向用户的电子信箱中发送广告。这一法律纠纷是由 CyberPromotions 在劳动节周末进行大规模促销活动引起的。这项促销活动致使总部设在加利福尼亚的网络服务供应商 ConcentricNetwork 的电子邮件服务堵塞了 18 个小时[①]。

因此,既要达到目标用户又要保护他人隐私权,企业可以采取的最好办法是建立自己的用户邮件列表,或通过网站邮件列表收集对本企业产品感兴趣的用户的邮件地址,并及时向他们发布企业的最新动态。也可以通过一些活动如智力竞赛、有奖竞猜、调查评比、网上游戏等吸引用户参加,在活动过程中请用户填写表格,通过这种方式来创建自己的网上客户群,不断地用 E-mail 来加强与他们之间的沟通和联系。同

---

① 王方华、吴盛刚、朱彤:《网络营销》,山西经济出版社,1999 年,第 88 页。

时也可以组织新闻讨论组,把对企业所要传递的信息感兴趣的用户组织到讨论组,而参加讨论者必须通过 E-mail 来获取信息、发表意见,这就给企业提供了一批 E-mail 地址。另外,企业还可以创办电子刊物,供用户免费订阅,通过 E-mail 定期发送给用户。由于用户是主动订阅,一般对其中的广告内容不会有太多反感,如果他们不满意可以随时停止订阅,而那些坚持订阅的订户很可能就是企业的潜在客户。

三、购买网络广告空间

由于企业在网上发布的绝大部分信息要由用户主动阅取,因此在信息的汪洋大海中,用户的注意力成为网络广告的争夺对象,在网络媒体,特别是流量大的门户网站、搜索引擎和传统媒体网站上购买广告空间成为企业网上广告活动的主要方式之一。

目前在 Web 网页上投放网络广告主要有以下几种形式。

(1) 旗帜广告(Banner)——旗帜广告是现今国内外网络广告的主要形式。旗帜广告包括静态旗帜广告、动态旗帜广告以及丰富媒体旗帜广告。最常用的广告尺寸是 486×60 像素或 486×80 像素,一般出现在网页的顶端或底端。除普通 GIF 格式外,丰富媒体旗帜广告集动画、声音、影像和用户的参与于一体,富有表现力、交互内容和娱乐性,越来越受网上用户的喜欢。

旗帜广告由于篇幅有限,主要目的是为了加深消费者的印象或吸引用户点击后获得更多的广告信息,因此,首先必须在几秒钟之内抓住读者的注意力,否则读者很快就会进入其他页面。由于旗帜广告创意空间有限,一般来说通过色彩搭配、幽默语言、设置悬念等手法比较有效。动态广告比静态广告更容易引起注意,有统计表明,动画图片的吸引力比静止画面高三倍,广告效果当然更好。康柏公司采用动态广告后,其主页访问人数上升了 45%。但是,如果动画图片应用不当则会引起相反的效果,如太过花哨或文件过大会影响下载速度,一般来说,486×60 像素旗帜的大小应该保持在 10 k 以下。

而且,最好将旗帜广告在网页的顶端和底端同时放置。放在顶端的旗帜广告访问者不用拖动下拉条就可以看到,因此这个位置受到绝大多数客户的青睐,但是因为没有人是单纯为了看旗帜广告而上网站浏览的,很可能处于顶端位置的广告还没有完全出现的时候,浏览者已经迫不及待地拖动下拉条浏览具体内容了。而当浏览者拖动下拉条到页面底端位置时,在顶端被错过的旗帜广告是必定会被看见的,因此同时放置在顶端和底端的旗帜广告就有两次被看到的机会。

另外,经常更换图片也是吸引注意力的好办法。有研究表明,当同一幅图片放置一段时间以后,点击率就开始下降,而更换图片以后,点击率又会上升(据统计,一般应在两周左右更换一次图片,以保持新鲜感)。

(2)按钮式广告(Buttons)——按钮广告将公司图标或产品图像以图标形式出现在网页的任何部位,最常用的按钮广告尺寸有四种,分别是:125×125 像素(方形按钮)、120×90 像素、120×60 像素、88×31 像素。按钮广告尺寸偏小,表现手法较简单,但形象鲜明,效果良好,用户点击后便可看到更多的广告信息。

近年来发展起来的浮动图标广告,是按钮广告的新形式。这种广告规格一般在 100×100 像素以内,可以是 GIF 格式图形,也可以是 Flash 动画,可以在页面上悬浮和移动,十分醒目。

不管是固定的还是浮动的,按钮式广告都属于提示型广告,也就是说只有一个标志性图案,没有广告标语,更没有具体内容,信息量有限,除非是知名品牌,否则如果用户不点击,起不到宣传效果。

(3)全屏广告(Full Screen Ads)——这是 21 世纪初出现的一种大屏幕广告。当用户打开页面浏览时,广告以全屏方式出现,一般在 3—5 秒钟后逐渐缩成旗帜广告尺寸,用户便可进入正常页面阅读。全屏广告可以根据广告创意的要求,充分利用整个页面的空间,通过特定技术手段把广告锁定在最大空间,在对网民形成视觉冲击力之后迅速收缩,显示正常页面内容。

(4)弹出窗口(Pop-up Windows)——广告主可以选择自己喜欢的网站和栏目发布插页式广告。当用户点击该网站和栏目时,广告便会在网站和栏目出现前弹出。如用户对该广告感兴趣,可点击查看详细内容,如不感兴趣,则可关闭该广告窗口。由于这是一种强行推出的广告,一般用户普遍比较反感。除弹出窗口外,还有一种隐性弹出广告,也叫背投广告(Pop-under),通常隐藏于浏览页面背后,只有网民离开所浏览的网站时,这种广告才会弹出新窗口。由于后弹的方式比较友好,不影响用户的正常网络操作,目前比较受欢迎。

四、搜索引擎广告

搜索引擎广告随着搜索引擎的发展而发展起来,目前的做法是广告主通过竞价方式,在搜索结果旁边显示自己的产品或服务的信息,而当这些信息被用户点击之后,广告主才付费,因而被普遍认为是一种廉价有效的促销手段。

目前通常使用的搜索引擎广告有以下形式。

(1)关键字广告——这是在搜索引擎的搜索结果中发布广告的一种形式。当用户搜索到要购买的商品或服务的关键字时,广告便会出现在搜索结果页面的显著位置。不同的搜索引擎的广告信息显示方式不尽相同,有的将付费的关键字搜索结果显示在搜索结果的最前面,有的则在搜索结果页面设立专有位置,用来显示付费的关键字搜索结果。

(2)关键字排名——这也是搜索引擎关键字广告的一种形式,只不过按照竞价原则,对购买了同一关键字的广告主,按照其付费的多少,将付费最多的排在最前面。

(3)网页内容定位广告——这是搜索引擎广告的一种延伸服务,即广告不仅仅出现在搜索引擎显示搜索结果的页面,而且延伸到合作伙伴的网页上。比如 Google 就将通过关键字检索的广告显示在 Google 以外的相关网页上。

五、手机广告

手机广告,顾名思义就是通过手机发布广告信息。随着通信技术的发展以及移动通信网络与计算机网络的融合,手机作为通信工具,已经兼备了传播媒体的功能,并且随着手机用户人数的增多,越来越多的企业将手机作为一种广告媒体。当前手机广告的主要形式是短信,当然也可以通过 WAP 浏览器,将手机作为互联网信息的接收终端。

从手机的传播特性来看,手机的便携性是任何其他媒体所不及的,对于发布广告信息来说,既可以是点对点的,也可以是点对面的,更可以是互动的。广告信息可以根据目标用户量身定制,对客户可以通过计算机进行分类,信息发送范围可以根据需要随时调整,广告投放的准确性大大提高。目前全国手机用户多达数亿,大部分用户的年龄、性别、所在地域、话费消费等情况都存在于运营商的数据库中,如果能充分利用这一宝贵资源,就可以做到有针对性地将广告信息发布给目标受众。对于用户来说,即使处于关机状态或不在服务区,由于短信可以存储在短信服务平台的服务器上,一旦开机或回到服务区,广告信息便会自动发到用户的手机上。而且当用户听到短信提示音时,并不知道是一条广告还是一条重要信息,必定要打开看,即便是一条垃圾信息,至少用户已经看到了,因此从这个意义上说,手机广告的到达率几乎是百分之百。

目前,从事手机短信广告制作和发布的主要有企业本身、网络内容提供商、移动通信运营商和专业广告公司。由于短信广告大部分为纯文本形式,制作简单,因此许多公司企业自己制作并通过移动通信平台或互联网平台发布,包括企业产品信息如新产品信息、优惠促销信息等。企业还可以通过手机发送优惠折价券的电子版,用户接收后可以储存起来,在指定的时间和地点享受优惠折扣。网络内容提供商作为商业短信的提供者,除了发布企业广告以外,还可以在短信中间和短信结束后增加附带广告,可以通过给短信服务品种冠名的方式发布赞助企业的广告,以及为广告主制作发布手机屏幕保护广告等。移动通信运营商掌握着频率资源和技术优势,手机广告可以作为一项增值服务。比如"小区广播",用户的手机经过简单设置,移动通信系统便可以通过手机辨别用户所在的地理位置,当用户进入特定区域时就可以免费收到该区域的商品和服务的信息。

当然,手机短信广告也存在与生俱来的缺陷。从技术上讲,短信的容量为 140 字节,也就是 70 个汉字,而彩信在目前还只是图片、动画和声音的结合,而多媒体广告对接收终端有特殊要求,这有待于3G 技术的发展。然而,即便将来带宽问题解决了,手机功能增加了,随身携带的手机的显示空间总是有限的,这就要求广告创意必须有新的突破。

六、其他

如同传统广告媒介的广告策划一样,网络媒体的形式也是多样的。

(1) 竞赛和推广式广告(Contests & Promotions)——广告主可以与网站一起合办他们认为用户感兴趣的网上竞赛或网上推广活动。如

2000 年中秋,联想电脑公司推出了"联想中秋踏网赏月"的网上游艺活动。根据联想电脑公司提出的"联想系列电脑秉承让中国人用得更好"的理念,这次历时一个月的活动根据中秋节的节日特点,突出趣味性和娱乐性,将静态信息与动态交互有机结合,让最新的技术手段为表现中国的文化传统服务。活动采用擂台赛的方式,包括"联想珍闻"、"谜语集锦"、"是真是假"、"佳句欣赏"、"趣味成语"等交互式游戏,以及喜庆中秋拼图游戏等。根据参与者的所得总分以及参加活动的时间来确定他们在排行榜中的位置,名列前茅者可根据名次以不等的优惠价格购买某种联想电脑。参加活动的用户必须填写包括个人资料的表格,而活动规则要求资料必须完全真实,否则奖品无法送出。通过这样的活动,一方面扩大了联想公司在网民中的影响,加强了企业与客户的联系,同时,企业也获得了一大批客户的真实资料。

（2）赞助式广告（Sponsorships）——包括三种赞助形式：内容赞助、节目赞助和节日赞助。赞助式广告形式很多,广告主可根据自己的需要对感兴趣的网站内容或网站节目进行赞助,如澳门回归网站、世界杯网站等。节日赞助是指网站在特别节日所推出的网站推广活动,如1999 年举行的中国互联网络大赛就是由多家企业赞助的。主办单位、协办单位和赞助单位的图标都出现在大赛主页上,用户只要点击这些图标就可以进入这些单位的主页。赞助式广告可以扩大广告主的知名度,吸引用户对自己公司、产品和服务的注意,感兴趣的用户可以通过广告赞助页面链接到广告主的官方网站。

（3）互动游戏式广告（Interactive Games）——互动游戏广告将广告内容有机地融入游戏环境中。在一些游戏数据载入过程中,游戏画面开启或结束时,会出现精美的广告,有些游戏玩家一旦打关成功,有可能获得某品牌（一般为受年轻人喜爱的饮料、快餐等）的赠券。还有根据广告主的产品量身定做的互动游戏广告,广告主的产品及相关信息本身就是游戏的内容,使游戏玩家始终处于广告主设定的虚拟环境之中,潜移默化地提高广告主及其产品的知名度。游戏玩家在注册游戏时往往会留下比较详细的个人信息,对于广告主来说,这些信息是十分宝贵的,可以了解玩家的构成,提高广告投放的精准性。

（4）墙纸式广告（Wallpaper）——把广告主所要表现的广告内容体现在墙纸上,并安排放在具有墙纸内容的网站上,以供感兴趣的用户进行下载。

第四节　网络广告的评估与计费

网络广告作为广告活动的一种,也是一种付费的通过大众媒介的劝服行为,但又不是简单的"网络"加"广告",而是在全新的传播环境中的传播活动。如同传统的广告一样,传播效果是其要素之一,而广告的传播效果又与广告费用密切相关。

一、网络广告的评估指标

与传统媒体广告相比,网络广告的优势之一就是看过某广告的受众人数可以通过权威的访客统计系统精确测量,借助计算机软件,用户点击广告的时间、观看的深度和所在区域等都可以及时掌握。

(1)曝光次数——即显示网络广告的页面被访问的次数。一般来说,刊登某广告的页面曝光次数越多,也就意味着该广告被看到的次数越多。但是必须注意的是,广告曝光次数并不等于广告的实际浏览人数,因为同一用户可能多次登录刊登某广告的页面,有时一个页面上同时显示数则广告,用户在浏览页面时,注意力不可能平均分配到各个广告,更有可能对广告"熟视无睹"。这说明广告的一次曝光并不等于获得一个用户的注意。

(2)点击次数——即广告被点击的次数。这里的点击包括广告受众真实的点击,也包括误点击,甚至不排除恶意点击。比如按点击收费的搜索引擎广告经营中就有某些恶意竞争者为消耗对手的广告成本的点击行为,有某些网站为了获取自己相应的广告佣金的点击行为,还有竞价排名代理服务商为了自身代理佣金的点击行为等等,这些既是困扰搜索引擎广告本身发展的问题,也说明点击数并不能充分反映网络广告的真实效果。

(3)印象(Impression)和回应单击(Click)。用户看到了广告就可能对广告产生印象,这种印象对创建品牌意识和品牌辨识很有价值。但是如果消费者对广告毫无兴趣,就不可能去点击它以获得进一步的信息,因此,"点通"(Click-through)对广告来说,价值更高。通过计算机软件,可以比较方便地对用户的回应进行实时统计,并且可以建立自己的受众数据库。美国的 P & G 公司就坚持认为,那些对自己的旗帜广告只看一眼而没有进一步反应的冲浪者对企业来说是"无效顾客",不应为他们付费,只有那些通过链接进入本公司网站的顾客才真正对公司或公司的产品感兴趣,才是"有效顾客"或潜在顾客,公司只能为他们支付广告费。

二、网络广告的计费模式

由于网上广告可以精确地计算广告被用户看到的次数,因此,网上广告收费最科学的办法是按照有多少人看到广告来收费。现在,随着网络广告模式和网络广告市场的发展,已产生了不同的计费模式。

(1)千人印象成本(CPM)——目前按访问人次收费已经成为网络广告的惯例,一般是按照每千人次访问次数作为收费单位,即 CPM。其计算公式是:

$$CPM = \frac{\text{广告费用}}{\text{受众人数}} \times 1\,000$$

也就是说,如果一条广告的单价是 1 美元/CPM 的话,意味着1 000人次看到这条广告的话就收 1 美元,10 000 人次看到就是 10 美元,依此类推。这种计费方式相对比较简单,目前相当一部分旗帜广告主要就是按这种方式收费。但是,对于广告主来说,广告被曝光,获得了推广,却并不意味着每一次曝光都被真正注意到,因而依然存在着部分广告费打水漂的问题。而且,作为 CPM 依据的页面浏览数是很容易造假的,广告主出于自己利益的考虑,并不满意这种广告计费模式。

(2)千人点击成本(CPC)——这是建立在精确计算广告被点击次数基础上的计费模式,更受广告主的欢迎。因为按照这一模式,广告主只为点击自己广告的受众付费,而且可以控制以点击次数为基础的广告发布。尽管按 CPC 模式,广告主的付出要比按 CPM 多,但是,广告主仍然倾向于 CPC 模式。当然,这种模式强调的是直接市场营销,而忽略了网络广告在树立品牌形象方面的价值,因此,由著名的国际品牌 P & G 公司最先提出就不足为奇了。

(3)千人行动成本(CPA)——广告主在网络用户点击广告并进行在线交易后,按交易次数支付广告费用。这一模式按广告投放的实际效果计价,对广告主来说有利于规避风险。

(4)其他——包括以搜集潜在客户名单付费(CPL)、以实际销售数量换算广告刊登费用(CPS)等。当然比较原始的包月收费在一些小型网站仍在使用。

第五节　目前网络广告存在的问题

网络广告经过十来年的发展,已经显示出巨大的发展潜力,尽管目前在整个广告市场所占的份额还相当有限,但作为新兴媒体,正在被越来越多的业内人士看好。

当然,网络广告本身也还存在一些不足,从我国的情况看,目前网络广告的发展主要存在以下几个问题。

一、网民构成不尽理想

网民数量是网络广告发展的基础。如同传统传媒的读者、观众、听众一样,只有网民达到了一定数量,商家才愿意花钱在网上做广告。根据中国互联网络信息中心(CNNIC)2008年1月公布的数字,我国网民人数已经超过2.1亿。但是,做广告的人更关心的是受众是谁,对于网络广告来说,目前网民构成不太理想。

从年龄层次上看,18—24岁的网民占31.8%,25—30岁的网民占18.1%,也就是说,在网民中有近半数年龄在18岁到30岁之间。这个年龄的层次,从商业角度来讲,是一个不成熟的组织结构,他们想做的事不少,但是钱不多,网络广告对他们没有太多实际意义。而作为市场消费主力的35岁到50岁的网民却仅占网民总数的15.9%。事实上,从网民经济情况看,月收入在500元以下(包括无收入)的网民占网民总数的28.6%,有74%的网民的家庭人均月收入在2 000元及2 000元以下。

二、电子商务有待进一步发展

电子商务是网络广告发展的驱动力。众所周知,一般的商务活动包括信息流、资金流和物流这几个环节,电子商务也不例外。电子商务中的信息流包括产品信息、信誉信息、广告信息等,这些信息的有效传播能够刺激起客户的购买欲望,并有可能转化为具体的消费行为。从这个意义上说,网络提供了一个信息服务平台,一个新的商务空间。但是,电子商务又不同于传统的商务。在传统商务中,广告媒体和非广告媒体、广告活动和非广告活动的界线非常明确,但是在网上,这种界线是模糊的。

根据中国互联网络信息中心的调查,2007 年 12 月,中国网民中网络购物的比例是 22.1% ,而美国 2006 年 8 月网上购物的比例已经运到了 71% 。从我国目前的情况看,制约网上购物的因素很多,如企业信用水平和个人信用能力较低,市场机制不健全,市场体系不完善,产品和服务质量难以保证,网络建设有待提高,配套的电子商务法规、银行、运输服务体系尚未确立,以及消费观念尚存差距等。但是,大多数网民认为网上购物是将来最有希望的网上事业。因此我们有理由相信,对于普通网民,只有当网上购物成为其日常生活的一部分时,他们才会关注、才会主动搜寻网络广告,而网络广告的价值才能真正得到体现。

三、监管力度有待加强

网络广告作为一种全新的广告形式,目前在发展中还存在着一些不尽如人意之处。如有些网站发布虚假广告,欺骗了消费者;有的网站发布了法律、法规禁止或限制发布的商品或服务的广告;有些特殊商品广告发布前未经有关部门审查,内容存在着严重的问题;而有一些网站在广告经营中存在着不正当竞争行为等等,这些都制约了网络广告这一新生事物朝着健康、有序的方向发展。

而从受众角度看,由于网络信息本身的可信度不高,网民一般不太信任网络广告,对一些强迫接收的广告(如弹出式广告)和一些妨碍用户正常操作的广告十分反感,会通过技术手段进行屏蔽,而对那些无法屏蔽甚至无法删除的"流氓软件"更是深恶痛绝。

为此,政府有关部门必须加强对网络广告监管的力度。在美国,网络广告一出现,其中的虚假广告就引起了政府部门的关注。20 世纪 90 年代中期,美国联邦贸易委员会便制定了互联网广告的管理规范,并设立专门机构,负责监督管理网络广告,查处虚假广告,保护消费者权益。在我国,目前尚无系统全面的有关网络广告的行政规范。1999 年,国家工商总局广告监管司曾制定一些试行规范,以后又建立了网上广告监理总站,接受对虚假网络广告、垃圾邮件广告、黄色内容广告和违禁药品广告等违法网络广告的投诉。一些地方工商部门也建立了相关机构。如北京市工商管理局制定的《北京市网络广告管理暂行办法》于 2001 年 5 月 1 日起施行。该办法所称网络广告,"是指互联网信息服务提供者通过互联网在网站或网页上以旗帜、按钮、文字链接、电子邮件等形式发布的广告"。"互联网信息服务提供者包括经营性和非经营性互联网信息服务提供者。"办法规定,互联网信息服务提供者发布网络广告,应当遵守《中华人民共和国广告法》、《中华人民共和国广告管理条例》和其他有关法律、法规、规章以及本办法的规定。办法还规定,经营性互联网信息服务提供者为他人设计、制作、发布网络广告的应当到北京市工商行政管理局申请办理广告经营登记,取得《广告经营许可证》后到原注册登记机关办理企业法人经营范围的变更登记。而非经营性互联网信息服务提供者不得为他人设计、制作、发布网络广告。在网站发布自己的商品和服务的广告,其广告所推销的商品或提供的服务应当符合本企业经营范围。

为保证网络广告的健康发展,监测系统是必不可缺的。美国是世界上最大的网络广告市场,有很多经验值得学习。比如,美国的第三方认证系统大部分都是采用第三方服务器进行监测。这样,不仅可以掌握网络广告的浏览率,因而 95% 的广告主只认第三方服务器的投放,同时可以及时发现违反国家法律、法规的网络广告。到目前为止,中国采用第三方服务器进行检测的网站为数寥寥,而大部分公司还只是买其软件,有的甚至是用自己开发的软件。

第八章

网民：网络传播的参与者

网络传播的参与者泛指网络用户，包括通过网络发布信息的政府机构、团体、企业以及传统大众传媒和其他网络媒体，也包括传统意义上的受众，即大众传媒的读者、听众和观众。如果说各类网站是网络传播中的"职业传播者"的话，传统意义上的受众可以被称为"网民"。

受众是大众传播媒体的读者、听众和观众的总称。在传播过程中，受众是最重要的环节之一，因为任何传播活动的最终目的都是为了满足受众的需求。在传统的大众传播过程中，信息的传播者和信息的接收者处于两个极端，传播者（媒体）是传播活动的中心，而受众则处于被动的接收端。网络传播的发展，彻底颠覆了传统的传—受关系，网络用户不再被动地处于传播活动的接收端，而是可以主动搜寻自己所需要的信息，可主动与传播者交流互动。从这个意义上讲，网络传播中的受众已不再是传统传播中的受众，他们既可以是信息的接收者，又可以是信息的发布者，既可以是传播内容的消费者，又可以是传播内容的生产者，作为网络传播的主动参与者，人们的个性化需求第一次有可能真正得到满足。

第一节　从受众到网民

在现代社会中，不以某种方式接触大众传播媒体的人几乎不存在。受众作为传播活动的参与者，一直是大众传播研究的主要对象。同样，网民作为网络传播的主动参与者,也是网络传播研究的主要对象。

人类的交往能力随着历史上每一次信息传播技术的革命而不断延伸。20 世纪人类最伟大的发明之一——互联网给人类的交往模式带来了翻天覆地的变化。正如巴雷特所说:"印刷机彻底改变了个人获得事实记录、其他人的思想和遥远文化的方式;便士邮政改变了我们从朋友处获得新闻和我们与其他团体进行通讯的方式;电话改变了我们的谈话方式并扩大了可进行问题讨论的人们的范围。因特网所能改变的东西都包含这些,但会远远多于这些。"[①]

一、从大众到分众

在传统的传播环境中,大众传媒的受众是有别于传播者的不确定的大多数人,他们处于传播过程中的接收端,一般说来是被动地接收传播者发送给他们的非个性化的信息。当然受众也会发出反馈信息,但这种反馈信息与传播者发出的信息相比,在数量上是微乎其微的,而且是滞后的,往往不被重视。早期的大众传播效果研究发现,大众传播媒体特别是当时的"新媒体"——广播对受众具有强大的影响力,媒体可以将某种观念输入受众的头脑,就像医生对病人进行皮下注射一样,或者说媒体一发话,受众便"应声而倒"。但这一"皮下注射"理论(也叫"魔弹论")因失之简单化而受到质疑。随着社会的进步,特别是大众文化水平的提高和鉴别能力的增强,影响传播效果的其他因素开始凸显。研究发现,受众并不是"铁板一块",他们不同的个性特点和需求决定了他们会按照各自的兴趣选择和使用媒介。从 20 世纪中叶开始,大众传播越来越注重特定的受众群体,技术的发展丰富了受众调查的手段,加快了信息反馈的速度,这反过来促进了大众传播媒介的定位越来越精准,专业报刊和专业频道(频率)导致了市场细分,其结果是大众传播开始关注"分众","广播"演变成"窄播"。但是,"传统大众传播的窄播化、分众化受到传统媒体技术模式的诸多限制,只能达到相对的'小众化',而难以对受众进行更深层面的分割,难以实现真正的个

---

① N·巴雷特:《赛伯族状态:因特网的文化、政治和经济》,河北大学出版社,1998 年,第 264 页。

性化传播"①。不管"广播"也好,"窄播"也好,都没有脱离传统大众传播的以媒介为中心的单向传播模式。

而从理论上讲,网络上的任何一个节点都是平等的,处于任何节点上的任何用户,不管是传统媒体还是传统媒体的受众,都享有平等地传播信息和接收信息的权力。因此,网络传播可以将信息传播的对象精确到个人,实现真正意义上的个性化传播。

二、从"推送"到"拉出"

从技术上讲,传统大众传播是将信息"推送"给受众,而网络传播则是用户主动"拉出"自己所需要的信息。

在传统的传播环境中,大众传播的传者(媒体)与受众处于相对的位置,而且是以传者为中心的。传播什么,何时传播,用何种媒介(文本、声音、图像等),在什么范围内传播,都是由传者决定的。而受众只能被动地接收信息,他们的选择是有限的。他们只能选择读报纸或不读报纸,听广播或不听广播,看电视或不看电视;如果选择看报纸,可供阅读的报纸是有限的,选择听广播看电视,则可供选择的节目也是有限的。如果对所有内容都不感兴趣,就只能选择不读、不听、不看。而网络传播从一开始就要求网络使用者主动参与。今天遍布全球的计算机网络就是由无数个节点组成的,网络上的海量信息都是网络使用者提供的。这里所谓的网络使用者包括政府部门、教育科研结构、非政府组织、大众传播媒体,也包括个人用户。而对于所有的网络使用者来说,都必须主动登录、上网搜索,"拉出"自己所需要的信息。如果说,传统的大众传播的"推送"模式将媒介置于中心地位,而受众只能被动接收,那么,网络传播的"拉出"模式,则将所有的使用者都置于平等的地位。因此,网络传播在一定意义上实现了美国未来学家奈斯比特20世纪80年代的预言:将来编辑不会告诉我们该看什么东西,我们将告诉编辑,我们自己选择看什么东西②。通过超文本方式组织起来的 Web网页,赋予浏览者"冲浪"的感觉,从一个网页跳到另一个网页,从一个

---

① 杜骏飞:《网络传播概论》,福建人民出版社,2005 年,第 124 页。

② 约翰·奈斯比特:《大趋势:改变我们生活的十个新方面》,中国社会科学出版社,1984 年,第 2 页。

内容跳到另一个内容,随心所欲地选择信息,控制信息的深度和广度。

当然,网络传播也可以有"推送",但这种推送完全不同于传统媒体的整体推送,而是适应用户个性化要求的推送。用户可以点播、订制自己所需要的内容,由计算机进行搜索、筛选,定时发送给指定用户。尼葛洛庞帝在《数字化生存》一书中指出,在数字化时代,"你不必再阅读别人心目中的新闻和别人认为值得占据报纸版面的消息,你的兴趣将扮演更重要的角色。过去因为顾虑大众需求而弃之不用、排不上版面的文章,现在都能够为你所用"。因为他预言:"未来的界面代理人可以阅读地球上每一种报纸、每一家通讯社的消息,掌握所有广播电视的内容,然后把资料组合成个人化的摘要。这种报纸每天只制作一个独一无二的版本。"这也就是所谓的"我的日报"[1]。

三、从单向到互动

在传播活动中,反馈是一个重要的环节。对于传播者来说,及时获得受者的反馈,并根据反馈的信息调整传播的方式和内容,可以提高传播效果。在传统的大众传播过程中,反馈始终是一个薄弱环节。处于中心地位的大众传播媒体并不是不知道受众反馈的重要,相反媒体机构一般都设有专门的部门,加强与受众的联系,有时为了获得受众的反馈甚至不惜工本,委托专业调查公司进行受众调查。但是由于受技术条件的制约,传统媒体受众的反馈是微弱的、滞后的,在很多情况下因各种原因而被忽视。因而,从总体上说,传统的大众传播是一种单向的传播模式。

网络用户一旦上网,在主动获取信息的同时,也获得了与其他网络使用者平等的话语权。他们可以在网站留言,可以参加论坛发表自己的意见。尽管在网络信息的汪洋大海中,单个网民的声音会被淹没,但网络传播的互动性是传统大众传播媒体不可望其项背的。

当然,网络传播的参与者可以根据参与程度的不同进行分类。网站本身作为一个机构,当然是积极参与者,或者叫深度参与者;而作为个体的网络用户,则既有深度参与者,也有浅度参与者,还有消极参与者,比如那些从来不聊天,不上 BBS,甚至连 E-mail 都不发,只是浏览

---

[1] 尼古拉·尼葛洛庞帝:《数字化生存》,海南出版社,1997 年,第181 页。

信息的用户。但是即便是单纯地接收信息，网络用户与传统大众传媒的受众也有本质的区别。首先他们是主动寻求信息，而不是被动地接收大众传媒发布的信息，何时何地以何种方式获取何种信息，完全由用户自己掌控，而且所获得的必然是个性化的信息，即自己需要的和感兴趣的信息。其次，网络用户上网获取信息的同时也通过网络发出了信息，至少让信息的发布者知道又增加了一个点击。网站可以根据点击量，了解用户的关注点，调整自己的传播活动。从这个意义上说，网络用户在接收信息的同时也发出信息，对某一条信息来说，你是接收者，但对该信息的传播者来说，你又是另一信息的发出者。这就是网络传播的互动性，在信息的传播过程中，传播者和接收者的角色不是固定不变的，而是瞬间互换的。第三，只要愿意，他们随时可以变成积极参与者，比如只要在留言板上留言，或者参与网络投票发表自己的意见，只要轻点鼠标，就完成了从信息接收者到信息发布者的角色转换，积极参与到传播活动中去。

四、网络社会的公民

1995 年，美国哥伦比亚大学在读研究生 Michael Hauben 将网络（Net）和公民（Citizen）组合起来，生造了一个单词 Netizen，即网民。当时这个单词特指 Usenet 的建设者和积极参与者，现在则泛指互联网的用户[①]。随着互联网的发展，全世界网络用户的增加，网民这个表述已被广泛接受。

回顾网络传播的发展历史，我们看到，今天遍布全球的互联网是由ARPANET 发展而来的，而 ARPANET 作为美国国防部应对核攻击的研究项目，是国家的核心机密之一，以后逐步扩展到教育、科研领域，参与研究和使用的人数极少，以后虽有增加，但主要集中于科研人员和一些计算机爱好者。他们在从事科研之余，利用网络进行交流，创办了Usenet，成为第一批"网民"，可以说，当时的"网民"都是一些社会精英。我国的情况也类似。1995 年当时的邮电部向社会开放互联网接入业务以前，互联网是非开放性的科研学术网络，参与网络信息传播的

---

① Michael Hauben and Ronda Hauben, *Netizens: On the History and Impact of Usenet and the Internet*, IEEE Computer Society Press, 1997.

当然是学者专家和技术人员。就是在互联网开放的初期,由于计算机普及程度较低,上网费用偏高,网络传播的参与者多为受教育程度较高、经济收入较高的人群。随着网络技术和社会、经济的发展,网络的"门槛"一再降低,网民人数急剧增加,网络传播业开始走向平民化。今天,上网虽然仍需具备一定的物质条件,但网络传播已不再是精英们的专利,相反,网民在很多场合成了"草根"群体的代名词。

第二节　网　民　分　析

尽管世界各国和一些跨国机构都有对互联网使用者即网民的统计,但对网民的界定却各不相同。1997 年经国家主管部门研究决定,由中国互联网络信息中心(CNNIC)对中国网民人数与结构特征、上网条件、上网行为、互联网基础资源等方面的情况进行调查统计。1997年 10 月公布了第一份统计报告,从 1998 年起,每年进行两次调查并公布"中国互联网络发展状况统计报告"。作为中国互联网调查的权威机构,中国互联网络信息中心对网民的定义是"半年内使用过互联网的六周岁及以上中国公民"。2007 年 7 月公布的报告指出,这是一个新的定义,在此前的报告中,网民的定义为"每周上网不少于一个小时的六周岁及以上中国公民"。当时的"每周上网一小时"的统计口径是为了在互联网起步阶段统计出更具有实质意义的活跃网民数。而国际上对网民定义采用较多的是"半年内使用过互联网的人"。报告指出,随着互联网的发展和普及,目前我国上网人群绝大多数已是活跃网民,"每周上网一小时"和"半年内使用过互联网"这两个统计口径之间调查出来的数据已非常接近(差距在 3% 以内)。为了能跟国际接轨,中国互联网络信息中心此次将网民的统计口径从"每周上网一小时"调整为"半年内使用过互联网"。

一、网民构成

根据中国互联网络信息中心 2008 年 1 月公布的数字,截至 2007年底,中国网民总数为 2.1 亿。中国网民的构成包括以下因素。

1. 性别

我国网民的男女比例为57.2∶42.8(见图8-1)。这一比例与我国人口比例中男性与女性51.5∶48.5 的比例有差距,这里的一个重要原因是我国目前女性受教育程度不如男性,而具备基本文化知识是使用网络的必要条件。但是从历年调查统计来看,网民中女性的比重正逐步上升,女性网民正逐渐撑起我国互联网使用的半边天。

2. 年龄

目前中国网民以年轻人居多。在2.1 亿网民中,24 岁以下比例已经超出半数(50.9%),30 岁及以下的网民比例甚至达到了69%,31 岁以上年龄段的网民数量则随着年龄的增长而递减,50 岁以上的中老年网民只占网民总数的4.2%(见图8-2)。

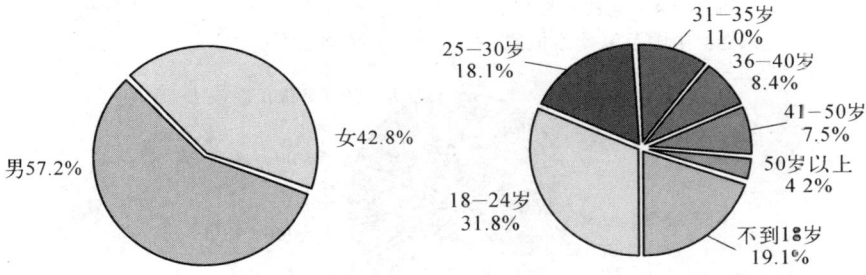

图8-1　网民性别结构
（来源：中国互联网络信息中心）

图8-2　网民年龄结构
（来源：中国互联网络信息中心）

3. 受教育程度

中国网民以高学历为主。所谓高学历者,中国互联网络信息中心将其定义为获得大专及以上学历者,这部分网民占网民总数的36.2%,其中近一半是本科及以上学历者(17.5%)(见图8-3)。从历次调查情况来看,中国网民中高学历网民的比例在逐步下降,网民中学历较低的人群正逐步增多,1999 年网民中大专及以上学历者占网民总数的86%。

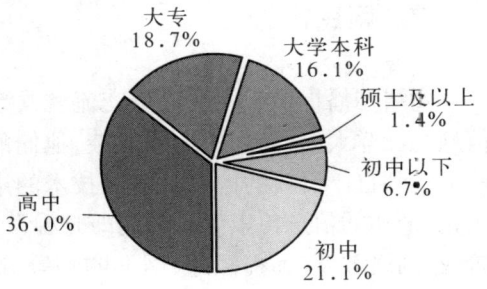

图8-3　网民学历结构
（来源：中国互联网络信息中心）

4. 职业和经济收入

中国网民中在校学生近三成(28.8%),其次为专家与技术人员,占 14.6%,工人占 12.0%,无业人员占 11.9%,自由职业者占 10.6%

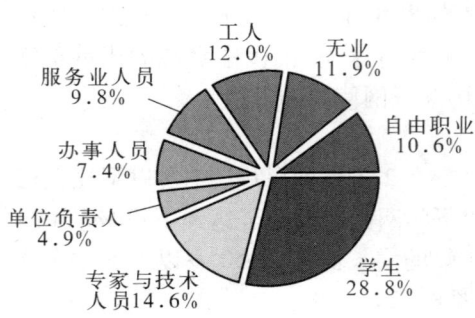

（见图 8-4）。由于学生在网民中所占的比重较大,因此中国网民总体收入偏低,月收入 1 000 元及以下（包括无收入）的网民占到总网民的 45.3%,其中,有收入但收入在 500 元以下的网民比例较高,占到总网民的 24.2%。而月收入在 5 000 元以上者仅为 5.2%（见图 8-5）。

图 8-4　网民职业结构
（来源:中国互联网络信息中心）

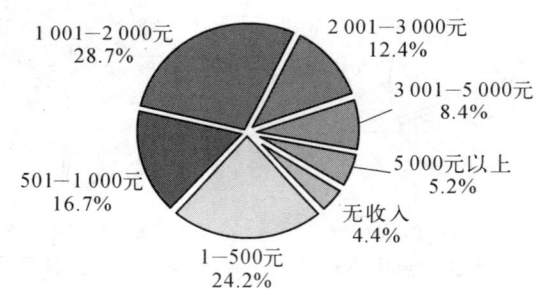

图 8-5　网民月收入构成
（来源:中国互联网络信息中心）

二、网民行为

网络传播提供了一个信息交流和共享的空间,这个空间实际上是信息的汪洋大海,而网民构成复杂,他们的需求各不相同,但又都能从网上找到自己需要的内容。随着技术的进步,网络传播的功能日益强大,从最初的信息检索到今天的即时聊天、博客、播客、交友、P2P 下载、游戏、网络教育、远程医疗、网上购物等,甚至还有“网恋”,可以说,各种层次的网民的各种层次的需求都可以不同程度地在网络上得到满足。

　　网民与传统大众传播的受众最大的区别就在于对信息的主动寻求和对传播的主动参与。最早的计算机网络中所谓的"人机对话"，就是人主动而不可能是机主动。早期的互联网也是人际交流的工具，随着网络上信息的激增，搜索引擎给使用者提供了主动搜索信息的强大工具。可以说，用户的主动参与是计算机网络与生俱来的特征之一。网民可以根据自己的需求，订制自己需要的信息，获得个性化的服务，如果是有偿服务，还可以选择个性化的付费模式。

　　具体地说，网民网上行为主要包括：浏览新闻，通信交流，消遣娱乐，自我表达和获得服务。

　　1. 浏览新闻

　　对于大多数网民来说，网络是他们主要的新闻信息来源，甚至是首选的新闻来源。中国互联网络信息中心的调查显示，有 76.3% 的网民将互联网作为主要信息渠道，很多网民认为互联网是最新最快的信息渠道。网上调查结果显示，超过 90% 的网民表示，需要信息时，首先想到的就是去互联网上寻找；有四分之三的网民表示，重大新闻一般都是首先从互联网上看到。

　　2003 年伊拉克战争爆发，美国网民上网获取相关新闻的人数剧增。美国 Pew 的调查发现，3 月 19 日战争爆发的当天，有 37% 的美国网民上网获取新闻，在以后的五天内，平均每天上网获取新闻的网民占美国网民总数的 33%。而在战争爆发之前，平均每天上网获取新闻的网民为 24%—26%。在上网获取有关战争新闻的网民中，有 66% 的人是为了从各种不同的来源获得新闻，有 63% 是为了获得最新信息，有 52% 是为了获得不同于传统媒体的观点，有 52% 是为了获得不同于官方的观点[1]。Pew 在 2006 年的一项调查显示，有 71% 的网民认为方便是他们通过网络获取新闻的主要原因，有 49% 的网民通过网络获取新闻的主要原因是网络可以提供其他渠道得不到的新闻，有 41% 的网民表示主要是因为从传统媒体得不到自己所需要的新闻所以上网搜索[2]。

　　2. 通信交流

　　电子邮件作为互联网的一项基本应用，给用户的通信交流带来了

---

　　① Lee Rainie, Susannah Fox and Deborah Fallows, "The Internet and the Iraq War", www. pewinternet. org.

　　② Lee Rainie, "Presentation to Personal Democracy Forum — May 18, 2007", www. pewinternet. org.

极大的便利。在美国,电子邮件始终是互联网的第一大应用,使用率达到90.1%。但在中国,电子邮件使用率则不高,仅为56.5%。然而,中国即时通信的使用率却很高,达到81.4%,相当一部分用户用即时通信代替了电子邮件。调查发现,有39.7%的用户将即时通信作为自己上网的第一落脚点,这个比例远高于将网络新闻作为第一落脚点的用户比例(20.0%)。年轻的网民尤其青睐即时通信,在18—24岁的年龄段中有96.3%的网民使用即时通信,不少用户甚至开着几个即时通信工具,同时与多位好友通信交流。

3. 消遣娱乐

根据调查,中国互联网使用率最高的是网络音乐,半年内有86.6%的网民收听过网络音乐,71.2%的网民下载过网络音乐。在线观看网络影视的网民比例也比较高,为76.9%,下载网络影视的网民比例为40.5%。同时,网络游戏也吸引了相当多的网民,特别是年轻网民。目前中国网民中网络游戏的使用率是59.3%,网络游戏用户平均每周玩网络游戏的时间是7.3小时,其中21.3%的网络游戏用户每周玩网络游戏的时间超过10小时。可见,消遣娱乐在网民的网络行为中占据了重要地位。

4. 自我表达

网络上没有人强迫你接收信息,也没有人强迫你发表意见。但是,每一个社会人都有自我表达的愿望,都有说服他人的倾向,网络传播的虚拟性和匿名性,更激发了网民的这种愿望和倾向。调查显示,半年内在网上发过帖或跟过帖的网民达到35.5%,有31.8%的网民上传过图片。这些网民以年轻人居多,特别是18—24岁的网民,而且受教育程度越高,参与网络传播的主动性也越强。在网民看来,自己的意见发到网上,不管得到赞同还是反对的回应,都是一种认同。

5. 获得服务

网络的发展给居民的生活带来了便利,而政府也期望通过推进电子政务更好地为大众服务。据调查,我国有25.4%的网民在半年内访问过政府网站,这个比例不是很高,而且访问政府网站的多为对其他网络应用也比较多的活跃群体,尤其是观看网络新闻和在网上发帖子比较多的人。已经工作的年轻人访问政府网站较多,特别是25—30岁年龄段的网民,而18岁以下的网民访问政府网站的比例则很低。另外从网民访问政府网站的行为来看,浏览政府动态或新闻的比例最高,达

77.5%,其次为查看相关法规,为21.3%,而具体的网上办事的比例则很低。

另外,互联网提供的商务平台为商家和客户提供了便利。2007年12月,22.1%的中国网民有网络购物行为。网上购物者80%以上为城镇居民,而且在合资和外资企业工作的较多,属于相对高收入的网民群体。调查发现,网络购物行为与开始上网时间的有关,1999年以前就开始上网的网民中参与网上购物的比例为42.4%,而2007年新增网民的网上购物比例仅为5.7%。由于网上购物行为与网上支付、网上银行等网上金融活动关系密切,参与网上购物的用户参与网上金融活动的比例相应也较高。

三、网民心理

网民参与网络传播活动既然是一种主动行为,就必然带有某种目的。除了上文分析的一些主要的现实目的以外,还有一些为了满足心理需求的目的。事实上,一些看来"漫无目的"的网络行为,恰恰就是为了追求一些在现实世界无法满足的需求,或者根本"不现实"的需求,而且也正是网络传播的特性决定了网民不同于传统媒体受众的心理特征。

1. 匿名心理

匿名是网民最普遍的心理现象之一。匿名给网民带来了更多的自由,他们可以更加自由、更加真实地表达自己的思想和情感,而"不受任何政治、意识形态、技术、文字和逻辑能力的审查,经济能力的限制与以往相比可以说是微不足道的"①。人们上网时可以用一个号码、一串字母或一个昵称作为自己的ID来代替自己的真实身份,在大多数情况下,匿名并不影响正常的信息交流和共享,相反,在发表个人意见时有了一层保护。因此,网民普遍尽可能地隐瞒自己的真实身份,需要填写的个人资料往往也都是虚假的。网络传播的匿名性使网民得以摆脱现实生活中社会习俗、道德和价值观的约束,某些现实中被压抑的感情可以充分宣泄,真实的自我可以充分表现。当然,从技术方面讲,每一个

---

① 闵大洪:《在理想与现实的冲突中——新闻媒体网站电子论坛刍议》,载《新闻与传播研究》,1998年第3期。

上网者都有一个独立的 IP 地址,必要时网络管理者可以根据这个 IP 地址找到这个上网者。因此,网络传播也是"天网恢恢,疏而不漏",并不是犯罪分子的天堂。但对于广大奉公守法的网络用户来说,匿名性确实是网络传播的魅力所在,而实名制往往受到网民的反对和抵制。

2. 角色扮演心理

网络传播的匿名性还给网民提供了角色选择和转换的自由。在网络这个虚拟空间中,人们可以"卸下现实生活中的一切伪装和掩饰,在这个虚拟的世界里没有人知道你是谁,没有人对你寄予你在现实生活中所扮演的种种角色要背负的社会期望,更不会有由于不能实现这种种社会期望而得不到社会认可所带来的失落和恐慌"①。在网上,一个网民可以只有一个 ID,也可以同时拥有几个 ID,每一个 ID 可以是一个角色,因此网民可以在网上自由选择角色,而且在同一时空,网民可以同时扮演多个角色,可以在这些角色之间自由转换。

角色扮演实际上是网民在网络空间的自我呈现,这种呈现摆脱了现实利益和社会规则的约束。相对于现实社会中的自我呈现要受诸多因素的制约,网络空间中的自我呈现所受的唯一制约因素,只是网民自己的想象力。网民不仅可以仅凭想象在网络空间重新塑造自己的身份,甚至可以同时呈现多个自我,而在这多个自我之间,并不会像在日常生活中那样容易产生角色冲突。这是因为网络空间的自我呈现,是一种在多界面生存世界中的自我呈现,或者说,是在不同的视窗中扮演不同的角色②。在现实生活中不如意是难免的,生活中有太多的遗憾、太多的无奈,而这些都可以在网络这个虚拟世界中得到某种补偿,至少是心理上的补偿。

3. 共享心理

互联网构建的初衷就是信息共享,因此一开始就建成为一个自由开放的信息平台。对于广大网民来说,一个基本理念就是网上的信息资源应该是开放的、共享的,因此从互联网上获得免费信息和服务是理所当然的。以电子邮箱的使用为例,2004 年 9 月中国互联网络信息中心曾作了专项调查,发现 96.5% 的被访者拥有免费邮箱账号;用户最

---

① 李令群:《试析网络传播中几对矛盾现象的心理机制》,载陈卫星:《网络传播与社会发展》,北京广播学院出版社,2001 年, 第 355 页。
② 黄少华、翟本瑞:《网络社会学:学科定位与议题》,中国社会科学出版社,2006 年,第 274 页。

常使用的信箱有 88.2% 为免费邮箱；在免费邮箱用户中，有 13.7% 的人以前曾经使用过收费邮箱。虽然收费邮箱安全稳定，垃圾邮件少，邮箱容量大，但免费邮箱也能满足需要，因此使用收费邮箱的用户中，有 7.4% 的人表示将不再继续使用收费邮箱。而网民自身也在实践着信息共享的原则，在现实生活中遇到问题、困难，只要上了网，就会得到热心网友的帮助和指点。

第三节　网　络　社　区

网民参与网络传播，不仅交流共享信息，更令网民乐此不疲的是网络提供了一个全新的空间。"网络空间提供了人们跨越传统的物理地方与社会空间的限制而与他人沟通和互动，以及重新塑造自我的自由空间。在网络中人们的心灵摆脱了物理渗透的束缚，这为建立在想象基础之上的认同感的培育提供了一个全新的空间。人们对于网络的认同，正是由此而生。这种认同甚至高于人们对现实世界活动空间的认同。也就是说，随着互联网的不断普及，网络空间将不仅是人们在现实的物理空间和社会空间之外进行社会活动的新领域，而且是一个比现实物理空间和社会空间更为理想的活动和交往空间。"[①]

一、网络社区与现实社区

对于这个网络空间，网络技术开发商和建设者率先借用了社会学中"社区"的概念，这一提法很快被广大网民所接受[②]。而事实上，最早提出"虚拟社区"这一概念的是美国一位计算机网络专家赫华德·莱因戈德(Howard Rheingold)。莱因戈德从 1985 年起就积极参与一个名叫"The WELL"(Whole Earth' Lectronic Link)的网络会议。当时，"The WELL"只是一个拨号 BBS 系统，参与者按照各自的兴趣组成不同主题

[①]　黄少华、翟本瑞：《网络社会学：学科定位与议题》，中国社会科学出版社，2006 年，第 131 页。

[②]　张咏梅：《"网络社区"的社会学初探》，载《科学·经济·社会》，2003 年第 3 期。

的网络会议室。莱因戈德发现,"The WELL"占据一定的网络空间,正是借助这个空间,参与者彼此交换意见,联络感情,分享价值,形成了一个虚拟的"社区"。1993 年,莱因戈德根据自己的实践以及多年的研究,在网上发表了《虚拟社区》(*The Virtual Community*) 一书。在其中,莱因戈德将虚拟社区界定为:网络上相当数量的人长期参与公开讨论,充分交流情感,从而在网络空间建立人际关系网所形成的社会聚合①。

互联网自 20 世纪末进入普通百姓生活以后,一些商业网站提供了电子邮箱、网络论坛、新闻浏览等服务项目。在商业网站看来,用户是自己宝贵的资源,为了争夺用户,也为了刺激用户的消费,它们各显其能,开辟各种网络服务空间以满足用户的需求,并打出"网上社区"的旗号,增强对用户的吸引力和凝聚力。我国国内首先提出"虚拟社区"概念的是网易。网易对"虚拟社区"的解释是:"虚拟社区也可称为CLUB,包含的功能主要有公告栏、群组讨论、社区通讯、社区成员列表、在线聊天、找工作等。一言以蔽之,就是在网上提供现实社区所需的各种交流手段。"商业网站以"网上社区"的名义推出服务项目,当前来访问的网民成为"某某社区"的成员时,也就自然而然地成为该网站的客户。一些网站还不断推出只有成为其社区成员的网民才可以参与的活动或可以享受的优惠,以明确他们的归属,增强他们的认同感。

事实上,网站以凝聚网民人气为目的的商业行为只是借用了社会学中"社区"的概念,一个"社区"可以是一个 BBS 站点,如日月光华、水木清华等;可以是一个论坛,如强国论坛、天涯社区等;也可以是一款游戏,如魔兽世界、第二人生等。这些社区虽然在很大程度上得到了网民的认同和参与,但仅仅是狭义的网络社区,而广义的网络社区应该包括整个网络空间。正如赫华德·莱因戈德所指出的那样:所谓"虚拟社区"实际上是一种网络关系,其意义在于"为网络衍生出来的社会聚集现象,也就是一定规模的人们,以充沛的感情进行某种程度的公开讨论,在网络空间中形成的个人关系网络"。这种关系本质包括心理行为和心理关系,而心理关系和个人情感关系是人类社会互动行为的重要组成部分。相比于那种通过面对面的互动而建立起来的情感关系,网络上的情感关系是通过中间媒介,即计算机网络建立起来并得到体

---

① www. well. com/user/hlr/vcbook/index. html。

验的，而这种体验又不同于现实生活中的真实体验。

按照传统的社会学概念，社区是有着一定地理界限的社会生活共同体，或者说是一个拥有共同的确定的地理区域的群体，如邻里、村庄、城市等。最早提出"社区"这一概念的是德国社会学家滕尼斯。在1887年出版的《社区与社会》一书中，腾尼斯认为，"社区"表示由具有共同习俗、价值观的同质人口所组成的，成员关系密切、守望相助、富有人情味但与世隔绝和排外的社会关系的团体。与此相应，他将由人们的契约关系和由"理性的"意志所形成的联合称为"社会"。可见，腾尼斯所说的社区概念的本意并不是今天社会学研究所指的一个具体的地方社会。而网络社区由于并不存在一个地理界限，而是包容了跨越地理界限的，有着共同兴趣爱好、共同价值追求的人们所组成的社会关系和群体，因而更接近腾尼斯的社区概念。

网络社区是通过用户的参与在计算机网络这个平台上建立的，人是构成网络社区的最基本的要素，社区成员之间的联系纽带是人们的共同需要，以及价值认同和心理情感认同。网络社区的成员实际上在现实生活中也是某一个或几个社区的成员，而且不可避免地将现实生活中的意识形态、价值观念和需求带到网络社区。从这个意义上说，网络社区与现实社区有着基本的共同之处，网络社区是现实生活在网络这个虚拟空间的延伸。正如尼葛洛庞帝所说："互联网络用户构成的社区将成为日常生活的主流，其人口结构将越来越接近世界本身的人口结构。""网络真正的价值正越来越和信息无关，而和社区相关。"他预言，信息高速公路正在创造"一个崭新的、全球性的社会结构"[①]。

二、网络社区的特征

建立在计算机网络这个平台上的网络社区看不见、摸不着，但是每一个参与其间的网民却可以实实在在地感觉到其存在，同时也能感觉到其不同于现实社区的特征。

1. 虚拟性

网络社区与现实社区最主要的区别就在于其虚拟性。网络社区是网民通过数字化信息连接组成的，网民不受国籍、种族、年龄、职业、性

---

① 尼古拉·尼葛洛庞帝：《数字化生存》，海南出版社，1996年，第213—214页。

别和传统社会地位的限制,只要有共同的兴趣和共同的需求,通过简单的识别程序就可以成为一个社区的成员。社区成员以 ID 作为区分个体的代号,这种身份识别完全不同于现实生活中与生命存在严格对应的个人身份识别。现实生活中的个人名字可以改,但指纹、DNA 特征则不可更改,而一个网络社区的成员可以拥有多个 ID,并可以随时更改,甚至消失。在这样一个虚拟环境中,人们可以与网络空间中的陌生人进行全面接触和沟通,而又保证自己的身体和心灵不受伤害。但是,网络社区的虚拟性并不意味着虚无缥缈,相反,虚拟网络社区是现实生活的反映,并且或多或少对现实生活产生这样那样的影响。这是因为,网络本身连接着大千世界,每个 ID 后面都有一个有血有肉的个体,他们因为摆脱了现实生活中的种种束缚而获得了在现实中难以获得或无法获得的享受。

2. 跨地域

在现实生活中,人们之间的互动不可避免地受到地域的限制,社区成员的互动总是在一定的空间范围内进行的,这种限制也保证了人际互动的顺利进行。而不受时空限制的网络传播使人们的互动范围突破了地域限制,"海内存知己,天涯若比邻"真正成为现实。在这样一个空间中,全世界的人只要有条件上网,都可以是同一个社区的成员,他们可以带来无限多的信息,分享这些信息,共同创造自己的社区文化。

3. 人性化

如同现实生活中的社区一样,认同感或者说社区意识是连接社区成员的重要纽带。而由于网络社区的松散性,不存在现实社区的组织原则和制度力量,社区成员因某种需求而形成的认同感就显得格外重要。事实上,一些在某专门领域有特殊兴趣者,一些有着为主流社会不容的特殊癖好者,甚至一些孤独的心灵,都可以在网上找到知音;一些在现实生活中被压抑的自我,也可以在网上得到宣泄,得到舒解。这就是网络社区人性化的表现。更为重要的是,网络传播的开放和自由,使传统传播体系的信息控制和垄断受到冲击,原先被动的信息接收者可以获取和发布信息,充分享受宪法和法律赋予的知情权和话语权,为政治民主的进步创造了条件。

4. 开放性

现实生活中的社区,不管是传统社会学意义上的社区,还是腾尼斯所说的社区,都有一定的准入"门槛",因而都是相对封闭的,而网络社区则是开放的。这里所谓的开放，除了世界上任何网民都可以任意参与任何一个社区活动以外，更是指信息的开放、思想的开放。特别是随着 Web 2.0 概念的普及以及相关技术的应用，越来越多的网民参与到网络社区的建设中来，他们除了作为互联网内容的用户之外，同时成为互联网内容的生产者和传播者。以网站为中心的社区模式正在被以用户为中心的社区模式所替代，用户不受限制地参加社区，不仅增加了点击率，增加了人气，更重要的是增加了新的信息，增加了新的思想，在个性得到充分张扬的同时，集体智慧也得到了充分的展现。

第九章

网络传播与政治

　　随着互联网的迅速发展,带动了社会文化和意识形态的重大变革。早在 1983 年,美国著名的未来学家阿尔温·托夫勒就率先提出了要进行信息政治或网络政治的研究。他在《预测与前提》一书中预言人类将进入信息政治时代,并指出:"信息是和权力并进而和政治息息相关的。随着我们进入信息政治的时代,这种关系会越来越深。"① 比尔·盖茨在《未来之路》一书中写道:"传媒上的每一进步,都对人民与政府之间的对话有极大的影响。印刷出版业以及发行量极大的报纸改变了政治辩论的性质。广播,还有接下来的电视,使得政府领导人可以直接地、亲切地和大众交谈。类似地,信息高速公路也将对政治起到独特的影响。政治家们将第一次可以立刻看到对公众意见的有代表性的调查。投票者将可以在家里或通过他们的袖珍个人计算机直接投票,从而减小了统计错误或有意欺骗的危害。信息高速公路对政府的意义将和它对工业界的意义同样重大。"② 20 世纪 90 年代以来,网络传播加快了信息传播的速度,扩大了信息传播的范围,网络传播的参与者,特别是处于草根地位的网民获得了通过网络表达自己意愿的自由,网络空间在一定程度上成为公共空间,成为普通公民与政府之间的沟通平台,而这一平台的重要性随着技术的发展和网民人数的增加而日益显现。网络传播在给社会带来新的政治形态的同时,也给传统的政治管理模式带来了新的问题和挑战。

---

　　①　田作高:《国外网络政治研究现状》,载《上海社会科学院学术季刊》,2002 年第 1 期。
　　②　比尔·盖茨:《未来之路》,北京大学出版社,1996 年,第 337—338 页。

第一节　网络政治参与

信息传播技术的迅猛发展对现代民主体制最大的影响和冲击是网络政治参与的发展。网络政治参与,顾名思义,就是指普通公民或者公民团体借助互联网络表达利益、参与决策从而试图影响政治过程的行为。这是近年来随着互联网应用的普及而兴起的一种崭新的政治参与类型。

在人类社会生活中,民主作为一种政治体制的发展史,也是公民参与权利不断扩大的历史。所谓政治参与,是普通公民通过一定的方式去直接和间接地影响政府的决策或与政府活动相关的公共政治生活的政治行为①。在传统社会里,由于政治信息是分级次、按有限的渠道进行传播的,充当传播媒介的各级部门向社会不同的群体传达精心选择的"新闻",不同等级的人得到的信息数量是不相同的。而网络传播突破了时空的限制,打破了等级界限,为公众的政治参与提供了新的形式。公民个人可以通过网络直接与政府官员对话,或通过投票参与政府的决策,而政府的行为通过网络透明度大大增加。美国舆论就认为,互联网是一条正在被各种各样的活动分子迅速发展的途径,是一个可以用来施加影响的异乎寻常的工具。在互联网时代,少数精通网络的活动分子有可能在他们的家中向决策者施加压力。这是一种全新的现象,新的拥有权力的人是那些受到信任和拥有广泛的网上交往的人。这一情况使寡头统治集团的权力受到很大削弱②。

网络政治活动的存在空间是一种不同于现实物理空间的虚拟空间,但网络上的一些政治活动及其功效却是真实的。网民可以通过网络发表政治言论,影响政府决策。一般来说,政治参与的途径包括政治投票、政治选举、公民自发行为和组织政党、社团或利益集团等。在西方国家,一些政党对网站最普遍的使用是向公众提供大量的基本信息,包括政党的历史、组织结构、意识形态、重要文件以及联系方式等。网

---

① 杨光斌:《政治学导论》,中国人民大学出版社,2004 年,第 254 页。
② 田作高:《国外网络政治研究现状》,载《上海社会科学院学术季刊》,2002 年第 1 期。

络用户可以登录政党网站,免费获取这些信息。有些西方政党还在其他知名网站上建立专版、开设论坛、发布新闻,以扩大影响。德国社民党在 20 世纪 90 年代中期,就提出要尽快把党从"新闻报道的对象"转变为"新闻报道的主体"的战略目标,把拥有"适合媒体社会的交流能力"作为党的工作的重要目标,并运用网络技术加强党的组织和宣传工作,明确提出要建成"网络党"。1995 年,社民党率先在互联网上建立了网页,并不断更新内容,扩展网页的服务功能。人们可以不受时间和地理条件的限制,随时从网上了解社民党的政策主张、领导人的主要言行、党内活动的重大安排等。法国社会党建立了涵盖全国省委和支部的网站,让公众及时了解其政策和行动。北欧各国的社民党也相继开通互联网站,使党员与选民能够在第一时间了解党的信息。西方政党不仅通过网络把自己的信息传播给广大选民,扩大政党进行政治销售的范围,而且还利用网络进行广泛的选民"市场"调查,充分掌握选民的信息,为其提供更优质的"服务"①。

美国加利福尼亚州在 1994 年议会选举前建立了互联网服务系统,选民可以通过这个系统输入电子邮件,表达自己对候选人的意见,候选人则可以通过在网上直接与选民对话进行说服工作。美国俄亥俄州的哥伦比亚市建立了世界上第一个电子市政厅,它是一个双向的通信系统,市民可以在家中通过点击,立即对地方分区、建设高速公路等提案进行投票,还可以参加讨论,发表广播演说②。

在我国,普通公民依法享有政治参与的权利。公民可以与人民代表、政协委员和政府官员直接接触或通过媒体表达自己的政治主张和政治见解。由于受到时间和空间的限制以及信息不对称的影响,普通公民政治参与的水平并不高。网络技术的应用,降低了公民政治参与的门槛,只要能够上网,人们就可以通过 E-mail 与政府官员和人民代表、政协委员进行交流,就可以通过论坛、博客发表自己的意见和建议。政府官员和人民代表、政协委员也可以通过论坛、博客向公众传递信息,加强与公众的联系与互动。

2001 年 3 月 24 日,一位名为"城山村人"的福建网民将自己在重

---

① 齐先朴:《西方"网络党"的网上党建》,载《中共中央党校学报》,第 11 卷第 3 期,2007 年 6 月。

② 刘文富:《网络政治——网络社会和国家治理》,商务印书馆,2002 年,第 386 页。

庆火车站买票遭遇的前后经过写成帖子,发到人民网"强国论坛"上,并表示准备贴到铁道部长看到为止。他希望铁道部门不要给政府丢脸,"谁治不了路风就让谁下课!"这一帖子很快引起了铁道部门的重视。一周以后,重庆火车站致信"强国论坛"称:"对'城山村人'在重庆火车站所遇到的不愉快,我站表示深深的歉意。"4 月 22 日,重庆火车站有关领导千里迢迢专程来到福建登门道歉。一个普通乘客的意见通过网络传达到有关部门领导层,并很快得到回应,成为政府部门与公众通过网络互动的一个很好的案例。

如果说,"城山村人"仅因个人遭遇而对铁路部门的服务提出投诉的话,那么网友"我为伊狂"的帖子《深圳,你被谁抛弃》则对一个城市的发展提出意见,并引起了城市领导的重视和回应。2002 年 11 月 16 日,《深圳,你被谁抛弃》一文出现在人民网"强国论坛"和新华网"发展论坛"上。文章指出,深圳这个曾经是中国改革开放的前沿阵地,曾经是中国最具活力的城市,曾经创造了诸多奇迹的经济特区,曾经是光芒四射的年轻城市,"到现在似乎已经黯然失色"。文章分析道,除了香港的冲击和上海的威胁等外部原因,国有经济改革迟缓、政府部门效率低下、治安环境日趋恶劣、城市环境捉襟见肘等是深圳衰落的内部原因。文章第二天就被深圳市长看到,他在一次会议上作出了正面回应。文章经过传统媒体的报道,在深圳引发了一场关于深圳未来发展的大讨论。2003 年 1 月 19 日,深圳市长与"我为伊狂"进行了一次面对面的平等、坦诚、民主的对话。市长充分肯定了这篇文章的写作动机,承认这篇文章提出了一些值得警醒的问题和一些建设性的意见,读后很有启发。市长向"我为伊狂"介绍了政府今后打算采取的具体改进措施,并指出:只要深圳人自己不抛弃深圳,谁也抛弃不了深圳。

公众通过网络发表的意见也引起了中央最高领导的重视。2003 年初,中共中央总书记胡锦涛在广州对一位参加抗击 SARS 的医务工作者说:"你的建议非常好,我在网上已经看到了。"国务院总理温家宝在北京大学考察时对学生说:"我看到同学们在网上写的一些话,我挺感动。大家对政府的信心越来越强了。"2005 年全国人代会和全国政协会议期间,公民通过网络向温家宝总理提了几百个问题。2006 年全国人大闭幕后温家宝总理在会见中外记者时说:"'两会'受到广大群众的关注,他们通过代表委员、新闻媒体和信息网络,给政府工作提出了许多意见和建议。据人民网、新华网、搜狐网、新浪网和央视国际网不完全的统计,对政府提出的意见和给总理本人提出的问题,多达几十万条。"对于网民的意见,温家宝总理评价说:"我从群众的意见当中,感受到大家对于政府的期待和鞭策,也看到了一种信心和力量。我们的国家和民族正站在历史的新起点上面对新的任务,需要更加清醒,更加坚定,更加努力。"

网络上的民意表达,特别是面对重大公共事务时,公民和政府都感到网络传播的巨大力量,这也对政府的执政能力提出了新的挑战。厦门 PX 项目的迁址就是一个很好的案例。

PX(对二甲苯)项目是 2006 年厦门市引进的一项总投资额 108 亿元人民币的化工项目,选址于厦门市海沧台商投资区,投产后每年的工业产值可达 800 亿元人民币。官方资料显示,该项目自 2004 年 2 月经国务院批准立项后,历经国土资源部建设用地的预审、国家环保总局于 2005 年 7 月审查通过项目的环境影响评价报告,国家发改委于 2006 年 7 月核准通过项目申请报告。然而,由于 PX 项目区域位于人口稠密的海沧区,项目开工后便遭受广泛质疑。2007 年 3 月,由全国政协委员、中国科学院院士、厦门大学教授赵玉芬发起,有 105 名全国政协委员联合签名的"关于厦门海沧 PX 项目迁址建议的提案",认为 PX 项目离居民区太近,如果发生泄漏或爆炸,厦门百万人口将面临危险。提案公布后引起民众的强烈关注。在厦门的"小鱼社区"和厦门大学校园 BBS 上关于 PX 的帖子成为热门话题。不久,这些帖子内容变成了手机短信,迅速在厦门市民中流传。短信号召市民们去市政府"散步",公开表达对 PX 项目的不满。5 月 30 日,厦门市政府正式宣布缓建 PX 项目。但是,政府的一系列举动并没有说服老百姓。6 月 1 日,"散步"在警察监视下如期举行,所幸双方都没有发生过激行为。6 月 7 日,由国家环保总局组织各方专家,就海沧 PX 项目对厦门市进行全区域总体规划环境影响的评价。12 月 5 日,环境评价报告对外公布。面对厦门市民对报告的强烈关注,厦门官方亦表示,市民可通过专线电话、电子邮件、信函和报名参加座谈会等方式表达自己的意见和建议。12 月 8 日,在厦门市委主办的厦门网上,开通了"环评报告网络公众参与活动"的投票平台,12 月 10 日投票平台便被撤销。在投票结束之时的结果显示,反对票有 5.5 万张,而支持的只有 3 000 票。12 月 13 日、14 日,厦门市政府组织了公众座谈会,90% 的市民代表表示反对 PX 项目。在民意的强大压力下,福建省政府和厦门市政府决定停止在厦门海沧区兴建 PX 项目,将该项目迁往漳州古雷半岛。中共福建省委书记卢展工表示,虽然 PX 项目是一个"大项目、好项目","但是那么多群众反对,所以我们应该慎重考虑,应该以科学发展观、民主决策和重视民情、民意的视角来看待这件事"。

第二节　网　络　舆　论

公民的网络政治参与,除了参与投票选举以外,主要是表达自己的意愿,对社会热点问题发表自己的看法以及对政府和公职人员进行监督。公民在网上的议论形成了网络舆论。随着网络媒体的发展,特别是在中国,近年来网络舆论在社会生活中发挥了越来越大的作用,甚至在某种程度上影响到政府的决策。

一、网络舆论的特性

所谓网络舆论,简单地说,就是在网络上(这里主要指互联网)形成,通过网络传播并对现实生活产生影响的舆论。由于舆论本身是一种复杂的社会现象,多少年来,不同时代的人从不同的角度进行研究,却始终没有一个统一的定义。正如联合国教科文组织国际交流问题研究委员会编写的报告《多种声音,一个世界》所说的那样:"舆论是一种常常难以进行确切的科学分析的集体现象, 它是同人的社会性紧紧联系在一起的。"[1]根据《大不列颠百科全书》给舆论下的定义,"舆论是社会上值得注重的相当数量的人对一个特定问题表示的个人意见、态度和信念的汇集"[2],我们可以给网络舆论下一个简单的定义,即:相当数量的个人、群体或组织在网络上形成并通过网络传播的对共同关心的公共事务表达的倾向一致的议论。

网络舆论作为社会舆论的一种形态,除了具有一般舆论的共性以

---

[1]　联合国教科文组织国际交流问题研究委员会:《多种声音,一个世界》,中国对外翻译出版公司,1981 年,第 268 页。

[2]　An aggregate of the individual views, attitudes, and beliefs about a particular topic, expressed by a significant proportion of a community.

外,还有自己的特殊性。这些特殊性在很大程度上是由网络传播的特性决定的。

1. 现实与虚拟

舆论通常是针对现实中的事件、问题和人物发表的议论,因此,突发事件、紧迫的公共事务、社会矛盾、明星人物等往往成为舆论的焦点。而这些热点问题也是网民关注的话题,这就使得网络舆论具有很强的现实性。但是,与现实舆论的生成及借以传播和扩散的环境不同,网络传播具有虚拟性,网民上网获取信息、发表意见和参与讨论可以实名,也可以匿名。而在匿名状态下,网民可以不受现实生活中的意识形态、本人身份甚至伦理道德的限制,真正做到“畅所欲言”,平等地与他人交换意见。一条帖子,只要具有足够的能量,或者言之有理,或者语出惊人,或者无聊恶搞,都可能被跟帖,被转帖,引起他人参与,与他人意见交锋、碰撞、融合,形成群体意见,甚至是相当数量的一群人的一致意见。

2. 互动与放大

网络上的各种话题开始往往是随机形成的。一旦话题事关社会公共事务或热点问题,各种不同的甚至相反的意见就会相互感应,相互作用,相互对抗,形成交流碰撞的互动过程。在这一过程中具有号召力、吸附力的意见会被多数网民认同,并形成雪球效应,在雪球的滚动中,依附它的人越来越多,最后一呼百应,成为主流意见。由于网络上言论自由,特别是允许匿名发表,因此大量的非理性情绪也在互动过程中被放大。这种非理性的互动往往表现为相互攻击和谩骂,由此而形成的主流意见,不管正确与否都被广泛接受,而非主流意见则被打压而沉默。

3. 媒体互动

在网络舆论形成和传播的过程中,除了网民的互动以外,媒体的互动,特别是网络媒体与传统媒体的互动发挥了重要作用。这一点在中国的网络舆论中表现得十分明显。信息的披露是舆论形成的起点。一方面,由于中国商业性网站没有新闻采访权,传统媒体和传统媒体网站就成了它们的主要新闻源。而网民也会将传统媒体的新闻报道转贴到论坛,或就此发表自己的看法,特别是不同于官方的解读。一旦这一解读引起关注,引起讨论或争论,就有可能形成网络舆论。另一方面,网络上的海量信息,特别是网民的议论,是中国传统媒体和传统媒体网站的重要信息源。近年来的一些影响较大的网络舆论事件,如2003年的"孙志刚案件"、2006年的"铜须门"都是经传统媒体报道以后,扩大了影响,引起更多的关注,从而对网络舆论起到了推波助澜的作用。

二、中国网络舆论的发展

中国网络舆论是与中国网络媒体同步发展的。虽然今天网络舆论的重要阵地BBS在时间上要早于新闻网站和网络社区,但早期的BBS参与者主要是相关技术人员和一些"发烧友",在社会上并没有多大的影响。

进入新世纪以后,随着网络媒体的发展和网民人数的增加,网络舆论的作用和影响也越来越大,并与传统媒体一起发挥了舆论监督的重要作用。2001年广西南丹矿难的报道就是一个典型案例。2001年7月17日凌晨,广西南丹龙泉矿业总厂所属拉甲坡矿发生了特大透水事故,大量涌入的水在瞬间淹没了相邻的七个矿井,81名矿工遇难,酿成了震惊全国的"7·17"矿难。这起矿难发生在与外界隔绝的垂直达700多米深的矿井底下,事故矿井已灌满积水而无人可达。矿难发生后黑心矿主与南丹地方主要负责人建立攻守同盟,并对所有死难矿工家属以高额"经济补偿"和威胁予以"封口"。《人民日报》记者通过网络获得了新闻线索,并在矿难消息被封锁半个月后,在人民网刊登报道《广西南丹矿区事故扑朔迷离》,揭露了这起惊天大案。正如当时的国务院总理朱镕基事后所言:如没有《人民日报》记者的揭露,那些死难矿工就很可能永远冤沉水底了! 以后,人民网推出了150多篇报道,全国各大网站纷纷转载,形成强大的舆论。南丹矿难,单从死亡人数看,不算是最严重的。但是,以往的重大事故发生后都是中央国家机关先获悉,而后由媒体进行深入采访报道,而南丹矿难发生后,地方官员与矿主相互勾结,恶意隐瞒达半个月之久,在《人民日报》记者冲破铁幕写出内参和报道后,事情才败露并受到严肃查处。因此,国家安全生产监督管理局负责人指出,《人民日报》记者揭露的南丹特大矿难,是我国第一例首先由新闻记者揭露的重大灾难事故。《人民日报》和人民网等对南丹特大矿难的勇敢揭露,成为我国当代传媒成功的舆论监督范例①。

---

① 赵凯:《解码新媒体》,文汇出版社,2007年,第33—35页。

2003 年围绕孙志刚之死的报道所形成的舆论也产生了意义重大的社会效果:国务院废除了实行了 20 多年的对所谓"三无人员"的收容遣送制度,公布施行《城市生活无着的流浪乞讨人员救助管理办法》。2003 年 2 月,一个名叫孙志刚的大学毕业生在广州被作为"三无人员"收容,两天后竟被人活活打死。4 月 25 日,《南方都市报》冲破重重阻力,以《被收容者孙志刚之死》为题,首次披露了孙志刚惨死一个多月却无人过问的前前后后。文章发表当天即被各大网站转载,立即引起强烈反响,新浪网上的跟帖几个小时内就达到上万条。网民强烈要求有关部门严惩凶手,公开透明地处理孙志刚事件。不少网站设立了"孙志刚案"专题,点击率仅次于同期的有关抗击 SARS 的报道。网络舆论得到了党中央、国务院和广东省委高度重视,据新华社报道,公安部派工作组赴广东督办,由广东省、广州市成立多部门组成的联合调查组和联合专案组进行调查侦破。最后打人凶手受到了法律的严惩,相关责任人也受到了应有的处分。然而,舆论的重点从查清真相、惩办凶手开始,逐步发展到对国务院 1982 年颁布的《城市流浪乞讨人员收容遣送办法》的反思和批评。5 月 16 日,许志永、俞江、滕彪三位青年法学博士,以中国公民的名义上书全国人大常委会,就孙志刚案提出对《城市流浪乞讨人员收容遣送办法》进行"违宪审查"的建议。5 月 23 日,贺卫方、盛洪、沈岿、萧瀚、何海波五位国内知名法学家,同样以中国公民的名义,联合上书全国人大常委会,就孙志刚案及收容遣送制度实施状况提请启动特别调查程序,要求对收容遣送制度的"违宪审查"进入实质性法律操作层面。整个事件以旧办法终止、新办法实施而告终,可以说,人们第一次感觉到了"网络舆论的力量之大,也有些超出人们的预料"①。

三、网络舆论的局限性

网络的发展给民意的公开发表提供了一个平台,而且从我国的实际情况看,网络上言论的尺度也比传统媒体宽松许多,但是,网络言论的匿名性又可能被一些人用来发泄个人情绪。当然,个人情绪得到宣泄,有时并非坏事,但如果对非理性的情绪型舆论引导不力或引导失

---

① 彭兰:《中国网络媒体的第一个十年》,清华大学出版社,2005 年,第 138 页。

误,个人的情绪化言论经过网络的互动、放大而走向"群体极化",则可能导致社会的不稳定。

所谓"群体极化",是指"团体成员一开始即有某些偏向,在商议后,人们朝偏向的方向继续移动,最后形成极端的观点"。而"在网络和新的传播技术的领域里,志同道合的团体会彼此进行沟通讨论,到最后他们的想法和原先一样,只是形式上变得更极端了"①。比如,中日关系一直是网络上的热门话题。在一些"抗日"论坛上,不乏"抵制日货"甚至煽动民族仇恨的过激言论。在特殊的时期,遇到特殊的事件,这些过激言论便会在网上扩张。2005 年 4 月,针对日本政府希望成为联合国安理会常任理事国的努力,中国网民发起了网上签名活动表示反对。联系到日本首相参拜供奉有第二次世界大战甲级战犯牌位的"靖国神社",网上抗议声浪高涨,在北京、深圳等地出现小规模抗议游行以后,上海也出现了通过网络发帖和 E-mail、QQ 等方式组织的游行活动,并出现了打、砸行为,造成恶劣的影响。

在网络这个虚拟环境中的过激言论而形成的网络舆论对现实生活中的当事人产生的负面影响引起了人们的关注,海外媒体甚至将这些网民称为以键盘为武器的"暴民"。《国际先驱论坛报》在报道"一些匿名网络用户聚集起来对一些真实或想象的道德罪行进行调查并执行处罚"时引用的一个例子就是被中国网民称为"铜须门"的事件。

2006 年 4 月 12 日,一个名为"锋刃透骨寒"的网民在国内某论坛发帖,谴责其妻子与"魔兽世界"游戏一公会会长的不轨行为,而该公会会长是一个网名叫铜须的大学生。短短几天,这一帖子的点击率直线上升,其他社区也纷纷转贴,网民几乎是一边倒地愤怒声讨"偷情男女"。尽管"锋刃透骨寒"很快删除了帖子,又发了《让生活继续》的帖子,但网民们依旧不依不饶,有网民利用各种工具搜寻到"铜须"的真实姓名、电话号码、所在学校等个人信息,并在网上公布。更有网民在网上发布"江湖追杀令",呼吁全社会封杀"铜须"。在网上和现实生活中受到严重骚扰的"铜须"在网上发布视频,否认有"偷情"一事。这一被网民称为当年"网络第一丑闻"的事件热闹了一阵后便不了了之,甚至连事情本身的真实性都值得怀疑。作为始作俑者的"锋刃透骨寒"

---

① 凯斯·桑斯坦:《网络共和国——网络社会中的民主问题》,黄维明译,上海人民出版社,2003 年,第 47 页。

在发表了"最后声明"表示他此前帖子中的许多内容是杜撰的,"游戏已经结束"后便消失了。

如果说"铜须门"事件本身真假难辨的话,那么发生在 2007 年的所谓"史上最毒后妈"的事件就是信息失真造成舆论误导的案例。2007 年 7 月,江西某网站出现一篇题为《史上最恶毒后妈把女儿打得狂吐鲜血》的文章,称一六岁女童遭后妈毒打,全身是伤,六块脊椎被打断,并吐血不止。文章被各大网站转贴后,省内电视媒体持续跟进报道,网络上立即爆满泄愤的帖子,网民纷纷指责"这样的后妈简直禽兽不如",还有网友发出网络通缉令,称"这个后妈最好不要出门"。然而随着报道的深入,那位不得不现身的后妈跪地喊冤,邻居也证实她对女孩很好,从未见她虐待女孩。医生则确诊女孩患了血友病,吐血和身上出现淤青是其常见病状。专家会诊表明,女孩并没有媒体所报道的被打骨折迹象。当地警方提供的调查结果也没有发现后妈有虐待女孩的行为,而女孩体表初始伤是自己跌倒造成的。而网上一份最新帖子更揭出了事情的内幕:其实女孩并未遭后母毒打,只是因为其家境贫困无钱治病,经人介绍制造了这一耸人听闻的"后妈虐待女童"事件,想借网络炒作引起社会的关注。帖子称,这是一个"善意的谎言"。

谎言毕竟是谎言,不管动机如何。真实的信息是正确舆论生存的根本,失去了信息的真实性,建立在虚假信息基础上的舆论不但没有任何价值,相反虚假信息的泛滥将误导舆论走向。当前网络舆论存在的问题之一就是相当多的网络信息与事实真相并不相符,有些甚至是谣言,而如果虚假信息和谣言不能及时澄清,缺乏理性的网民往往会采取"宁信其有,不信其无"的态度,这就可能成为"群体极化"的起点。

第三节 电子政务

信息技术革命在政治领域引发了政府管理的变革,推动了当代全球政府管理逐步从工业社会的传统模式向信息社会新的政府管理模式转变。从 1993 年美国总统克林顿宣布利用信息技术改造政府开始,电子政务就迅速列入了所有工业化国家的政治日程,并随之波及众多发展中国家,各国纷纷投入人力、物力大力发展电子政务。这是因为,一方面,由于政府是全社会最大的信息拥有者和信息技术的使用者,有效地利用信息技术,可以建立一个更加勤政、廉洁、精简和有竞争力的政府,同时带动全社会的信息化发展;另一方面,信息技术的应用能够使人们更好地参与政府的各项决策活动,从而促进全社会的进步①。

一、电子政务的定义和基本功能

自 20 世纪 90 年代电子政务产生以来,关于电子政务的定义有很多,并且随着实践的发展而不断更新。联合国经济社会理事会将电子政务定义为:政府通过信息通信技术手段的密集性和战略性应用组织公共管理的方式,旨在提高效率、增强政府的透明度、改善财政约束、改进公共政策的质量和决策的科学性,建立良好的政府之间、政府与社会、社区以及政府与公民之间的关系,提高公共服务的质量,赢得广泛的社会参与度。世界银行则认为,电子政务主要关注的是政府机构使用信息技术(比如万维网、互联网和移动计算),赋予政府部门以独特的能力,转变其与公民、企业、政府部门之间的关系。这些技术可以服务于不同的目的:向公民提供更加有效的政府服务、改进政府与企业和产业界的关系、通过利用信息更好地履行公民权,以及增加政府管理效能等。因此而产生的收益可以减少腐败、提供透明度、促进政府服务更加便利化、增加政府收益或减少政府运行成本②。

借助于网络传播的公开和透明,电子政务的主要功能之一就是保证公民享有知情权。知情权是现代民主的重要内容之一,对于国家的重要决策和政府的重要事务以及与普通公民密切相关的重大事件,公民都有权了解和获知。但是,传统的政府管理模式的重要特征之一就是政府垄断信息。随着信息社会的来临,世界上许多国家先后制定和完善了《政府信息公开法》,以适应信息社会对公众知情权的新要求。我国政府也不例外。2007 年 4 月,国务院批准公布了《政府信息公开条例》,并于 2008 年 5 月 1 日起施行。条例规定,行政机关对符合下列基本要求之一的政府信息应当主动公开:涉及公民、法人或者其他组

---

① 徐晓日:《电子政务概论》,天津大学出版社,2006 年,第 22 页。
② 王长胜:《中国电子政务发展报告 No. 1(电子政务蓝皮书)》,社会科学文献出版社,2003 年,第 28 页。

织切身利益的;需要社会公众广泛知晓或者参与的;反映本行政机关机构设置、职能、办事程序等情况的;其他依照法律、法规和国家有关规定应当主动公开的。行政机关应当将主动公开的政府信息,通过政府公报、政府网站、新闻发布会以及报刊、广播、电视等便于公众知晓的方式公开。政府信息量大面广,涉及社会生产生活各个方面,其中有相当一部分政府信息只涉及部分人和事。基于此,《政府信息公开条例》规定:公民、法人或者其他组织可以主动向政府申请获取所需要的政府信息。条例的颁布实施,标志着我国电子政务进入了"信息公开"的时代。

网络与信息技术的广泛应用,为政府运作方式的改革提供了技术基础。但是,电子政务不是传统政务与信息技术的简单叠加,也不是传统政务模式的电子化复制,而是借助于信息技术对传统政务的全面改造。建立在信息技术基础上的电子政务是一种完全不同于传统政府运作过程的全新的运作过程。传统的政府运作过程以政府的机构和职能为中心,而电子政务模式下的政府运作过程则是以用户为中心,把企业和公众作为客户,以他们的需求为出发点,对他们进行管理和服务①。

具体来说,电子政务包括:

• 政府间的电子政务(G2G),是上下级政府、不同地方政府、不同政府部门之间的电子政务。主要包括:电子法规政策系统、电子公文系统、电子司法档案系统、电子财政管理系统、电子办公系统、电子培训系统、业绩评价系统。

• 政府对企业的电子政务(G2B),是政府通过电子网络系统进行电子采购与招标,精简管理业务流程,快捷迅速地为企业提供各种信息的服务。主要包括:电子采购与招标、电子税务、电子证照办理、信息咨询服务、中小企业电子服务。

• 政府对公民的电子政务(G2C),是政府通过电子网络系统为公民提供的各种服务。主要包括:教育培训服务、就业服务、电子医疗服务、社会保险网络服务、公民信息服务、交通管理服务、公民电子税务、电子证件服务。

总之,电子政务打破了原先政府部门之间的界限,人们得以从多种渠道获得政府的相关信息和服务,而政府借助网络,收集、传递信息的

---

① 徐晓日:《电子政务概论》,天津大学出版社,2006年,第25页。

能力也大大加强,从而增强了协调和控制能力,可以向全社会提供更好的服务。

二、美国电子政务的发展

美国是电子政务发展最快的国家。早在 20 世纪 90 年代,美国就率先提出了建立国家信息基础设施的计划。1993 年,克林顿政府把构建"电子政府"作为施政改革的重要内容。1994 年 12 月,美国政府信息技术服务小组在题为《政府信息技术服务前景》的报告中提出,改革政府要善于运用信息技术重塑政府,也就是利用信息技术加强政府与客户间的互动,建立以客户为导向的电子政务,为公众提供更多、更有效、更方便的政府服务。

在克林顿的"重塑政府运动"的推动下,到 2000 年 9 月,93% 的美国政府部门建立了自己的网站,83% 的政府部门在网上公布文件,72% 的政府部门在网上公布有关工作日程安排的信息,66% 的政府网站提供直接面向个人的服务,64% 的政府网站建立了意见反馈机制,58% 的政府网站安装了搜索引擎,37% 的政府网站提供软件下载服务[1]。由于实施电子政务,仅 1992 年到 1996 年,美国政府员工就减少了 24 万人,关闭了近 2 000 个办公室,减少开支 1 180 亿美元;在对居民和企业的服务方面,政府的 200 个局确立了 3 000 条服务标准,废止了 1.6 万多页过时的行政法规,简化了 3.1 万多页的规定;美国全国雇主税务管理系统、联邦政府全国采购系统和转账系统等网络的建立,不仅节省了大量的人、财、物,而且提高了政务透明度[2]。

目前,美国的政府网站建设已经趋于完善和成熟。美国联邦政府和州一级政府已全部上网,几乎所有县、市都建有自己的站点。目前美国的政府网站多达 2 万多个,内容非常丰富,网页数量多达几千万个,如果没有一个好的政府门户网站,一般人很难通过网络找到有关的信息,准确、快捷地获得政府的服务。而建立于 2000 年 9 月的"第一政府网站"是美国最大的电子政务网站,也是通往美国所有政府网站的大门。从该网站可以搜索到超过 5 100 万个网页,既可以链接到美国联

---

[1]　金江军、潘懋:《电子政务导论》,北京大学出版社,2003 年,第 19 页。
[2]　苏涛:《美国电子政务考察报告》,中国电子政务信息网(http://www.grp.com.cn)。

邦政府各部门、各机构的网站,又可以链接到美国各州、市、县的网站,还可以链接到外国政府的网站。它是一个名副其实的"超级大网",既是一个完整、开放的政府网站体系,一个简洁、实用、方便的门户网站,又是一个丰富的资源库,面向公众、面向企业,同时也面向政府开展服务①。

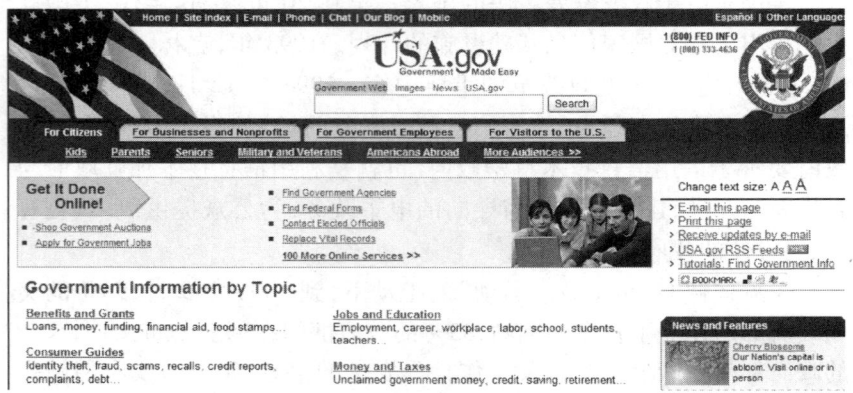

图 9 - 1 美国"第一政府网站"

三、我国电子政务的发展与现状

1999 年,我国启动了政府上网工程,从中央政府部门到地方各级政府先后开通了政府网站,因此 1999 年也被称为"政府上网年"。政府网站的开通,促进了政府部门与社会公众之间的信息交流,政府在通过网站开展自身形象建设的同时,在网上发布政务通告,提供职能部门的服务电话、办事程序和问题解答,公开信箱听取公众的意见、建议和投诉等,并逐步向公众开放了网上审批、网上报税等业务。但是,政府上网并不是电子政务的全部内容,只是电子政务的一个组成部分,在我国,政府上网只是电子政务建设的第一步。

我国电子政务的发展大致可以分为四个阶段。

(1)办公自动化阶段。20 世纪 80 年代中期,办公自动化概念被引入中国。办公自动化是开展电子政务的基础和重要组成部分。1985

---

① 苏涛:《美国电子政务考察报告》,中国电子政务信息网(http://www.grp.com.cn)。

年的"海内工程"就是在中央和各级政府开展办公自动化建设,尝试利用计算机技术辅助完成一些最基础的政务活动,如文件电子化处理、数据电子化存储等。

（2）"三金工程"实施阶段。1993年12月,中央政府启动了以信息化为特征的系列工程:金桥工程、金关工程和金卡工程。"三金工程"的重点是建设信息化基础设施,为重点行业和部门传输数据和信息。这一阶段实际上也是电子政务发展的雏形阶段。

（3）"政府上网"阶段。始于1999年初的"政府上网工程"标志着电子政务在我国的启动。随着政府网站数量的不断增加,服务内容日渐丰富,功能日益多样化,政府内部通过网络化沟通和信息共享,办公效率大大提高,同时也为电子政务在中国的实质性应用创造了良好的发展环境。

（4）实质性应用阶段。我国国民经济与社会发展"十五"计划中提出了"以信息化带动工业化",取代了"九五"计划中"以信息产业推动国民经济发展"的提法,从中央到地方各级政府,都对政府信息化建设和电子政务的发展有了更深层次的认识,充分认识到政府在信息化建设中的作用,由此我国的电子政务发展进入了实质性的应用阶段。在电子政务的建设中,许多地方政府开始将国民经济和社会信息化作为"十五"规划的重要内容,一些城市不但提出建设数字化城市或数码港的计划,而且还明确地提出了建设电子政务的时间表。如北京市的具体目标是:在2002年底初步实现政府面向企业和市民的审批、管理和服务业务在网上进行,政府内部初步实现电子化和网络化办公;在此基础上,于2005年底建成体系完整、结构合理、高速宽带、互联互通的电子政务网络体系,最终建成北京市政务系统共建共享的信息资源库,全面开展网上交互办公。

2006年元旦正式开通的中华人民共和国中央人民政府门户网站是国务院和国务院各部门以及各省、自治区、直辖市人民政府在国际互联网上发布政府信息和提供在线服务的综合平台。中国政府网开设"今日中国"、"中国概况"、"国家机构"、"政府机构"、"法律法规"、"政务公开"、"工作动态"、"政务互动"、"政府建设"、"人事任免"、"新闻发布"、"网上服务"等栏目,面向社会提供政务信息和与政府业务相关的服务,逐步实现政府与企业、公民的互动交流。开通当日点击量即高达4 048万,它不仅填补了中国最高政府网站的空白,更标志着由中央政府门户网站、国务院部门网站、地方各级政府及其部门网站组成的政府网站体系基本形成。

图 9 - 2　中华人民共和国中央人民政府门户网站

胡锦涛总书记在党的十七大报告中提出,"加快行政管理体制改革,建设服务型政府",并明确指出要"健全政府职责体系,完善公共服务体系,推行电子政务,强化社会管理和公共服务"。实施电子政务是改革开放的需要,是建设服务型政府的基础工作。目前我国各级政府的电子政务建设还存在不少问题。2007 年 9—11 月,计世资讯(CCW Research)对我国 31 个省级政府门户网站和 32 个省会及副省级城市的政府网站进行了综合评估,并发布《2007 年中国政府公众网站评估研究报告》。报告指出:(1)我国省级和省会及副省级城市政府网站正处于从交互期向处理事务期过渡的阶段。目前面临的最重要的问题有两个:一是如何向处理事务期过渡,即如何实现完全的在线事务处理;二是扩展信息服务平台,即提高移动接入渠道,使得用户可以随时随地通过手机、移动电脑等移动设备享受政府提供的服务,提高政府网站使用的方便性和扩大覆盖面。(2)我国电子政务发展低水平趋同的"拥塞"现象得到一定程度的解决。2007 年我国政府网站建设取得了很大成绩,部分进步较快,出现了众多优秀网站,在省会及副省级城市政府网站中尤为明显。(3)在三大功能定位中,我国省级和省会及副省级城市政府网站信息公开做得较好,基本满足了公众需求,而交流互动和在线办理实现程度不足,今后我国政府网站的建设重点将是交流互动和在线办理。(4)我国政府网站的服务深度不足。在三级指标中,初级指标、中级指标、高级指标得分依次递减,并且差距很大,反映了我国政府网站的服务深度不足。(5)政府网站建设呈现很强的区域差异。总体来说,在我国七大区域中,华东地区的政府网站的建设质量最高,华南、华中次之,之后是华北、东北,而西南、西北地区较为落后。(6)我国政府网站的认知度和影响力有待进一步提高。应用现状调查表明,在我国访问过政府网站的公众还不足一半,仅有42.5%,其中38.5%的人只是偶尔访问,经常访问的仅有4.0%,没访问过政府网站的公众中有29.0%的人表示从没听说过政府网站。这说明我国政府网站的认知度和影响力有待进一步提高①。

第四节　网络传播与国家安全

信息作为信息时代的重要资源,信息安全与国家的安全密切相关,随着互联网的普及,网络信息的传播突破了国家和地区的边界,从而改变了国际关系和国家安全环境。

一、传统国家安全观受到挑战

一般来说,国家安全是指一个国家面对来自内部与外部的各种威胁所具有的足以有效维护国家利益并使国家政策和目标顺利推行和实现的客观环境和总体能力。其基本目标包括:保护一个国家的制度和领土免受来自内部与外部各种力量的攻击;确保国民享受经济繁荣和既有生活方式;保护国家核心价值观②。国家安全包括政治安全、经济安全、军事安全和文化安全等方面,其中国家的军事安全在其中占据首要的地位,因为传统的国家安全核心是保护和扩大本国的物质利益,而军事安全就意味着一个国家的领土、领空、领海、资源和人口等物质利

---

① http://www.e-gov.org.cn/news/news007/2008-01-08/82409.html.
② 林学俊:《信息科学与社会》,国防工业出版社,2005年,第164页。

益免受战争威胁,意味着国家的生存和发展得到保障。

信息和传播技术的发展以及信息社会的到来,使传统的国家安全观受到严峻挑战,国家安全也面临前所未有的威胁。信息的自由流动和共享,不再受到国家边界的限制,随着信息取代物质和能源成为最重要的战略资源和国家发展的核心要素,"信息主权"上升成为国家安全主权的重要内容,国家安全随之扩展到了网络空间,信息安全已成为网络社会国家安全的核心因素。

首先,在很多国家,政府系统、能源、交通、电力、通信、航空、金融、军事等关键部门和产业的信息系统随着信息基础设施的建设而连成一体。这无疑极大提高了一个国家的经济、军事能力和国际竞争力。然而,基于计算机网络的信息基础设施因其与生俱来的弱点,又使国家的战略命脉面临遭受敌对势力、极端组织、犯罪团伙和个人攻击的风险。一旦国家信息基础设施遭到攻击而被破坏,就可能导致国家能源电力供应中断、财政金融系统瘫痪、交通运输混乱,甚至引起内部社会动乱,面对敌国入侵无法组织有效防卫等严重后果。

其次,网络传播的开放性打破了统治阶级和传统媒体对信息的垄断地位,这给恶意利用网络信息创造了条件。一方面,少数大国可以利用自己在信息技术和信息资源方面的垄断优势,向其他国家输出自己的意识形态和价值观念,危害其他国家的社会稳定和发展;另一方面,一些利益集团、极端组织、跨国犯罪团伙和个人为了达到自己的目的,可以利用网络的技术漏洞实施攻击。

再次,非国家力量成为信息安全的主要威胁之一。在传统社会,一个国家所面临的威胁是看得见的,因而是可以寻求对应的措施和办法的。而在网络社会,国家除了面对传统威胁以外,还要面对"看不见的敌人",一些国际犯罪集团、恐怖主义组织、分裂组织、激进宗教势力、邪教组织等都可能借助信息技术和网络技术,对国家的信息网络进行攻击,这样的"没有硝烟的战争"给国家安全带来的威胁很可能是致命的。

最后,网络攻击的低成本和隐秘性增加了防范的难度。网络信息传播的低门槛,大大降低了网络行为的成本,因此一些弱小国家、一些非国家组织甚至黑客个人都可以在网络上与大国抗衡,甚至发动信息战。而侵入的隐秘性和网络的匿名性使侵入者难以被察觉,与此同时,对网络攻击行为,究竟是个人或一小撮黑客的自我挑战行为,还是利益集团实施的有目标的间谍行为,还是敌对势力的政治行为很难区分。对于国家安全来说,由于很难知道袭击来自何方,是国家、组织还是个人,原来意义上区分敌国和盟国的二分法变得难以操作。

首次把网络攻击手段引入到战争中并发挥作用的,是 1991 年的海湾战争。战前,美国利用伊拉克购置用于防空系统的打印机的机会,将一套带有病毒的芯片换装到打印机中,战争开始后,潜伏的病毒被无线遥控激活,伊拉克的防空系统陷入瘫痪。在 1999 年的科索沃战争中,南联盟使用多种计算机病毒,组织黑客实施网络攻击,使北约军队的一些网站被垃圾信息阻塞,一些计算机网络系统曾一度瘫痪。北约方面则以牙还牙,在强化网络防护措施的同时实施网络反击战,将大量病毒和欺骗性信息注入南军计算机网络系统,致使南军防空系统陷于瘫痪。美国黑客还潜入南联盟政府和领导人的银行账户,销毁南军方用于购买武器弹药的资金,转移南联盟领导人私人账户,让他们一夜之间"一贫如洗"。然而,美国军方网络系统也遭到黑客们的无情攻击。据美国能源部前计算机安全专家尤金·舒尔茨博士向英国广播公司(BBC)透露,在海湾战争期间,曾经有一批年轻的计算机黑客从美国政府的计算机中偷出数以百计的美国军事机密文件并提供给了伊拉克。这些文件的内容既有部队的调动情况,也有战术导弹的具体实力与部署方案。泄露的情报内容令美国军方非常惊恐,但值得美军庆幸的是,当时萨达姆政权对这些情报的真实性十分怀疑,生怕受到欺骗和愚弄,而并没有把这些文件当回事[①]。

二、世界各国高度重视未来网络战争

美国著名军事预测学家詹姆斯·亚当斯在《下一场世界战争》一书中曾预言:在未来的战争中,计算机本身就是武器,前线无处不在,夺取作战空间控制权的不是炮弹和子弹,而是计算机网络里流动的比特和字节。随着各国对网络战争研究的深入,网络战争所发挥的作用已与核武器等同甚至超过核武器。据媒体报道,美国军方意识到,谁抢占了虚拟空间这个主战场,谁就能在 21 世纪的现代战争中保持绝对的优势。据报道,美军有关部队已经制定了三套抢占虚拟空间制高点的

---

① 见《光明日报》,2005 年 9 月 27 日。

方案：一个是确保美国拥有世界上最先进的网络战争技术与平台，从而可以穿透任何国家的网络战争防御系统，然后再将美国的盟国置于自己的保护伞下；第二套方案是保证美国的网络战争能力处于领先地位，确保其他国家无法突破美国的网络防御系统；第三套方案是强调进攻而不是防御能力。据《美国空军》杂志透露，美军唯一的专业网络战部队由8 000名官兵组成，驻地分布在全球100个地点，负责为美国空军、五角大楼乃至白宫的领导人提供决策依据。这支部队的具体任务包括：执行电子战、信息战、网络安全、应急作战、特种战、缉毒等任务。美军的最终目标是打造世界上最强大的"黑客部队"。一旦战争爆发，这支"黑客部队"除了能够窃取情报，还能渗透、监控、摧毁敌方的网络系统[①]。

俄罗斯军方将网络信息战作为力争打赢的"第六代战争"。他们认为，在未来信息化战争中，必须夺取并掌握制信息权和制电磁权，因为网络战作为一种突击样式，可以起到与火力突击效果相同的作用，成为直接毁伤敌人的强大手段。

日本在2005—2009年的《中期防卫力量发展计划》中，明确提出了新的作战理论——"瘫痪战"。日本防卫省已经组建了一支包括陆海空自卫队计算机专家在内的5 000人左右的网络战部队。该部队的主要任务是，进行反黑客、反病毒入侵的攻击，同时研制开发可以破坏其他国家网络系统的跨国性网络武器。

以色列历来重视网络安全，为了防止阿拉伯黑客对军用电脑的入侵，以色列军方建立了能够有效地防止陌生邮件和病毒入侵的计算机防御系统。在2006年的黎以冲突中，以色列国防军情报部门的黑客成功地对真主党电视台的直播节目进行了攻击。与此同时，以色列还从民间网罗科技人才，甚至招募黑客，组建自己的网络战部队。1998年2月成功侵入美国国防部及海军系统和空军系统的跨国"黑客邦"领袖——以色列青年埃胡德·特南鲍姆，就被以色列军队征召入伍，成为历史上第一位从民间被公开"收编"的"黑客"。

印度充分发挥自己软件开发水平高的优势积极准备网络战争。印度军方同地方信息技术专业机构进行技术合作，并组建了陆、海、空三军联合计算机应急分队，还计划征召"黑客"入伍。新德里的陆军总部

---

① 见东北新闻网，2007年11月18日。

建立了专门负责网络中心战的网络安全部门,负责审查印军现有网络的安全状况①。

三、建筑我国新的长城

在我国的信息化进程中,来自网络的信息安全也同样存在。国际上的敌对势力利用网络对我国进行政治文化渗透,国内的分裂主义、邪教组织和恐怖分子也利用网络进行破坏活动,这些都威胁着我国的国家安全。与此同时,我国的信息技术发展水平与发达国家相比还存在差距,信息技术自主创新能力不足,核心技术和关键装备主要依赖进口。而一些信息大国在其制造和出口的技术和设备上暗做手脚,以便获取他国的政治、经济、军事等方面的重要信息,对此我们不可掉以轻心。面对网络上自由流动的信息,应本着国家利益第一的原则,凭借先进的信息技术提高网络信息的监管能力,防范和消解网络上的政治渗透和文化侵略,力争在御精神垃圾于国门之外的同时,防止非法利用网络的行为发生。在技术上,发展基于自主技术的信息安全产业,使用自己的技术与设备加强对关键部门和国民经济重要领域的网络系统的安全保护,从根本上解决我国的信息安全问题。2001 年,我国国家密码管理委员会负责启动了国家信息安全应用示范工程,以具有自主知识产权的信息安全重大核心技术和关键技术为基础,建设具有普遍适用性和推广价值的信息安全基础设施。

2006 年 5 月印发的《2006—2020 年国家信息化发展战略》指出,我国信息化发展的战略重点之一就是提升网络普及水平、信息资源开发利用水平和信息安全保障水平。要积极跟踪、研究和掌握国际信息安全领域的先进理论、前沿技术和发展动态,抓紧开展对信息技术产品漏洞、后门的发现研究,掌握核心安全技术,提高关键设备装备能力,促进我国信息安全技术和产业的自主发展。加快信息安全人才培养,增强国民信息安全意识。不断提高信息安全的法律保障能力、基础支撑能力、网络舆论宣传的驾驭能力和我国在国际信息安全领域的影响力,建立和完善维护国家信息安全的长效机制。

以信息安全为核心的国家安全问题随着网络传播的发展,已经成

① 见人民网,2007 年 6 月 19 日。

为当今世界各国面临的风险,但这一风险不是不可控的。在网络这个虚拟空间中,落后同样要挨打,只有占领技术的制高点,筑起我们新的长城,才能在新的环境中保持我国的长治久安。

第十章

网络传播的社会控制

英国计算机网络犯罪问题研究专家尼尔·巴雷特在《计算机犯罪》一书中说："数字化犯罪的发展速度是令人恐惧的。重大安全性事故、黑客活动、软件病毒的制作和计算机支持的诈骗等犯罪行为以爆炸般的速度在发展,从早期的计算机入侵不良行为发展到几乎所有的计算机系统都有可能受到攻击。这种发展最令人担心的一个方面是这些行为的演变趋势。"[①]

如同一切技术进步一样,网络也是一把"双刃剑"。在全球数字化革命的浪潮中,随着互联网的迅速发展和普及,人们发现"网络创世纪"的神话并不完美。在人类迈向新世纪之际,网络传播的种种先天不足和后天缺陷也逐渐暴露出来,由此引发的道德危机,引起善良的人们的重重忧虑,而猖獗一时的网络犯罪,给正常的社会经济生活带来了巨大损失。从道德伦理和技术、法规等多层面对人们的网络行为进行规范,已成为摆在我们面前一个亟待解决的难题。

第一节 网络浊流

"信息高速公路将会通往许多不同的目的地。"[②]登录互联网,走向

---

① 尼尔·巴雷特:《计算机犯罪》,辽宁教育出版社,1998 年,第 194—195 页。

② 比尔·盖茨:《未来之路》,北京大学出版社,1996 年,第 342 页。

天堂还是被拖下地狱,全在鼠标点击之间。这是因为,互联网的去中心化结构以及网上信息的"爆炸",导致泥沙俱下,浊流滚滚。

一、色情泛滥,"黄毒"污染

我们不得不承认,由于巨额利润的驱动,互联网正在变成一条"黄"流滚滚的高速公路,在某种意义上已经成为"世界上最肮脏的地方"。正如比尔·盖茨所说:"性体验赤裸裸的内容和信息本身一样古老。怎样将新技术应用于这最古老的欲望,从来不需要很多时间。"①在网络发展初期,尽管由于技术条件的限制,传播速度慢、质量差,但是色情行业已经看好这一传播工具。到今天,网络技术的发展,特别是多媒体技术的发展,使网上色情内容可以说是"日新月异",泛滥成灾,严重污染了网络传播环境。

即使在色情行业被视为合法的国家,色情消费也被社会舆论看作是"不入流"的,因此消费者惧怕曝光的心态一直是色情服务发展的障碍。而互联网的匿名性消除了这种心理障碍,用户不再羞羞答答,可以直接上网搜索、浏览、下载色情信息;可以与同类交流,互通有无,扩散色情信息;还可以通过个人主页展示或上载自己的"写真集"或自己创作的色情作品。事实上,网络色情信息的传播历史几乎与互联网的历史一样长久。早在互联网商用以前,就有人建立 Usenet 和 BBS 散布和交流各种色情信息,一些心理不健康者或不法分子通过 E-mail 向他人散发含有色情内容的电子邮件或进行性骚扰。随着 WWW 技术的发展,一些以盈利为目的的色情传播机构设立的网站通过网络公开发布各种色情信息,包括文字、图片、声音和图像以及视频点播等。网络传播的即时性和互动性以及宽带技术和网上支付的发展,在客观上对网络色情的泛滥起到了推波助澜的作用,比如通过聊天室进行的"裸聊"以及性交易的"中介服务"等。

1995 年,美国匹兹堡的卡内基·梅隆大学的一个研究小组在 18 个月的调查中考察了与美国家庭联通的网络中的 917 410 种赤裸裸的关于性的图片、文字描述、短篇小说以及影片剪辑,发现其中有 85% 是色情的;电子公告栏储存的数据图像中有五分之四含有淫秽内容。调

---

① 比尔·盖茨:《未来之路》,北京大学出版社,1996 年,第 168 页。

查还发现,网络上的色情信息有 71% 来自以成年人为对象的计算机公告牌系统。这些公告牌系统大多是收费的,有的年收入超过百万美元,甚至更多。

据统计,国际互联网上的色情网站多达 420 万个,占网站总数的 12%,色情网页多达 4.2 亿。全世界 42.7% 的网民接触过网络色情内容,平均每秒钟有 28 258 名互联网用户浏览色情网页。每天接触网络色情内容或收发色情 E-mail 的网民占网民总数的 4.7%。技术的发展也给色情内容的传播提供了方便。目前,每个月通过 P2P 下载色情内容的数量多达 15 亿次,占 P2P 下载次数的 35%[①]。

一方面是有市场,另一方面是能盈利,这成为网络色情泛滥的原动力。互联网越来越庞大的用户群,一直是色情行业推销其产品的潜在对象,而互联网所具备的可以在全球范围内高速度、低成本地传递多媒体信息而又难以控制的特点,使其成为色情行业和不法分子的有效传播工具。色情信息和色情服务已成为网络经济中的特殊商品,色情业也成了网络经济中"投资少、见效快"的行当。事实上,色情内容确实给色情网站带来滚滚财源。在美国,2006 年整个色情业的营业收入为 133.3 亿美元,其中互联网色情收入为 28.4 亿美元,仅次于色情录像带销售和租赁[②]。或许正是因为经济实力雄厚,为了更好地为"客户"提供"优质服务",不少色情网站从网页设计到提供的各项服务都优于一些学术网站。美国纽约大学的一位性研究专家曾经指出,互联网的影响力超过了印刷媒体和广播媒体,而正是性推动着互联网和万维网的技术进步[③]。他的说法在某种意义上不无道理。

网络空间的色情泛滥已经引起了世界各国的重视。许多国家开始对网络信息实行监控,并在本国境内对进行网上非法色情活动的不法分子依法惩处。美国运用电子技术在信息通道安装了信息关卡,可以对包含色情内容的图片和文字进行处理,一旦发现可立即采取相应措施。在英国,有专门的电子侦察机构对网络 Usenet 和 BBS 进行监控,警方则对通过互联网传输黄色图片文字的公司发出警告。1999 年 9 月,一名英国商人通过设在美国的服务器从事被认为是英国历史上最

---

　　① http://internet-filter-review. toptenreviews. com/internet-pornography-statistics. html # anchor4。

　　② 同上。

　　③ 孙伟平:《猫与耗子的新游戏》,北京出版社,1999 年,第 125 页。

大规模的色情活动而被警方逮捕。法官认为,尽管服务器设在英国境外,但被告的行为触犯了英国法律,应按英国法律治罪。最后他被判处18个月的监禁,因健康状况,缓期执行。

在我国,公安机关设立了计算机管理监察部门,由"电子警察"在网上巡逻,一旦发现色情信息或接到群众举报,即进行调查取证。近年来各地已有多起利用互联网制作、散发色情信息的案件被侦破,犯罪分子受到了法律的惩处。

但是,由于各国的文化传统、社会价值观和社会法律制度的不同,对于色情信息不可能有一个全世界公认的尺度。特别是东西方国家的文化差异所导致的法律上的差异,成为网络色情得以在全球泛滥的重要原因之一。而网络传播的开放性和超时空性,更助长了网上色情信息的泛滥。在网上,各种信息可以轻而易举地突破各种人为障碍,自由流动。在一国被法律禁止的信息,用户可以通过另一国的服务器获得,在一国被视为合法的色情信息可以自由地流到另一个视色情信息为非法的国家。网络传播的这种"无政府"状态,没有一个政府可以单方面采取措施进行有效控制。

尽管色情行业和色情文化在西方国家可以合法存在,但一些国家对危及青少年身心健康的色情泛滥活动采取了各种管制措施。就是在像美国这样一个"自由"的国家,性骚扰,特别是对未成年人的性活动也是违法的。

1996年2月,美国总统克林顿签署一项法案,规定在儿童可以接触到的公共计算机网络上传播或储存"具有猥亵意味的与性相关的材料",将被视为犯罪,违者处以25万美元罚款和两年监禁。然而,该法案甫一生效,便被美国公民自由联盟以违宪为由告上法院。法院判定该法案的主要条款侵犯了公民的言论自由,违背了美国宪法第一修正案有关言论自由的规定。1997年6月,该法案被终止。为了限制未成年人接触网络色情内容,1998年10月,美国国会又通过了《儿童网络保护法案》,规定商业网站经营者必须通过电子认证系统对用户年龄进行检查,限制17岁以下的未成年人浏览色情内容,违者处以五万美元以下罚款和六个月以下监禁。在美国的社会制度下,如何协调保护言论自由与控制网络色情这一对矛盾始终是一个棘手的难题,但保护未成年人始终是社会的主流意见。

应该说,目前世界各国的社会制度、意识形态和法律体系各不相同,但对保护未成年人免受网上色情污染的态度基本一致,因此也有可能采取比较一致的行动,使对未成年人的色情伤害无处合法生存。

二、病毒肆虐,屡杀不止

计算机病毒是指编制或者在计算机程序中插入的破坏计算机功能或者毁坏数据,影响计算机使用,并能自我复制的一组计算机指令或者程序代码。计算机病毒之所以被称为"病毒",是因为它与生物病毒十分相似,具有寄生性、潜伏性、隐藏性、传染性和破坏性的特点。一旦病毒发作,会修改系统信息、影响系统运行的稳定性或夺取对系统的控制权。一些恶性病毒会使系统崩溃,甚至毁坏硬件,使整个网站的设备全部报废。

有案可查的世界上第一个病毒程序是1983年11月3日由弗瑞德·科亨(Fred B. Cohen)博士制造的。1984年9月,他在国际信息处理联合会计算机安全技术委员会年会上发表论文《计算机:原理和实验》,公开提出了计算机病毒的概念。目前已知的第一个造成计算机危害的病毒是"巴基斯坦"病毒。1987年10月,美国得拉华大学遭到这一病毒的感染,以后这种病毒又相继在美国匹兹堡、华盛顿、宾夕法尼亚的大学出现,随后又传到澳大利亚、新西兰、英国、法国、德国、荷兰等国家和我国香港地区。自此,计算机病毒开始受到全世界的关注。1988年被公认为世界"计算机病毒年"。这一年11月2日,美国康奈尔大学23岁的研究生罗伯特·莫里斯(Robert Morris)研制的"蠕虫病毒"通过网络袭击了全美互联网络,不到10小时便传遍全美,造成6 000多台电脑关机,整个网络瘫痪24小时,直接经济损失达9 600万美元。据不完全统计,1988年,美国约有90 000台计算机被病毒感染,仅在11月因病毒感染造成的经济损失超过一亿美元。

随着互联网的发展和普及,计算机病毒以前所未有的速度蔓延,给全世界网络用户造成前所未有的损失。1998年,台湾工学院学生陈盈豪编写的CIH病毒从他的宿舍迅速扩散到各大网站。1998年8月26日,该病毒入侵我国大陆。以后每年的4月26日以及每月的26日都成为这一病毒爆发的日子。1999年4月26日,CIH病毒产生了变种,因其发作时期恰逢苏联切尔诺贝利核泄漏事故的周年纪念日而被命名为"切尔诺贝利"(Chernobyl)病毒。尽管CIH病毒每月发作,但其变种

"切尔诺贝利"是流行最广的一种,它能删除计算机硬盘上的数据,甚至导致某些计算机不能正常启动,因而也是最危险的一种。1999 年 4 月 26 日的爆发造成全世界 6 000 万台电脑瘫痪。

　　电子邮件在给人们提供了交流便捷的同时,也给病毒的传播提供了方便。1996 年 9 月,美国出现了一种命名为"好时光"(Good Times)的病毒,就是以电子邮件为传播途径的。计算机一旦染上这种病毒,硬盘就会被损坏,甚至 CPU 也会被破坏。还有一种名为 Deeyenda 的病毒,会对用户的计算机进行全面的搜查,寻找口令、信用卡号码、个人数据等敏感信息,并将这些信息随意发送。1999 年 3 月 26 日,一种被称为"梅利莎"(Melissa)的计算机病毒开始在全球蔓延。在 12—16 小时中,"梅利莎"便以空前的规模和速度席卷了全球计算机网络。这一病毒起源于西欧的一个色情站点新闻讨论组。它是一个宏病毒,隐藏在一个 Word 97 格式的文件里,以附件的方式通过电子邮件传播。后经美国警方查明,该病毒的编写者是 30 岁的史密斯。他曾在 AT&T 一家转包公司当网络程序员,他盗用了美国在线的账号在公寓制作并传播病毒。据报道,他是以佛罗里达的一名脱衣舞女的名字给病毒命名的,但也有人说他是用比尔·盖茨的妻子的名字给病毒命名的。

　　2006 年底,我国互联网上大规模爆发"熊猫烧香"病毒及其变种,该病毒通过多种方式进行传播,并将感染的所有程序文件改成熊猫举着三根香的模样,使受感染电脑出现蓝屏、频繁重启等状况。同时该病毒还具有盗取用户游戏账号、QQ 账号等功能。2006 年 11 月至 2007 年 3 月,通过国家计算机病毒应急处理中心监测及反病毒应急小组成员上报,发现北京、上海、广东等多个省、市的计算机用户遭受感染,数百万台电脑被病毒破坏。由于该病毒传播速度快,危害范围广,引起社会各界高度关注,《瑞星 2006 安全报告》将其列为十大病毒之首。据业内人士估计,这可能是继 CIH 之后,对中国电脑用户影响最严重的病毒,而且传播手段之狠,破坏之严重是大家始料不及的。据调查,病毒制造者是当年 25 岁的武汉青年李俊。中专毕业的李俊因求职未果,于 2006 年 10 月 16 日编写了"熊猫烧香"病毒并在网上广泛传播,并且还以自己出售和由他人代卖的方式,在网络上将该病毒销售给 120 余人,非法获利 10 万余元。此前,李俊还于 2003 年编写了"武汉男生"病毒,2005 年编写了"武汉男生 2005"病毒及"QQ 尾巴"病毒。2007 年 9 月 24 日,湖北省仙桃市人民法院公开开庭审理了李俊等人破坏计算机信息系统罪一案。法院经审理后认为,被告人李俊等故意制作、传播计算机病毒,影响了众多计算机系统正常运行,后果严重,其行为已经构成破坏计算机信息系统罪,被告人李俊被判处有期徒刑四年,同案犯也受到法律制裁。

对于计算机病毒的来源,对于人们编写病毒程序的目的,目前是众说纷纭,有代表性的看法包括以下几种。

(1)计算机编程人员开的恶作剧玩笑,以此来戏弄别人,或是为了显示自己的存在。CIH病毒就是恶作剧的结果。编写者陈盈豪事后在网上发表公开信,称自己编写的病毒程序"给大家造成了不便","深表歉意"云云。但他又说:"什么人工智慧、防未知病毒入侵,全是唬人……防毒公司的广告,根本就是骗人的,这次事情,就可以看得出来。"而事实上,计算机病毒所造成的危害,是那些"精力过剩"的"电脑迷"们始料不及的。

(2)计算机程序员为了发泄个人私愤而编制的破坏性程序。这些破坏性程序犹如"定时炸弹",平时并不影响其他程序的正常运行,而一旦需要,就可以被激活,达到报复的目的。一个典型案例是英国某银行的一名计算机程序员出于报复目的,编写了一个病毒程序,并设置条件,一旦自己的名字从工资档案中消失,病毒便被激活,使会计系统发生紊乱。果不其然,当这名程序员被解雇后,该银行的会计系统以及所有与该银行联网的部门都出现了计算机紊乱。

(3)电脑黑客开发的游戏程序。这种游戏比试谁设计的病毒程序更厉害。比如"达尔文游戏",规定每个参赛者编写一段攻击性程序,然后输入计算机运行。各参赛者的程序相互攻击,直至一种程序将另一种程序摧毁。许多人认为计算机病毒就是来源于这种"弱肉强食"的游戏。

(4)计算机程序开发商为了保护自己的软件不被盗版而在其中写入了破坏性程序。早期的"巴基斯坦"病毒就被认为是国外软件商为了保护自己的版权而编写的。我国一家著名的软件公司的产品被盗版后,合法用户远远少于盗版用户,公司出于无奈,便在其最新的杀毒软件程序内部设置了破坏功能。当然这种企业自以为是"正当防卫"的做法被媒体曝光以后,遭到了舆论的非议,这家公司也因违反了国家有关计算机安全的法规而受到了处罚。

如果说,计算机病毒这个恶魔从被不经意打开的"潘多拉的魔盒"

中释放出来,那么能否再将它送回盒子,就是全人类面临的问题了。至少到目前为止,我们还没有找到解决办法。

三、黑客逍遥,防不胜防

被称为"电脑时代的牛仔"的黑客,可以说是计算机网络上最活跃的一部分人。"黑客"(Hacker)一词源于英语动词 hack,本意为"砍",引申为干一件非常漂亮的工作。在早期麻省理工学院的校园俚语中,"黑客"有恶作剧的意思,尤其是指那些手法巧妙、技术高超的恶作剧。早期黑客对计算机技术的发展所做的贡献是不可否认的。他们年轻,富于挑战性;他们信奉信息共享原则;他们蔑视权威,憎恨传统秩序,甚至在网络上"杀富济贫"或向恶势力挑战,伸张正义。事实上,正是早期的黑客发明并生产了个人计算机,打破了计算机技术只为少数人掌握的局面。随着计算机技术和网络技术的发展,今天的黑客一族成分杂乱,行为目的各不相同。一般将他们看作是通过不合法途径进入他人网络查看或破坏存储在里面的数据和程序的人。尽管今天仍有"仗义行侠"的黑客,尽管有人认为正是黑客的存在,带来了网络加密和解密的对抗,从而促进了计算机网络防护技术的更新和升级,但是一个不能不看到的事实是,制造计算机病毒,在网上制作、散布色情信息或从事其他计算机犯罪活动也往往是黑客所为。

如果说早期的黑客曾经对计算机技术的发展做出了自己的贡献,那么今天这些黑客的所作所为,已经违背了早期黑客的传统和道德准则,而是凭借自己的技术,利用网络传播的缺陷,为非作歹,以达到个人目的,对网络安全、信息安全乃至国家安全造成了极大的威胁。据统计,目前全世界几乎每 20 秒就有一起黑客事件发生,仅美国每年黑客破坏所造成的经济损失就超过 100 亿美元。据美国军方的一份报告透露,1999 年,五角大楼计算机网络受到黑客攻击达 25 万次之多,其中有 60% 达到了目的。而在这些成功的入侵中,每 150 起中只有一起被侦测到并被上报[1]。

美国航空航天局高级官员承认,1999 年,美国航空航天局遭到 50 万次黑客攻击。世界各地的黑客,尤其是那些自视能力高强的黑客都

---

[1]　余开亮、张兵:《骇世黑客》,中国华侨出版社,2000 年,第 191 页。

把攻击美国航空航天局的计算机网络作为自己的"最高目标",这是因为美国航空航天局的计算机系统不但先进,而且常常与美国国防部的保密网络连接,一旦攻破了美国航空航天局的网络,就意味着有可能进入美国国防部获得核心机密。2000年7月,美国航空航天局总监察长罗伯特·格罗斯在接受英国BBC广播公司采访时透露,1997年9月25日,美国"亚特兰蒂斯号"航天飞机升空后正准备与"和平号"空间站对接时,不明身份者突然闯入航空航天局的计算机系统,并用垃圾邮件导致计算机系统瘫痪,从而使地面控制中心与"亚特兰蒂斯号"航天飞机上的宇航员之间的通信系统全部中断。这意味着"亚特兰蒂斯号"有可能一头撞上"和平号"空间站。肯尼迪航天中心的地面工作人员采取紧急措施,直接向"和平号"空间站上的宇航员发出信号,让空间站把"亚特兰蒂斯号"航天飞机上的声音和数据先传给莫斯科郊外的航天地面控制中心,再由莫斯科把信号传到休斯敦的美国航空航天局总部,经过这样一番"接力"才避免了机毁人亡的悲剧发生[①]。

2000年2月7日至9日,美国发生了有史以来最严重的黑客袭击事件,包括Yahoo!在内的八家世界著名网站遭到黑客的猛烈攻击,网站瘫痪数小时。据美国媒体报道,黑客使用一种名为"拒绝服务"的入侵方式,在不同的计算机上同时连续不断地向服务器发出电子请求来轰炸Yahoo!网站。在高峰时,网站平均每分钟遭受1 000 M字节数据的猛烈攻击,这一数据量相当于普通网站一年的数据量。这些汹涌而来的垃圾邮件堵住了Yahoo!用户上网所需的路由器,公司大部分网络服务陷入瘫痪,公司不得不将网站入口关闭,造成美国的Yahoo!用户根本无法登录Yahoo!的任何站点,而世界各地的其他用户也只能登录Yahoo!的一半站点。尽管Yahoo!强调自己的安全系统没有被入侵,客户的资料也没有外泄,但分析家认为Yahoo!的主要收入来自网上广告,在关闭的两小时内本应该有一亿个页面被访问,因此仅此一项就至少造成该网站50多万美元的损失。

在这三天之内,遭到黑客攻击的还有美国其他七家世界著名网站,包括eBay(电子港湾)、Amazon.com(亚马逊网上书店)和CNN(美国有线电视新闻网)等。据美国扬基集团估计,这次被美国人比喻为"电子珍珠港事件"的黑客袭击造成的经济损失高达12亿美元。此次事件震

---

① 见《上海译报》,2000年7月6日。

动了美国朝野,震惊了整个世界。美国总统克林顿为此亲自主持召开网络安全高峰会议,紧急探讨应付黑客的对策。

此次黑客袭击,远在大洋彼岸的中国也未能幸免。2000 年 2 月 8 日,以提供即时新闻而闻名的新浪网遭到来历不明的黑客袭击。据新浪网总工程师透露,黑客采用发短信的方式,通过多种通道袭击新浪网,其手法与攻击美国著名网站的黑客差不多。据估计,黑客发来的信件至少是新浪网平时所收信件的 100 倍以上。正是这些垃圾信件堵塞了新浪网的电子信箱传输通道,使其电子邮箱系统瘫痪长达 17 小时。

在此之前,我国的黑客入侵事件也屡见报端。1993 年,中国科学院高能物理研究所的计算机被黑客入侵,某用户的权限被升级为超级权限,当系统管理员对其进行跟踪时,遭到报复。1994 年,美国一名 14 岁的儿童通过互联网进入中国科学院网络中心和清华大学的主机,并向系统管理员提出警告。1996 年,高能物理研究所再次遭到黑客攻击,黑客私自在高能所主机上建立了几十个账户,经跟踪发现黑客为国内某拨号上网的用户。同年,黑客入侵国内某 ISP 主服务器,并删改其账号管理文件,造成数百人无法正常使用。1997 年,中国科学院网络中心的主页被黑客换成魔鬼图形。1998 年以来,黑客活动更为猖獗,国内各大网站几乎都不同程度地遭到黑客攻击。

进入 21 世纪以后,网络正在成为国家和社会的"神经中枢",通信、电力、交通、金融、卫生防疫等事关国计民生的各个领域都建立在计算机网络这个平台上。计算机网络在发展过程中"漏洞"在所难免,这就给黑客攻击带来了可乘之机。社会对计算机网络的依赖与计算机网络本身的弱点,已经引起社会的关注。特别是美国"9·11"恐怖袭击事件以后,人们越来越担心,如果恐怖主义者利用黑客技术发起网络恐怖袭击,一旦得手,对国家和社会造成的危害将不可估量。

四、网络经济中看不见的"黑手"

在网络经济迅速发展的同时,通过计算机网络实施的经济犯罪也与日俱增。犯罪分子的首选目标是金融机构,因为那是直接与金钱打交道的机构。当金钱以比特而不是原子形式在市场上流通的时候,抢劫银行不再需要面具和武器,对于高智能的犯罪分子来说,只要一台联网计算机,通过敲击键盘便可"招财进宝"。在许多国家,大规模的金融交易都通过计算机网络进行,流通中的货币是由计算机处理的信息数码。比如在美国,银行支票上都印有一种表示所属银行的特殊的连体字。当持有者拿它到任何一家银行兑现时,银行计算机系统通过阅读支票上的磁迹特征识别标码,就能确定该支票的原属银行,并将其转到联邦票据交易所。票据交易所收到支票后通过模式识别装置进行识别,然后再转到该支票的应付银行。如果这些程序中的一些指令被犯罪分子改变,那么将资金从一个账户非法转到另一个账户是十分容易的,而且可以在完成非法活动后立即自行消除指令,做到不留痕迹,使案件的侦破无从下手。

据英国《星期日泰晤士报》2000 年 2 月 18 日报道:在过去的几个月里,至少有 12 家跨国公司的电脑系统的机密资料失窃,并因此而被勒索。其中 Visa 信用卡公司被勒索高达 1 000 万英镑,犯罪分子声称如果 Visa 公司不合作,就会使整个系统瘫痪。英国警方认为,这是英国有史以来最严重的有计划侵入公司电脑系统的案件,而且作案手法十分先进,可能是受雇于某个犯罪集团的有偿服务。据报道,Visa 公司有八亿个信用卡客户,每年营业额近一万亿英镑,只要其电脑系统瘫痪一天,就有可能损失数千万英镑。据英国媒体报道,一些不法分子通过入侵银行的计算机系统对银行进行敲诈已经好几年了,而银行方面则不得不忍受敲诈,因为它们担心入侵事件被投资者知道后将影响银行的股票价格,而向不法分子支付他们敲诈的金钱要比被曝光的损失小得多。据报道,1998 年大约有 30 家国际银行承认被攻击,许多交易、账号和通讯资料被窃走,它们被敲诈的资金超过 100 万英镑。

据《北京青年报》报道:从 1994 年到 1997 年,英国一名计算机专业毕业的大学生破译了美国 AT&T 公司的密码,通过互联网进入该公司的电话计算机中心,窃取了大量用户的电话账户和密码,又通过互联网以低廉的价格向全世界出售,非法获利约八万美元。据英国警方估计,三年中,他给 AT&T 公司所造成的经济损失高达 1 000 万美元,而 AT&T 公司为了更正数据混乱和其他善后工作可能还需耗资 1 700 万美元。

随着网络的普及,网络诈骗已成为犯罪分子的"生财之道",全世界由网络诈骗带来的经济损失多达数十亿美元。有人估算,用传统方式抢劫银行,平均每次获得的赃款为 3 551 美元,劫匪落网的可能性为82%;而利用网络盗窃,平均每次可得赃款 25 万美元,被抓获的可能性仅为 2%[1]。除了以金融机构为目标外,普通百姓也成为犯罪嫌疑人诈骗的目标。前几年,随着手机的普及,用户经常会收到所谓"获奖"的短信,称"祝贺您获得 XX 大奖",然后要求用户将"个人所得税"汇入指定账号。这种利用普通人"贪小"心理的诈骗手法经媒体曝光后很快"失灵",于是又出现了网络诈骗的"升级版",利用公众对国有银行的信任进行诈骗。犯罪嫌疑人冒用某银行名义发短信给银行卡用户,谎称用户的银行卡被他人复制盗用,并诱骗用户将卡内的资金转移到指定账号以减少损失。用户一旦信以为真,卡内资金便会不翼而飞。这种诈骗手段花样不断翻新,由于其行骗范围广,手段隐蔽,调查取证比较困难,破案难度较大。

随着计算机网络技术在经济活动中的广泛应用,可以预见,在经济领域的计算机犯罪作为一种特定的犯罪类型可能将不复存在,因为所有的经济犯罪都将是计算机犯罪。

第二节　网络犯罪及其治理

建立在网络技术之上的网络社会是现实社会的一个组成部分,同时又具有虚拟化的特点。网络行为正如现实社会中的行为一样丰富多彩,而现实生活中的犯罪活动也在网络环境中得以延伸,除杀人、强奸、直接伤害等直接人对人的犯罪活动外,其他现实社会的犯罪现象在网络上大都有所体现。而一些伴随计算机网络而出现的新的犯罪方式造成的危害甚至远远超过了传统犯罪方式。

"网络犯罪"是犯罪学上一个新的概念,它与诸如"经济犯罪"之类的概念一样,是人们在长期使用的过程中约定俗成的。网络犯罪,顾名思义,就是利用计算机网络进行犯罪活动。有些学者给它下了这样一个定义:行为主体(人)以计算机及网络为犯罪工具或攻击对象,故意实施的危害网络安全,侵害网络资源,危害他人或社会的、触犯有关法律规范的行为[2]。网络成为犯罪行为的载体和工具,而犯罪行为所造

---

[1]　程洁、张健:《网络传播学》,苏州大学出版社,2006 年,第 161 页。

[2]　孙伟平:《猫与耗子的新游戏》,北京出版社,1999 年,第 16 页。

成的危害则不仅仅局限于计算机网络,有可能从网上到网下,从虚拟到现实,渗透到社会生活的各个领域。如果一个黑客通过网络入侵了国家安全系统,对重要数据进行破坏或泄密,就可能引起"多米诺"连锁反应,造成灾难性后果,波及国家军事、政治、经济和人民生活的各个领域,后果不堪设想。事实上,世界上许多国家的政府、军事网络系统都曾经或多或少地被黑客攻击过,在安全问题上潜伏下许多隐患。正因如此,网络犯罪对社会的危害程度要远远超过一般犯罪,而人们对网络犯罪的关注也超出了对一般犯罪的关注。

我国自 1986 年发现首例计算机犯罪以来,利用计算机网络犯罪的案件数量不断上升。1986 年,全国发生网络犯罪案件 9 起,2000 年增加到 2 700 起,2002 年更是上升到了 4 500 起,到 2004 年,据公安部公布的数字超过了 13 000 起。这些案件涉及金额从数万元到数百万元,据称被发现的案件仅占全部犯罪活动的 1%,因而真正的损失难以估量①。

问题是当前的网络立法还远未成熟,传统的法律、法规体系不能完全涵盖发生在网络上的多种多样的犯罪形式。因此,"网络犯罪"仅仅是一个比较含糊的、含义广泛的概念。有一些行为不一定与传统法律、法规明显相违背,但却在客观上造成了一定程度的伤害,或扰乱了正常的网络秩序,这些行为到底是否属于网络犯罪范畴,还存在着争议。对网络犯罪的定义应该随着网络的发展,特别是网络立法的健全而不断得到补充、修正和完善。

一、网络犯罪与网络传播的技术特性

首先,互联网是一个没有中心、没有等级的开放性网络,这决定了网络行为的自由和网络控制的难度。在网络上所有的电脑都遵守 TCP/IP 协议以保证网络的畅通无阻。因此,每一台电脑同样重要,都是网络传播的一个节点,而没有等级、财富或权势的差别。网络就其本质而言是不支持等级控制的。在等级森严的现实社会中,人们总是隶属于特定的阶层,在行为上受到本阶层有形或无形的限制,因而大多数人循规蹈矩,主观和客观上较少有犯罪行为。而在尊重个性、蔑视权威

① 程洁、张健:《网络传播学》,苏州大学出版社,2006 年,第 151 页。

的网络世界,打破陈规成为一种时尚,电脑又把人们隔离开来,思维和行动获得更大的独立自主性。尤其对于那些缺乏自我约束能力的青少年来说,网络成了他们向社会、向权威发起挑战的利器。出于利益的诱惑,部分成年人也滥用网络行为的独立自主的权利,铤而走险,走上网络犯罪的歧途。

其次,互联网是一个超越时空、跨越文化和国界的全球性网络,几乎所有的国家都被纳入国际互联网中来,成为"地球村"的一员。在同一张网上,来自不同国家、地区、种族、民族、文化的人要和平相处,显然有一定的难度。在网络上,信息的传播速度与光速相同,时间和空间上的距离在网络上显得无足轻重。根据国家意志建立起来的信息壁垒也被网络一一击破,以国家政权为基础的犯罪控制在网络上面临巨大挑战,全球化和地区化之间的冲突在网上表现得淋漓尽致。在《数字化生存》一书中,尼葛洛庞帝叙述了自己的一次亲身经历。他到加拿大温哥华参加会议时,委托联邦快递公司运送的 CD 盘、录像带和只读光盘被海关扣了下来。而同一天,他却在旅馆的房间里利用互联网把比特传来传去,海关对此无可奈何①。的确,在无形的比特面前,我们通过传统方式建立起来的重重壁垒日益显得苍白无力。而犯罪分子只要有一台联网的计算机,就可以在世界的任何地点实施犯罪活动,而且影响范围大,受害面可波及其他网络。

最后,网络行为具有数字化、符号化、虚拟化等特点,这使网络犯罪的成本和风险越来越小,而危害却越来越大。掌握计算机网络技术的犯罪分子,对网络的缺陷和漏洞了如指掌,可以利用网络技术和四通八达的国际互联网络进行犯罪活动。作案手段复杂隐蔽,作案过程在瞬间完成,作案行为与正常操作很难区分,而且可以做到不留痕迹。可以说,网络犯罪的症结正在于网络虚拟世界与物质真实世界之间的矛盾与冲突:现实的人以虚拟化手段实施犯罪行为,而虚拟的行为却造成现实的恶果,给整个人类社会带来新的冲击。

二、网络犯罪的发展趋势

纵观网络犯罪的演变过程,我们发现网络犯罪呈现出以下几大

---

① 尼古拉·尼葛洛庞帝:《数字化生存》,海南出版社,1996 年,第 22 页。

趋势。

首先,犯罪数量上升,犯罪手段日益丰富。随着互联网的普及,网络和真实物质世界的联系日益加强,越来越多的人认识到网络的"犯罪利用价值",把传统的犯罪手段搬上网络,或者利用网络创造出新的犯罪手段,网络犯罪的数量和种类都呈现出上升趋势。据路透社报道,美国联邦调查局官员称,计算机犯罪已经给美国经济造成巨大威胁。近几年他们受理的计算机犯罪案件成倍上升,1998 年受理 547 起,而 1999 年受理 1 154 起。我国的情况也不容乐观。据公安部有关负责人介绍,近几年来,我国利用计算机网络进行的各类违法行为正以每年 30% 的速度递增,仅 1999 年全国就破获电脑黑客案数百起,而这只占被发现的黑客攻击案总数的 30%。

其次,罪犯年龄呈现年轻化趋势。尽管大多数伴随着网络成长起来的青年一代以一种积极健康的态度推动着互联网的发展,但不可否认有一些"迷途青年"陷入网络犯罪的深渊而无法自拔。在 2000 年 2 月被控使用病毒使 CNN. com 陷入瘫痪的加拿大蒙特利尔少年仅 15 岁。网络造就了不少"黑客神童",他们"一夜成名,扰乱大人世界"的神话对未成年人无疑具有很大的吸引力,使更多的孩子步其后尘。有统计表明,计算机犯罪年龄区段为 18—46 岁,平均年龄为 25 岁。1996 年,一名年仅 16 岁的英国学生轻而易举地闯入美国空军基地的电脑系统,通过网络截获了数十份机密文件,包括弹道导弹研究资料。当时国防部担心是东欧间谍集团所为,告诉参议院军事委员会,称这神秘的入侵者比前苏联克格勃厉害百倍,是美国安全的头号威胁。警方经过 13 个月的调查,最后发现入侵者仅是一名学音乐的学生理查·普莱斯。他被指控非法入侵美国国防部网址 200 多次,由于其动机是出于好奇,没有给美国军方计算机网络造成破坏,也没有泄漏任何敏感情报,最后被罚款 1 200 英镑了之。

第三,犯罪所造成的危害越来越大。有关资料显示,全世界每年因计算机违法犯罪直接被盗的资金达 20 亿美元以上。平均每次违法犯罪造成的损失,1983 年约为 5 万美元,1988 年增至 65 万美元。目前美国每年由于计算机犯罪而遭受的损失超过 100 亿美元,德国为 50 亿美元,英国为 30 亿美元,法国为 100 亿法郎。我国自 1986 年发现首例计算机犯罪以来,损失金额多达数百万元,目前我国的计算机犯罪正以每年数十倍乃至上百倍的速度猛增。可以想见,随着技术的不断升级换代,网速的不断提高,网络使用者数目的不断增大,网络犯罪的破坏力将越来越大。

最后,网络犯罪更深层次的危害还表现在直接或间接地动摇了我们的道德文明,扰乱了社会正常秩序,激化了不同文化之间的冲突。有一句名言:"在网络上,没有人知道你是一条狗。"基于此,一方面,人们对他人的网络行为普遍不信任;另一方面,一些人也纵容自己在网上实施不负责任的行为,并认为这无伤大雅。由于网络跨越时空,各种文化之间的冲突也被摆到最前沿,其中西方文化与非西方文化的冲突更为突出。正如美国著名的未来学者托夫勒所言:"电脑网络的建立与普及将彻底改变人类生存及生活的方式,而控制与掌握网络的人就是人类生活的主宰。谁掌握了信息,控制了网络,谁就将拥有整个世界。"当网络犯罪的黑手一步步伸向与我们生活紧密相关的国际互联网时,我们不得不开始担心世界将由谁来掌握。网络犯罪不仅造成了极大的经济损失,而且已经深入到文化和道德层面,激化了不同文明之间的矛盾,导致新的道德危机和价值观的沦丧,因此对网络犯罪的重视再怎么强调都不为过。

三、技术控制及其局限

面对新技术带来的新挑战,人们首先想到的还是通过技术手段与网络犯罪决一雌雄。目前主要通过以下手段对网络犯罪加以控制。

1. 防火墙技术

防火墙技术是目前互联网上所采用的主要安全手段。防火墙(Firewall),就是在内部网与外部网之间建立一个保护层,网络内部之间的访问根据原有的协议进行,网络内部对外部网络的访问在事先约定的协议授权下进行,而外部网络对本地网络的访问将受到防火墙的隔离,从而保护了本地内部网资源免受外部非法入侵。防火墙的局限性主要体现在防火墙不能防范不经由防火墙的攻击,不能防范人为因素的攻击,对受病毒感染的软件或文件传输也无能为力。而且,防火墙的高度安全性、透明性与网络服务的开放性、便利性和灵活性常常相互制约和相互影响。因此一般而言,只有对网络安全有特别要求的企业网、公司网、军事网才建议使用防火墙。

2. 加密技术

加密技术把网络信息、财产等变成密码保护起来,被认为是目前最有效的安全技术。它主要包括单匙技术和双匙技术。所谓单匙技术,是指无论加密还是解密都是用同一把钥匙,发信人用某把钥匙将重要信息加密,通过网络传给收信人,收信人再用同一把钥匙把加密后的信息解密;而所谓双匙技术,是指通过两个相关互补的钥匙,一把是公开的公用钥匙,一把是只有每个人自己知道的私人钥匙,发信者需要收信人的公用钥匙,将重要信息加密,而收信人则用自己的私人钥匙将其解密。加密技术在提高信息保密度的同时也给信息使用带来困难,这是与网络的开放性与迅捷性背道而驰的。

3. 数字签名技术

发信人用自己的私人钥匙将信息加密,这就相当于在这条信息上上了把锁,任何人只有用发信人的公用钥匙才能解开这条信息。这一方面可以证明这条信息确实是发信者发出的,而且未经他人改动,因为只有发信者才知道自己的私人钥匙;另一方面,信息一旦发出并签署了自己的名字,便表示发信者对自己发出的信息负责。2000 年 6 月 30日,美国总统克林顿签署了一项法案,赋予网上签名与亲笔签名同等的法律效力。克林顿成为这条新法律的首位实践者,他在亲笔签署法案后又使用了电子签名。克林顿说,网上契约从此将与传统的一纸合同具有同等法律约束力,网上签名很快将成为人们经济生活中习以为常的方式。在运用这一新技术之后,人们就不用再保存原有的各种纸文件,因此可以节约高达数百万美元的资金。

4. 启用分级过滤软件

1997 年召开的国际互联网联合会提出了网络监控软件的监控标准,这一软件被称为"互联网内容选择平台"。它将互联网上的信息分为性、暴力、语言、裸体等四个方面,每个方面的信息分为 0 到 4 级,级别越高,危害越大。家长可以设定"过滤标准",并可以设定密码,如果计算机在调阅超标的信息时将拒绝显示。我国清华大学也推出了防黄软件"五行卫士",可以对网络色情起到防堵作用。1998 年 8 月,微软、AOL、Yahoo!、Netscape 四大公司连手推出了一个过滤网站 http://www.getwise.com,该网站有 80 多个过滤软件,并向各年龄段的孩子提供适宜他们访问的网站地址。

此外,可以采取的安全技术措施还有数据完整性机制、路由控制机制、交换鉴别机制、业务交流量填充机制等等,而且随着技术的发展,新的技术手段也会不断发展。

但必须指出的是,"道高一尺,魔高一丈",技术手段具有其先天局限性,单凭技术手段来杜绝网络犯罪是不切实际的。迄今为止,所有的高科技办法几乎一经使用就遭到黑客的反击,而技术控制必然带来对网络传播自由的削弱,这与互联网的开放精神背道而驰。我们在大力发展网络犯罪控制防范技术的同时,还应该"以人为本",从法制和道德两方面进一步加以规范。

第三节　网络道德法规建设

从长远来看,要实现对网络传播的有效社会控制,必须加强网络道德建设和法制建设,通过内化在每一个网民心中的道德标准来"防患于未然",最大限度地清除网络环境污染,通过立法和执法来遏制和减少网络犯罪。

一、网络道德建设

网络其实也是人类社会的一个组成部分,因此也必然要受到人类社会道德规范的约束。所谓道德,是指调整人们之间以及个人与社会之间的关系的行为规范的总和。道德渗透于整个社会生活之中,与每个人均有密切关系,是构成社会的一个重要因素,是增强社会凝聚力、维护社会安定与和谐的一种特殊方式与手段。它以善与恶、正义与非正义、诚实与虚伪等概念评价人们的行为,调整人们的相互关系;它通过舆论和教育影响人们的心理,进而形成内心信念,并利用传统习惯和规章约束人们的行为。总之,道德是人类社会特有的现象,是人类社会所特有的依靠社会舆论、传统习俗和人们的内心信念来维系、对人的行为进行善恶评价的社会意识、原则规定和行为活动的总和①。由于网络具有符号化、虚拟化等特点,网络道德应该形成一些新的规范来约束人们的网络行为。在网络诞生之初,人们片面强调网络自由,而忽视了网络道德与责任,但随着网络的扩张和自由的滥用,人们又认识到道德责任意识的重要性并转而呼吁有节制的自由。事实上,自由与责任从来都是相伴相生的,只有在两者之间寻找到一个平衡点,才能实现真正的属于全体网民

---

① 黄瑚:《新闻法规与新闻职业道德》,四川人民出版社,1998 年,第217—219 页。

的自由。寻求平衡点的过程就是网民把网络规范内化为自己内心崇高道德准则的过程。一套道德规范体系的形成需要漫长的积累,网络道德建设也不例外,但考虑到网络本身天然拥有的道德内涵(比如网络天然承认平等,网络协议天然要求各节点间的相互合作与"人人为我,我为人人"的精神等),我们还是应该对网络道德建设充满信心。

正如在传统传播环境中,人们参与传播的动机和目的各不相同,网民上网的动机和目的也各不相同。但是,如前所述,网络传播融合了人际传播和大众传播两种人类最基本的传播方式,网民上网的最基本目的也就是通过网上人际交往,达到传递信息、沟通感情、协调关系和交流经验的目的;或者通过浏览网页,点播娱乐节目或参与游戏,满足自己的信息和心理需要。从理论上讲,"计算机天生就是平等的",计算机网络给人们的信息传播和交流带来了前所未有的极大的自由,"自由是网络之魂"的说法得到了大多数人的赞同。

但是,正如现实生活中没有绝对的自由一样,人们在网络上的行为也要受到一定的约束。"没有规矩不成方圆",没有"交通规则"也就不可能在"信息高速公路"上自由驰骋。互联网从诞生至今不到40年,而普遍进入人们的社会生活才十几年时间。人们的网络传播行为、表达习惯和满足方式都随着网络技术的发展而不断改变着,随之发展起来的网络规范和礼仪在调节和规范网民在网络传播中的角色、权利和义务,以保证网络传播健康有序的运作和发展中发挥着重要作用。因此,每个网络用户必须明确认识到,你可以通过互联网连接上的其他网络或计算机系统有着自己的规则和系统,在一个网络或系统中被允许的行为在另一个网络或系统中也许是要受控制的,甚至是被禁止的。因此,遵守其他网络的规则和程序是每一个网络用户的责任。

1. 行业性的规范

国外一些计算机和网络组织为其用户制定了一系列相应的规范。其中,比较著名的是美国计算机伦理协会(Computer Ethics Institute)为计算机伦理所制定的十条节律(The Ten Commandments for Computer Ethics)。具体内容是:

(1) 你不应该用计算机去伤害别人;

(2) 你不应该干扰别人的计算机工作;

(3) 你不应该窥探别人的文件;

（4）你不应该用计算机进行偷窃；

（5）你不应该用计算机作伪证；

（6）你不应该使用或拷贝你没有付钱的软件；

（7）你不应该未经许可而使用别人的计算机资源；

（8）你不应该盗用别人的智力成果；

（9）你应该考虑你所编的程序的社会后果；

（10）你应该以深思熟虑的慎重的方式来使用计算机。

美国的计算机协会作为一个全国性的组织，希望它的成员支持下列一般的伦理道德和职业行为规范：

（1）为社会和人类作出贡献；

（2）避免伤害他人；

（3）要诚实可靠；

（4）要公正并且不采取歧视性行为；

（5）尊重包括版权和专利在内的财产权；

（6）尊重知识产权；

（7）尊重他人隐私；

（8）保守秘密。

另外，国外有些机构还明确划定了那些被禁止的网络违规行为，如南加利福尼亚大学网络伦理声明指出了六种网络不道德行为类型。

（1）有意地造成网络交通混乱或擅自闯入网络及其相连的系统；

（2）商业性地或欺骗性地利用大学计算机资源；

（3）偷窃资料、设备或智力成果；

（4）未经许可而接近他人的文件；

（5）在公共用户场合做出引起混乱或造成破坏的行动；

（6）伪造电子邮件信息①。

中国科学院高能物理研究所早在 1993 年就参照美国斯坦福国家实验室计算中心的《用户守则》，制定了自己的《用户守则》，规定了网络的用途和网络账号的管理原则等。规定不经允许不得私自阅读他人

---

① 转引自严耕、陆俊：《网络悖论》，国防科技大学出版社，1998 年，第 154—155 页。

的通信文件,不得私自拷贝不属于自己的软件资源,严禁将带病毒的文件输入计算机,严禁私自在计算机上进行大量消耗资源且没有科学意义的测试操作、广播型或链式通信操作、游戏型或赌博型操作。对任何违反规定者将给予停止使用3—6个月的处罚,直至追究法律责任①。

2. 基本的行为规则——网络礼仪

对于普通网民来说,遵循网络礼仪是一个网络社会成员的基本行为准则。网络礼仪是近年来出现的新名词,它的英语原形"Netiquette"由"Net"和"Etiquette"组成。前者指的是网络,后者指的是礼节、礼仪,又指同业间的规矩和行为规范。就像人们在现实社会生活中遵循一定的礼仪一样,为了保障网络传播的正常有序进行,一些网络礼仪逐渐形成并被不同文化、不同民族的网民所接受。当然随着网络的发展,有些过时的礼仪会被淘汰,就像现实生活中的叩头、作揖等,在绝大多数场合已经不被认可了。在目前的技术条件下,以下的网络礼仪被认为是网民正常交往、相互理解的重要手段。

　　——要让文件和信息简明扼要。

　　——每条信息集中于一个主题。

　　——对别人说话要格外小心。不要从自己的观点出发对信息发布者的社会身份作过多猜测,最好就事论事。

　　——不要用学术网从事商业或盈利活动。

　　——你的签名应包括你的姓名、职业、单位和网址,但不要超过四行,签名中可选择的信息可以包括你的住址和电话号码。

　　——大写的词只用来突出要点,或使题目和标题更醒目,也可以用星号(＊)围住一个词使它更突出。

　　——没经原作者的允许而把个人电子函件寄往电子公告板是极端无礼的行为。

　　——慎用讽刺和幽默,在没有直接交流和必要表意符号的情况下,你的玩笑也许会被认为是一种批评。

　　——尊重版权和出版条例,必要时采用缩写式,例如:

IMHO ＝ in my humble/honest opinion(以鄙人之见)

FYI ＝ for your information (仅供参考)

---

① 陈炎:《Internet 改变中国》,北京大学出版社,1999 年,第 451 页。

BTW ＝ by the way(附带说)

——你所提的问题和发表的评论要与讨论组的主题相关。

——不为其他人"令人生气的批评"所动,请记住,这些讨论是"开放的",是一种建设性的交流,你如何对待清单上的其他人,别人也会这样对待你。

——当你对讨论组提一个问题时,答复也是直接针对你个人的。如果你能答复其他人的问题,请用电子函件。如果20个人正在同时回答一个问题,你的邮箱会很快塞满(其他人也一样)。

——请用你自己的电子函件个人账号,不要使用分摊的办公账号①。

当然在各种网络用户手册中,各个新闻讨论组都会向各自的用户提出具体要求,就像在现实生活中的人际交往一样,尊重他人是最基本的要求。在参与 BBS 中,以下错误是应该避免的。

——不正常断线。此举不但容易影响他人上线,严重的会导致系统死机,增加网站维护困难。

——冒用别人身份或用多个身份上线。电子公告板最强调公开、自主,所以这种行为最为人所不齿。

——重复注册。重复注册往往会增添网站管理的麻烦,也会影响公平性。

——上传版权软件。商业软件在电子公告板上传播是不对的。电子公告板应朝信件交流、技术交流、信息共享的方向发展,所以大多数不愿接受商业软件上传,如果发现也会被随时删除。

——上传垃圾文件。这包括上传站上已有文件,上传比站上文本更旧的文件,上传已注册为某人名字的文件,上传经增减或更改的原始压缩文件的内容或名称,上传有病毒的文件,上传规定拒收的软件等。

——注解与文件内容不符。文件注解是使用者考虑是否下传的依据,谎报软件版本或注解与文件内容根本不相关,是相当严重的错误。

——上传未测试或不完整的文件。有些文件本身就有问题,

---

① 陆俊:《重建巴比塔》,北京出版社,1999 年,第165—166 页。

可能是压缩文件有错误或上传不正常中断造成文件不能使用、文件内容不完整等问题。由于使用者本身在从其他站点上下传后未曾使用,所以在毫无觉察的情况下继续传播,无意间给其他使用者造成了困扰①。

3. 倡导和褒扬高尚、正确的网络传播行为

目前看来,推动网络发展的不仅仅是网络媒体,更多的是单个网民或其形成的合力,因此,网络道德建设不仅包括建立和完善网上媒体传播信息时的"职业道德",还应该对每一个网民的网络行为进行道德规范。网上媒体传播信息时的职业道德,除了现有"新闻职业道德"的规定外,鉴于网络传播的极大丰富、无远弗届、形式多样、自由交互等特点,网上传媒的职业道德建设应该强调对信息真实性严格把关的使命感,尊重网民权利、为网民服务、做网上"信息导游员"的平常心态。由于传统媒体在人力资源、信息资源和专业技能上有比较明显的优势,因此在网络行为中应该起到一种倡导新风范的表率作用。对于单个网民来说,在网络上无论是进行个人行为还是与他人进行交流,都可以视作传统社会行为的网络延伸,因此,在传统社会行为中我们要遵守的道德规范如诚实、守信、与人为善等也同样适用于网络行为。

正如在现实生活中,正确的舆论导向对于建立良好的社会秩序、保证社会健康发展具有十分重要的意义一样,在网络环境中,同样需要正确的舆论导向,需要倡导和褒扬高尚、正确的网络传播行为,批评和谴责错误的、不道德的行为,在网络上创造一个良好的、健康的社会风气,使普通网民的素质得以提高,自觉抵制各种不道德行为。除此之外,还有必要制定较为详细、易于操作的网络行为规范和细则,使网民们有章可循。同时通过立法,将最基本的网络行为规范以法律形式加以规定,使网络道德建设与法律法规建设接轨。

二、网络法律、法规建设

对犯罪最具威慑力也最有效的手段是法律。目前的网络空间还远非一个"法治社会",而网络犯罪是一种全新的高技术、高智能犯罪活

---

① 陆俊:《重建巴比塔》,北京出版社,1999 年,第 166—167 页。

动,原有的法律、法规不能完全适用,新的法律、法规有待于建立健全。特别是法律的"真空"造成了无法可依,或无法量刑,加剧了网上的"无政府状态",使不法分子有机可乘,逍遥法外。面对日益猖狂的网络犯罪,人们也自然而然地寄希望于法律之剑,希望布下恢恢法网,把虚拟世界中的罪犯一一擒获,绳之以法。

网络立法几乎是伴随着计算机、互联网的发展进程而从无到有,逐渐成熟的。从 20 世纪 60 年代起,美国、欧洲各国、澳大利亚等 30 多个国家先后根据本国的实际情况制定了相应的计算机安全法规。1984年,美国国会通过了《联邦禁止利用电子计算机犯罪法》。1987 年,美国国会制定了《计算机安全法》,并于第二年依据该法审理了第一宗计算机犯罪案件——"莫里斯案件"。1996 年 2 月 8 日,美国颁布了《通信道德条例》,规定不仅通过网络传播有害青少年的内容要受到惩罚,甚至知情者也有罪。

其他国家在网络法规制定上的步伐也迈得相当快。

在计算机安全立法和数据监察方面起步较早的瑞典 1973 年颁布了《数据法》。这是世界上第一部保护计算机数据的法律,涉及计算机犯罪问题。

日本通产省 1985 年起草的《信息化社会基本法》,包括了计算机系统事故对策、防止计算机犯罪措施、数据保护以及软件保护的法律等内容。日本警视厅于 1989 年 11 月公布了《计算机病毒等非法程序的对策指南》。

新加坡政府于 1996 年 3 月颁布了管理条例,要求提供联网服务的公司对进入网络的信息内容进行监督,防止色情和容易引发宗教和政治动荡的信息的传播。

德国《信息与通信服务法》于 1997 年 8 月 1 日正式付诸实施。它主要包括电信服务法、电信服务数据保护法、数字签名法、刑法典的修正、违反治安条例法的修正、危害青少年道德的出版物传播法的修正、著作权法的修正、定价法的修正、定价行政法的修正、恢复行政法令的统一次序等内容。作为世界上第一部对电子网络空间的行为实施法律规范的专门立法,它所确立的传播自由与责任并重原则对将来世界各国的相关立法将产生深远影响。

我国 1987 年 10 月制定的《电子计算机系统安全规范(试行草案)》是我国第一部有关计算机安全工作的法规。1994 年 2 月 18 日,国务院颁发了《中华人民共和国计算机信息系统安全保护条例》,对各类计算机信息系统的安全保护工作作了明确规定,但尚需进一步制定实施细则与配套法规。1996年2月,国务院发出通知,要求进入国际互联网的计算机用户进行登记,以便加强管理,我国从而成为世界上首批采取措施对网络进行管理的国家之一。

事实上,各国网络立法的实践都经过较大波折,而非一帆风顺。在网络上"自由传播"的观念已经深入人心,人们总是以担心自由被限制为由对网络立法持保留态度。即使有了较完善的法规体系,网络执法工作也是步履维艰,原因有以下几点。

首先,网络犯罪侦察困难。今天的互联网已经深入到世界的每一个角落,而网络犯罪几乎与网络化程度成正比。美国作为网络化程度最高的国家,同时也是网络上犯罪率最高的国家。当网络犯罪活动发生后,执法部门首先感到侦察十分困难。因为由世界各国的各种网络和计算机组成的互联网没有中央控制,网络又四通八达,任何人在任何地点都可以上网,无需登记,更可以匿名,犯罪分子可以利用网络传播的这一特点,采取"游击战术",打一枪换一个地方,来无踪去无影。相比之下,目前还没有一个网络执法机构或组织,而由传统的执法机构,按照传统的办案方式、程序对付网络犯罪,这就显得明显的力不从心。同时,网络犯罪作为一种高职能、高技术犯罪,犯罪分子往往精通计算机网络技术,特别是一些黑客,他们也在不断采用新技术、新方法躲避执法部门的注意和追踪。虽说"邪不压正",执法部门也不乏网络技术高手,但总体来说,目前"电子警察"的技术素质不尽如人意。日本警方曾组织过网络知识培训,但是当警察们好不容易学会了一些技术后,却发现他们所掌握的早已过时了,技术更新的速度远远超过警察掌握技术的速度。为此,现在有些国家警方通过"招安",雇用改邪归正的黑客参与破案。2000年初美国"电子珍珠港事件"后,在美国总统克林顿主持召开的网络安全高峰会议上,与会者中就有一位曾经是黑客的特殊人物。

其次,取证、认证困难。"以事实为依据"是案件侦破的基本原则,证据在司法实践中的意义不言自明。但是,在网络这个虚拟环境中,一切行为包括犯罪行为都以数字形式出现,尽管犯罪行为难免留下"蛛丝马迹",但是要在极为庞大的信息数据中找到它们,无异于大海捞针。而且这些数字化的罪证又很容易被修改或销毁。事实上,在网络空间发生的犯罪活动,没有一个物理的犯罪现场,犯罪分子作案后,根本不必"逃离现场",相反可以从容地进行伪装,删除可能成为证据的痕迹,或制造假象,给破案设置障碍。根据美国国家计算机犯罪资料中心的调查,未加审判的犯罪案件要比已经审判的案件多得多,其原因就是大多数案件证据不足。

第三,互联网是一个全球性的网络,各国文化有冲突,法制体系也有冲突,因此,面对超地域性、国际性的网络犯罪行为时,究竟按哪一国的法律进行审判,已经成为网络法制争端的焦点所在,正如尼葛洛庞帝所指出的"既然我们连汽车零件贸易都没有办法和各国达成协议,要处理电脑空间法律更谈何容易"①? 2000 年 5 月 15 日,法国一名州检察官皮埃尔·迪兰热要求法院对著名的门户网站 Yahoo! 发出禁止令,禁止该网站为"纳粹"图书提供拍卖服务。负责审理此案的让·雅克·高米兹 5 月 21 日判决 Yahoo! 必须保证该站点不被法国人检索到。这个案件引起全世界关注,因为这是一起涉及多国之间法律协作的国际性案件,并将给将来类似案件的判决提供借鉴。正如 Yahoo! 公司的律师代表所说,从技术上说,Yahoo! 公司根本不可能对网站上发布的所有内容进行过滤,这是任何一家公司都无法承受的工作,而且美国法律并未禁止此类网上拍卖活动。而在法国,带有种族主义色彩的物品是禁止拍卖和展示的。法国法官的判决说明,互联网尽管是跨国界的网络,但互联网行为却应该受到行为发生地法律的制裁。这个案例还说明,针对全球化的网络犯罪行为,需要全球各国的精诚合作。应该认识到,在进行网络法规建设时,要把国际性原则和国家性原则结合起来,建立一个兼具规范与自由、秩序与灵性、合作与特性的"全球法网"。

---

① 尼古拉·尼葛洛庞帝:《数字化生存》,海南出版社,1996 年,第 278 页。

第十一章

Web 2.0：网络传播新发展

互联网的发展，在经历了一次"泡沫"以后，进入了 21 世纪。一个新的概念——Web 2.0 进入了网民的视野，并很快成为一个热门话题。如果我们对网络传播近 40 年的发展作分期的话，20 世纪 90 年代初 Web 技术问世之前可以称为"前 Web"时期，20 世纪最后 10 年一直到如今，可以称为 Web 时期，而 Web 2.0 则可以说是代表了网络传播新的发展方向。

第一节　Web 2.0 的基本理念

自 2002 年初开始为大众所知的 Web 2.0，如今已经从一个抽象的概念转变成为实际的互联网应用，无数网络用户在使用中获益多多而乐此不疲。

一、从 Web 1.0 到 Web 2.0

Web 2.0 的概念开始于美国一家称为 O'Reilly & Associates 的科技出版公司 2002 年初的一个头脑风暴会上。在这次会议上，网络先锋人物——O'Reilly 公司副总裁 Dale Dougherty 指出，在网络经济泡沫破灭后出现了许多令人激动的新软件和新颖网站。它们的出现不是偶然的，而是有着一种必然的规律性。这说明，互联网发展在出现了暂时的停滞不前后,已经找到了新的方向并正朝此方向迅速前进①。

　　严格说来,在 Web 2.0 的概念出现以前,不存在什么 Web 1.0。在 20 世纪 90 年代以前,互联网并不是一个普通人能够进入的领域,因为连接到互联网需要经过一系列复杂的操作,使用者必须具备当时多数人都尚未具备的硬件和软件条件。这也是互联网没有能够迅速流行的重要原因之一。是伯纳斯-李在 20 世纪 90 年代初发明的万维网(World Wide Web)极大地降低了互联网对使用者的技术要求。正如伯纳斯-李自己所说的,万维网的最大贡献在于使互联网真正成为交互式的空间。人们可以访问网站,可以给网站增加内容,可以编辑网站上的内容,甚至可以对网站发表自己的意见。他指出:"只有其网上的数据能够为机器或用户所分享和处理,万维网才能发挥其最大的潜力。"②

　　进入 21 世纪,下一代互联网已经初露端倪。下一代互联网将更加关注普通网民对互联网的使用需求。它具有速度快、容量大和技术更先进的特点,可以帮助互联网用户更便捷地利用互联网③。速度快更能体现网络的互动性和共时性;容量大使网民可以向网络贡献更多的内容,从而增进人类的知识总量;技术更先进则可以加强信息筛选和管理,在很大程度上削减网络传播带来的有害效果。如果说,万维网的诞生使得大众对互联网不再陌生,浏览器的出现为人们展现了一个充满文字、图像、音频和视频的多姿多彩的动人网络空间,那么下一代互联网可以帮助网络用户更便捷地利用互联网,享受真正的数字化生活。Web 2.0 就是这一趋势的具体体现。

　　但是,对于什么是 Web 2.0,至今还没有一个统一和公认的定义。而对于 Web 2.0 应用所具有的特征,人们已经形成了一些共识。

　　首先,这些网络应用应该实现由"少数人生产和传播,多数人接收"向"多数人生产、传播和接收"转变。以前被动接收信息,或者仅仅到 Web 网站搜索信息的网络用户的主动性将得到进一步发挥。普通

---

　　① O'Reilly, T., "What Is Web 2.0: Design Patterns and Business Models for the Next Generation of Software", http://www.oreillynet.com/pub/a/oreilly/tim/news/2005/09/30/what-is-web-20.html? page = all, 2006 - 11 - 13.

　　② Berners-Lee, T., "Weaving a Semantic Web", http://www.digitaldivide.net/articles/view.php? ArticleID = 20, 2006 - 10 - 04.

　　③ 庹继光、王海蓉:《下一代互联网怎样改变网民——下一代互联网的传播学意义浅析》,载《新闻界》,2005 年第 5 期。

网民一方面获得了信息消费的主动权,另一方面,还可以加入到内容的制作中来,如用自己的手机拍摄视频并上传到网络与网民分享等。

其次,Web 2.0 时代的网络应用应该具有更大的开放性,能实现多数网民之间的互动。网民可以将自己浏览过的网页链接(书签)存放在自己的本地机器上独自使用,也可以将其存放在网络空间里和他人一起分享。网络信息的分类也从传统的由专家制定和使用的、垂直型的关键词分类发展到由社区制定和使用的大众分类。Web 时代人们的行为模式已经从单一的信息消费发展到信息消费、信息生产和社区参与相结合。

第三,Web 2.0 时代的网络应用能满足使用者对个性化的追求。用户不仅可以随心所欲地定制自己的博客,更能利用 Web 2.0 各种个性化的服务,便利地获得自己想要的信息,以自己的方式阅读、加工并重新发表与他人分享。总之,与主要以技术和少数人的需求为中心的 Web 1.0 相比,Web 2.0 以普通人为中心,让每个网民都能向互联网贡献自己的内容,都能为互联网的信息环境和行为环境的完善贡献自己的力量,这就是 Web 2.0 所追求的目标。

二、Web 2.0 的技术基础

尽管作为传播研究者,技术不是我们关注的主要因素,但现今技术对传播的推动力量已经变得空前强大,因此不对技术做基本的了解,我们对技术的传播学意义的了解就不会全面。Web 2.0 主要使用了以下几种技术。

1. Ajax

2005 年 2 月,美国人杰西·詹姆斯·加勒特(Jesse James Garrett)发表了一篇题为《Ajax：一个 Web 应用的新途径》的论文,将 Ajax 解释为"Asynchronous JavaScript + XML"的简称[①]。从原理上看,Ajax 主要是可以通过调用 HttpRequest 来实现与服务器的异步通讯,并最终在网页上实现丰富友好的用户界面。

在基于 Ajax 技术出现之前,网络用户在浏览网页时,网页都要经

---

① Garrett, J. J. Ajax, "A New Approach to Web Applications", http://www. adaptive path. com/publications/essays/archives/000385. php, 2006 – 10 – 20.

过"开始—停止—开始—停止"这样的交互过程,这要求用户具备足够的耐心。而现在可以在用户和服务器之间引入一个 Ajax 引擎,可以使网页响应变得更加灵敏,用户在浏览网页时,有一种在自己的电脑上使用桌面软件的流畅感。而且用户可以任意修改网页上呈现的信息要素,无需刷新页面就能马上看到修改结果,大大缩短了网民在填写或修改网页信息时需要等候的时间,因此便利了网页与网页的互动,大幅提升了网民的用户体验。

Google 在其推出的各种网络服务中就大量应用了 Ajax 技术。如在 Gmail 中,用户基本上可以做到所点即所得。Google Maps 则可以让用户在上网时像使用桌面应用软件一样任意放大、缩小和移动网络上的图片。在网络大众分类网站 Del. icio. us 以及图片储存和共享服务网站 Flickr 中,用户可以迅速地对书签和图片进行标题修改、分类和隐私设置等。用户在完成输入的同时,其改变的内容就同时留在了网页上,这无疑是一种全新的用户体验①。

2. RSS

RSS 可以直译为"真正简单的整合"(Really Simple Syndication),也可以理解为 RDF 站点摘要(RDF Site Summary)或丰富站点摘要(Rich Site Summary)。它是一种用于新闻共享和其他 Web 内容的数据交换的规范,已经在互联网上被广泛采用。目前国内通常把 RSS 新闻称为"聚合新闻"。

RSS 作为近年来网络内容传播技术的重大发展之一,被认为将取代新闻信件,甚至电子报,也将影响已经得到普遍使用的电子邮件。RSS 聚合新闻服务使用户在网络上搜集与传递讯息更加容易。对内容提供者来说,RSS 技术提供了一个实时、高效、安全和低成本的信息发布渠道,而对内容接收者来说,RSS 技术提供了一个崭新的信息接收体验。美国 RSS 阅读器公司 Feedster 的 CEO 斯科特·拉斐尔(Scott Rafer)预言:"对所有使用宽带的用户而言,在未来五年之内,不论你是否了解 RSS,都将使用它。"目前,国外一些大的网站如《华尔街日报》网站、BBC、CNET、CNN、迪斯尼和连线(Wired)等,其信息都已经通过 RSS 来发布②。

---

① 陈琼:《Ajax:老技术,新外衣》,载《互联网周刊》,2005 年第 27 期。
② 同上。

3. Tag

Tag 意为"标签"，在 Web 2.0 环境中，指"由网民自由定义的关键词"。Tag 也可以用作动词，指网民使用自由定义的关键词（标签）对网络信息进行协作分类。传统的信息分类方法（如图书馆、档案室等的内容分类）由于其静止、规范、标准化、固定和僵化的特征，无法完整地展现文本的丰富内容，而门户网站（如雅虎和新浪等）提供的互联网信息分类和查询也基本上延续了上述层级分类模式，因此同样不能满足网民对信息分类和检索的个性需求。而以 Tag 为主要特征的网络大众分类法则鼓励大众从自己的需要出发用个性化的语言来标记网络内容（文档、图片、视频等多媒体文件），然后网络通过"聚合"各种关键词最终实现网民对网络内容的集体分类和管理[①]。

第二节　Web 2.0 的具体应用

一、博客（Blog）

博客是英语"Blog"的音译。"Blog"一词源于"Weblog"。"Web"即网络，"log"是网络使用者在网络上进行数据搜寻、连接、存取数据的过程中，主机对使用者的每一个数据存储动作留下的记录。也就是说，网络使用者的每一个链接与存取动作，都被主机视为一个 log。1999年，英国软件专家彼得·莫豪斯（Peter Merholz）将"Weblog"念为"Weeblog"（即"We blog"），而"We Blog"又自然而然被简化为"Blog"。

对于究竟什么是博客，目前在互联网上的定义不下数十种。著名的博客服务提供网站 Blogger. com 的创始人之一伊万·威廉认为："就我看来，博客的概念包括三个意思：互动频率高（Frequency）、内容很简洁（Brevity）和形式很个性（Personality）。"[②]

但不管其定义如何，博客实际上就是一种网页。作为网络"对话"

---

① 邓天颖：《Tag：无序中有序的个性化分类传播》，载《河北大学学报（哲学社会科学版）》，2006 年第 2 期。

② Mortensen, T., Walker, J., "Blogging Thoughts: Personal Publication as an Online Research Tool," *Researching ICTs in Context*, 2002, 249－279.

的工具,博客一般具有以下特点。

- 它是一种网页,可负载文字、图片和音像信息等多种信息形式;
- 持续更新,至少一星期2—3次;
- 内容以发表时间倒序排列;
- 不同博客网页间或同一博客的不同内容间彼此超链接;
- 以往内容自动存档保存,易于查询;
- 可以方便地通过 RSS/XML 使用新闻聚合器订阅;
- 极具个人色彩。

可以说,博客以网络为载体,是继 E-mail、BBS、即时通信工具之后出现的第四种新的网络交流方式。在以往的几种网络交流方式中,BBS 过于公共化,而 E-mail 和即时通信工具则有很明显的私人性质。博客则将公共性和私人性很好地结合起来,这使博客也有别于更私人化的"网络日记"。博客的这种进退自如,可以使其作者做到"达则兼济天下,穷则独善其身"的特征正说明它是大众传播和人际传播的较好的融合。

正是利用了不同于大多数先前的网络传播应用技术,博客在加强博客网民之间的互动、激发网络空间的"对话"上发挥了独特而关键的作用。

首先,博客网页极易更新。这使得博客作者发帖非常容易。这类似于发生在人与人之间的对话。在对话中,双方发言受到的约束越小,双方发言的频率就会越高,而彼此的交流也就会越充分。博客极大地便利了"网络发言",因此使得博客空间的互动具有"对话"的特征。

第二,博客网页上附带了读者评论和跟踪功能,这使读者可以很方便地参与同博客作者的讨论。另外,博客网页(作者)可以通过 Trackback 和 Pinback 功能主动告知他人自己的论题或自动得知自己正被哪些人谈论,这极大地便利了博客作者之间的互动。

第三,通过博客 RSS 阅读和发表工具,博客读者/作者可以不必登录博客便可阅读或更新内容。这便利了博客传播中传受之间的相互转换,进而有利于提高博客作者之间的传播频率。

第四,通常在博客的首页,博客内容会以新闻流(News River)的方式,根据发表时间的先后在页面上从上至下呈现。对以往的内容博客将以"档案"(Archive)的形式保存在网页上。这使得博客传播不仅有即时的互动,也有历时的互动。

　　以上技术赋予博客"零门槛"的特性,使得它很容易被人们接受和使用。而当使用者达到一定数量后,博客便具备了在网络空间营造对话的功能,再现了现实世界中的人际口语传播生态。

　　博客所具有的零成本和高易用性,以及兼具个人化与互动性的特性,使其迅速在网民中流行开来。据统计,全球博客网页的数量在2000年时不到3万,2005年初时已爆炸性地增加到3 160万,而到2005年末更是达5 300万。2002年,博客的概念被引入中国并得到快速发展,到2006年,网民注册的博客空间更是超过3 300万个①。"博客"已成为互联网上最大的热点应用之一。

　　博客引起主流媒体的关注是在美国"9·11"恐怖袭击事件和随后的伊拉克战争中。当时博客就被视为新闻领域一种新兴的"草根力量"并越来越令人瞩目。随后,博客的巨大影响力在众多事件中得到充分的展现,包括2002年12月美国国会议员特恩特·洛特(Trent Lott)的被迫辞职,2004年美国总统候选人霍华得·迪恩(Howard Dean)的总统竞选筹资,2004年印尼博客们在海啸中收集的救济行动信息和失踪人口信息,以及2005年7月7日伦敦的地铁爆炸事件中,博客向世界发出了爆炸现场的第一张照片等等。

　　与此同时,博客也被用到个人营销上。如美国田纳西大学的法学教授格林·雷诺兹(Glenn Reynolds)的"即时专家"(InstaPundit)博客每天吸引100 000以上的访问量,这相当于美国一个中等城市日报或者有线电视新闻节目的受众量。在美国,关于政治、咨询以及技术交流的博客网页(如slashdot. com)每天都要吸引成千上万的点击量。

　　在中国,博客的发展不能不提到"木子美"等几个反传统的博客作者,她们的作品格调并不高,但经过网络媒体的炒作,大大提高了博客服务提供网站的知名度。2005年底,以电影明星徐静蕾为代表的一批"名人博客"吸引了众多网民的眼球。从2005年开始,全国人民代表大会和全国政协会议期间,一些代表、委员开始利用博客与选民沟通,传统媒体的记者也利用博客报道"两会",网民则可以通过博客了解大会信息,提出自己的意见和建议,从而使博客成为百姓参与"两会"的

---

　　① 中国互联网络信息中心(CNNIC):《2006年中国博客调查报告》,http://www. cnn-ic. net. cn/uploadfiles/pdf/2006/9/25/115134. pdf, 2007－01－10。

重要渠道。

二、维客(Wiki)

维客(Wiki)是一种供用户在网络上共同创作的平台。通过这个平台,所有的用户都可以编辑修改页面内容,只要是觉得某个页面的内容有误解、有偏见或不够完善,任何用户都可以自己动手加以修正或补述。Wiki 一词有人说来自夏威夷语里的"Wiki-wiki",即"快"(quick)的意思,也有人说是英语"What I Know Is"(据我所知)四个单词的首字母合写。这两种说法都有一定的道理。说"快"确实很快,事实上,因为其简单易用并且可以聚集网络大众的群体力量,Wiki 的发展和扩张极为迅速,每天都有无数网民加入,每天都有新的条目和页面产生;而取"据我所知"之意则充分体现了 Web 2.0 时代的分享和集体智慧原则。

世界上最大的网上百科全书 Wikipedia 并没有刻意为了确保其内容的"准确性"而设置重重编辑和审评机制,从 2000 年初诞生至今的良好发展充分证明了去中心化、自组织管理以及源于热情网民集体智慧的巨大威力。2005 年 12 月,《自然》杂志刊登了一篇名为《网络百科全书大战:Wiki 的狂野世界》的文章,讨论了 Wikipedia 的准确度的问题。文章在比较了 Wikipedia 和大英百科全书的科学类条目后发现,这些条目在准确度上不相上下。具体地说,在测试的 42 个条目中,Wikipedia 有四条不够精确,大英百科全书有三条不够精确。文章中还透露 Wikipedia 将引进类似软件开发中的"稳定版本"的机制。一旦某个条目达到一定质量域值,它就被标记为稳定版本,以后用户还可以对该条目进行编辑修改,一旦新的版本比稳定版本有不小的改进,就将取代旧的版本而成为新的稳定版①。

当然,网络上也可能出现"恶作剧",但是 Wiki 有自己的机制来保持其内容的准确性。首先,Wiki 相信大多数人都是"好人",捣乱者总是少数,在这么多好人的监督、编辑和合作之下,"真理越辩越明"。其次,Wiki 平台都有"版本控制"功能,如果用户发现某一版本与事实不符,可以随时找回前一正确的版本。这意味着任何页面每一次的修改

---

① 　http://www.nature.com/nature/journal/v438/n7070/full/438900a.html。

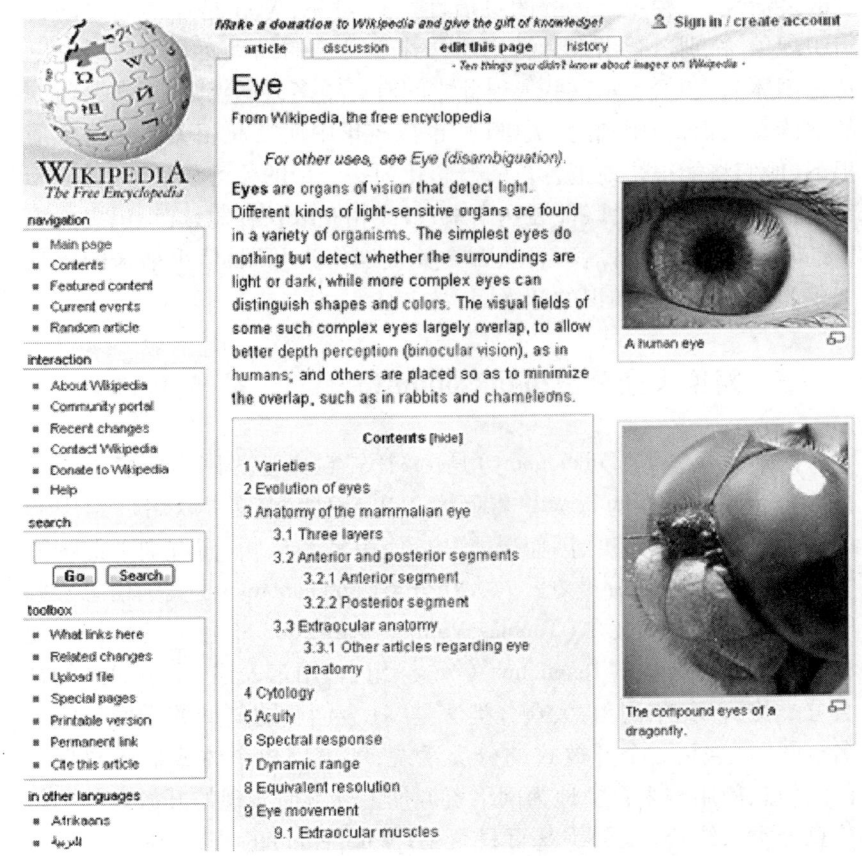

图 10-1　维基百科关于眼睛的条目

都有迹可寻：用户不但能回溯到先前存在过的任何修订版，还能够对比任意两个版本间的异同。第三，Wiki 还有格式化语法（Formating Rule）功能，可以使作者不受网络上广为流行的 HTML 语言的束缚，直接通过浏览器用一种更为简单的语法写作。这无疑是很多网络写手的一大福音，可以将他们从 HTML 语法中解脱出来，从而专注于内容生产上。

　　就在这种相信人性本善以及集体智慧的精神支撑下，整个 Wiki 社区迅速地茁壮成长。正如美国互联网研究者 Clay Shirky 所指出的那样，Wiki 没有应对网民捣乱的内容审查机制，"Wiki 不试图去建立什么机制以防读者做什么愚蠢的事。相反，它提供的是灵活性，一种令人疯狂的灵活性、一种令人迷醉的灵活性"①。可见,Wiki 是运作完美的自组织现象,特别适合用来为特定团体建立自己的知识库。当使用者以特定团体为主时,表示这些人彼此之间有着很多共同点,对于专有名词的解读有共识,会用到的"关键词"也比较集中而彼此相关。在这个前提下,他们将能很快地把各自的概念化为一个个的关键词,并通过Wiki系统把这些概念的关联性表达出来,最终相互取长补短,交织出更为绵密的知识脉络来。日后不管从哪个关键词作为开端,信手拈来的皆是一整张反映着众人知识的脉络网。

三、网络大众分类(Folksonomy)

　　网络大众分类(Folksonomy)是由网民"自由地为网络内容加上标记"(Free Tagging)的行为积累而产生出一种独特的"以用户为中心的"网络内容分类制度,因而更能贴近使用者的认知,而有别于传统的"以知识为中心的"分类方式。大众分类(Folksonomy)是美国信息架构师托马斯·万德·瓦尔(Thomas Vander Wal)2003 年独创的新词。他将"Folks"(大众)和"Taxonomy"(分类)组合,用来表述"由下而上的社会分类法"。瓦尔认为,大众分类法是"社会创造的典型的平面化的命名空间"。这是一个开放式的分类系统,即由用户个体或群体根据自己的信息使用需求自由地为网络资源加上标签而实现的开放式的网络信息分类系统②。根据维基百科全书(Wikipedia)的归纳,网络大众分类具有三个特点:即大众分类的建构是产生于个人对网络资源的自发性标记与定义;标记或标签是公开共享的,可以被所有其他用户看到;大众分类根据用户全体所使用的标记词汇的频率来聚合被分类的内容。

　　传统的信息分类法需要具有专门知识的专门人员进行,是一种具有高度"系统性、等级性和逻辑性"的分类方法,一般人很难掌握。而

---

　　① Andrew Lih, "Participatory Journalism and Asia: From Web Logs to Wikipedia".
　　② Flanagin, A. J., Park, H. S., Seibold, D. R., "Group Performance and Collaborative Technology: A Longitudinal and Multilevel Analysis of Information Quality, Contribution Equity, and Members' Satisfaction in Computer-Mediated Groups", *Communication Monographs*, 2004, 71 (3): 352 - 372. Guy, M., Tonkin, E., "Folksonomies: Tidying up Tags?" http://www. dlib. org/dlib/january06/guy/01guy. html, 2006 - 01 - 09.

人类社会进入网络时代以来，在信息生产、加工和传播的过程中，信息的使用者、信息的传播手段以及信息的呈现方式都发生了巨大的变化，人们迫切地需要一种新的网络信息分类方法。这一方法应该从信息使用者的具体需求出发；编制方法简单灵活、分类对象和分类范围不受限制；用户可以方便地取阅分类信息，并可以随时修改类目名称。除此之外，最为理想的是，用户能通过该方法在既满足自己信息需求的同时，又能共同承担起为全球网络信息分类的任务，更能与其他网民一起共享自己搜集和加工后的信息，从而为实现一个各尽所能、各取所需、自我完善和秩序分明的互联网贡献自己的力量[①]。针对用户的这一需求，网络大众分类应运而生。

2003 年 9 月创立的 Del. icio. us 是世界上第一个大众分类网站，短短几年便被众多用户接受并被其他网站广泛模仿。这充分说明在信息爆炸的今天，唯有发动"大众"，即信息的生产者和消费者来对这些信息进行分类，才能应对日益增长的信息超载。Del. icio. us（http://del. icio. us）网站创始人约瑟华·夏克特（Joshua Schachter）的初衷是试图让用户将自己以往储存于本地计算机上的网络书签（Bookmarks）转移储存到该网站的网络服务器并显示在该网站的页面上。这样，一方面使用户可以保存并随时随地重新找回这些链接，另一方面也可以在用户之间实现网络信息的共同分享，最终达到"大众分类、过滤和分享知识"的目的。

Del. icio. us 网站主要提供三种功能：保存（Keep）——保存网络链接，如网页、博客以及其他网络资源；分享（Share）——与其他网民分享网络链接；发掘（Discover）—— 通过浏览他人保存的网络链接更便利地发掘到新的信息。

作为一个网络化的书签管理系统，Del. icio. us 与 Web 邮件管理系统一样，用户只要能上网，就可轻易操作使用。其最大特色是用户可以加上自己选择的关键词（tags）来实现对网页内容的分类。在 Del. icio. us 取得成功之后，出现了许多类似的网站，国内就有土豆网和 365 key 等。各种网络大众分类网站一般在不同程度上具有以下特点[②]：

---

①　刘延章：《文献信息分类学》，中国科学技术出版社，1996 年，第 23 页。

②　Hammond, T., Hannay, T., Lund, B., Scott, J., "Social Bookmarking Tools (I): A General Review," http://www. dlib. org/dlib/april05/hammond/04hammond. html，2007 - 02 - 09.

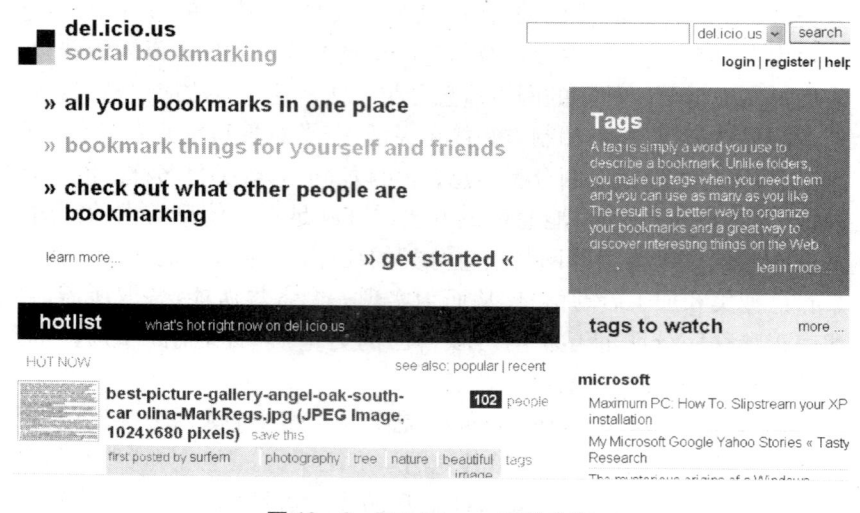

图 10 - 2 Del. icio. us 网站主页

- 个人用户名（有时候也可以有集体用户名）；
- 用户可以添加链接书签、标题和对该链接作简要描述等；
- 提供嵌入在浏览器上的按钮工具以方便用户添加网页链接；
- 用户可以给网页链接贴上标签（tag）实现对网络信息的分类、过滤，同时也可以通过标签浏览其他用户分类和过滤过的网络信息；
- 用户可以通过搜索标签或其他用户名来快速过滤网络信息；
- 提供标签 RSS 服务，供网民订阅已分类的网络信息；
- 提供扩展插件与其他网络应用结合使用。

四、社会交友网站

社会交友网站又称社会网络服务网站。这是一种新兴的网络社区，它致力于其成员之间关系的建立和维护。到目前为止，互联网上的各种社会交友网站达 200 个，拥有巨大的用户群。在这些网站中，用户将个人信息存放在自己的"个人网页"上，并与网站的其他用户共享这些信息。这些"个人网页"很容易生成，内容可以包括文字、图片、音频和视频等等。社会交友网站的特点是用户可以将自己的"个人网页"与他人的"个人网页"链接，并根据所从事的行业、所在（毕业）学校、兴趣爱好等关键词进行检索，从中发现自己愿意结交的新朋友，并通过网站提供的方式便利地与他们建立联络。

目前,最为流行的几个社会交友网站包括:

● Friendster (http://www.friendster.com)

创立于 2002 年的 Friendster 是最早的社会网络服务提供者之一,是一个通过朋友网络连接以结交新朋友或寻找伴侣的网络社区。Friendster 提供了丰富的互动设施,包括个人博客、资讯、图片影音分享、讨论区等。其成员可以设定自己的交友圈,控制自己希望的社交范围,如仅限于朋友、朋友的朋友、朋友的朋友的朋友或任何人。若想与其他成员建立朋友关系,必须事先知道对方的 E-mail 地址或姓名或是由其他成员代为引荐。这些制度虽然缩小了潜在的交友圈,但提升了交友的质量。截至 2006 年,该网站成员已超过 2 400 万。

● MySpace (http://www.myspace.com)

2003 年创办的 MySpace 号称“全球两亿人信赖的交友平台”,用户在 MySpace 网站上可以播放和存放音频文件,而且它具有强大的“邀请管理”功能。它现在每天的页面浏览量仅次于门户网站 Yahoo!。2006 年,MySpace 先后在英国、爱尔兰、澳大利亚、德国、法国和日本推出本地版,都获得了成功。2007 年 4 月,MySpace 在中国正式上线[①]。

● Facebook (http://facebook.com)

与其他社会网络服务网站都不同的是,Facebook 是通过校区(campus)来实现其网络社区的管理功能的。它只允许拥有以.edu 结尾的电子邮件的用户加入,这意味着只有大学生或大学教师才能加入,但最近也开始吸收中学生成员,成员已达到 750 万。据估计,在所有 Facebook 支持的大学中,约有 85% 的学生都加入了 Facebook,并建立了个人网页。

● LinkedIn(http://www.linkedin.com)

这是一家以商业人脉为主要诉求的知名社会网络服务网站。在该网站上,用户可以通过搜寻个人关系网络图来发掘潜在的交友可能。朋友间可以互相撰写推荐书(testimonial),推荐书将会列在会员的个人数据中,以供其他会员参考。LinkedIn.com 现在有 360 万注册成员。

以上社会交友网站都源自美国,但在无远弗届的互联网上,它们的影响力波及全世界。其他国家也有自己的社会交友网站。比如在韩

---

① 王眉:《社交类网站吸引各国年轻人》,载《网络传播》,2008 年第 1 期。

国,社会交友网站 Cyworld. com 在推出不到四年的时间内,其成员就达到 1 500 万,占韩国全国人口的三分之一。这些成员中 20 岁上下的青少年,90%以上都通过该网站彼此相连。由此可以看出社会交友网站在青少年网民中的流行程度。

社会交友网站的运作方式是吸引网民在网站上填写个人信息,并将这些信息按关键字分类,然后网站自动聚合这些关键字,并为使用这些关键字的用户提供相互建立社交网络的各种便利。这与网络大众分类网站的原理相同。稍有不同的是,网络大众分类网站聚合的是网民搜集的多种网页信息,而社会交友网站聚合的是用户个人网页中的信息。因此,从理论上说,用户在社会交友网站中提供的关于自己的信息(关键字)越多,其被"聚合"的可能性就越大,而通过聚合找到自己感兴趣的连接对象的机会就越多,由此也使得社会交友网站具有以下两个特点。

(1)用户真实性。在现实社会中,人们在建立新的社会关系前一般都会比较谨慎,会尽量仔细地了解对方,然后才考虑是否与其建立联系。应该说,人们在扩展自己的社会网络时所表现出来的这种谨慎也必然存在于网络空间,甚至在网上人们可能会更加谨慎。因此,我们没有理由认为,在脱离了真实世界的网络空间人们会比现实空间更加勇于结识新的朋友。正是认识到网民的网络交往不可能与其网下交往截然分开,社会交友网站一般都会尽力吸引真实的用户,并在这一"种子"的基础上生长和延伸出更广的社会网络。这也使得社会交友网站中的用户多为真实存在的人。最终,社会交友网站形成了这样的网络环境:在网站"人的网络"中,持虚假身份的人无法在这里开展活动,因为如果有人在现实生活中认识他,他就无法使用虚假身份与他人建立关系,也就无法积累自己的诚信度。当然,真实身份并不等于真实姓名,在社会交友网站中以及越来越多的 Web 2.0 应用中,真实身份是指用户在这个社会关系网络中扮演的角色是真实的,提供的信息是真实的以及他人对该用户的评价是真实的,至于用户是否使用真实姓名,完全可凭个人意愿。

(2)用户自主性。由于用户真实性是建立在用户个人信息公开披露的基础上的,社会交友网站如何处理个人信息的披露和保护至关重要,因此社会交友网站一般都会给予用户自主权。用户可以自己掌控个人信息对外公开的程度,可以根据不同的情况对自己的链接选择

"公开"或者"关闭"；可以选择是否接受来自所有人的链接邀请或者选择只接受经朋友引荐的链接邀请等；对于他人的链接邀请可以选择接受或者拒绝，等等①。

第三节　Web 2.0 的主要特征

Web 2.0 作为一个热门话题，确实引起了各方的关注，但是对于Web 2.0 到底是什么，其实质性意义何在，却没有一个被普遍认同的看法。

从字面上看，Web 2.0 应该是 Web 1.0 的升级，或者说是第二代Web。但是，如果单纯从技术上说，Web 技术在互联网的发展上有着革命性的意义，它促进了互联网的普及和起飞。那么相对于 Web 1.0 来说，Web 2.0 在技术上并没有什么革命性意义，因为有许多技术在Web 2.0这个概念提出来以前就已经存在了。因此，有人将 Web 2.0 称为"时髦名词"（buzzword）。Web 技术的开发者伯纳斯-李对Web 2.0就不甚以为然。当被问及"Web 1.0 与 Web 2.0 的区别在于Web 1.0 将计算机连接在一起而 Web 2.0 将用户连接在一起"这一说法是否正确时，伯纳斯-李明确表示不认可这种说法。他说："Web 1.0 就是将用户连接在一起。Web 网页是一个互动空间，Web 2.0 只是一个专业术语，甚至没人知道其含义。"他认为如果 Web 2.0 指的是博客和维客，事实上就是人们在应用 Web 1.0 制定的标准②。

还有人认为 Web 2.0 是出于商业目的的概念炒作。事实上也确实有许多精明的商人看好 Web 2.0，给自己的公司贴上 Web 2.0 的标签，这颇有几分类似当年的一哄而起的 .com 公司。这就难怪有评论者将Web 2.0 称为互联网的第二轮"泡沫"。《经济学家》杂志载文指出，如果太多的所谓 Web 2.0 公司开发相同的服务而缺乏有效的盈利模式，就将重蹈 20 世纪末互联网泡沫经济的覆辙，成为"泡沫 2.0"③。

---

① 周静：《互联网有诚信可言吗？——访若邻网络公司》，http://www. shbiz. com. cn/cms. php? prog = show&tid = 47249&csort = 1，2006 - 11 - 05。

② http://arstechnica. com/news. ars/post/20060901 - 7650. html。

③ "Fears of Another Internet Bubble"，*The Economist*，Sep. 22，2005.

不同意见的争论,说明人们从不同角度对 Web 2.0 的本质进行探讨。一个基本事实是,对于普通用户来说,互联网比以前更丰富多彩了,使用更方便自如了,因为他们可以不受少数人的控制,自主地参与网络的建设,互联网的去中心化特征得到了进一步的彰显,网民开始成为网络的主人。

一、集体智慧进一步发挥

Web 2.0 是互联网的一次理念和思想系统的升级换代,由原来自上而下的由少数资源控制者集中控制主导的互联网体系转变为自下而上的由广大用户集体智慧和力量主导的互联网体系。回顾互联网的发展历史,从其前身用于军事目的的 ARPANET 到万维网,经历了从军用—教育科研—商用的演变,也就是从少数精英使用到向大众开放的演变。在这个演变过程中,软件的开发,特别是 20 世纪 80 年代以来的"自由软件运动"为计算机技术和互联网的发展,乃至今天 Web 2.0 的出现作了很好的软件铺垫。

1984 年,理查德·斯托尔曼(Richard Stallman)成立了自由软件基金会(The Free Software Fund)。他所谓的自由软件是指用户可以自由运行、自由复制、自由分发、自由研究、自由改变或改进的软件。他认为,这种自由包括,使用者应该能够研究出该软件的机理,并使它适合自己的需求;使用者应该能将免费获得的软件再分发给他人共享;使用者可以自由改进该软件,并将其改进成果在网络的公共区域公布,让全社会都能从中受益①。斯托尔曼后来还为自由软件的发布设计了他称为"CopyLeft"的许可证系统。这一创新性制度设计大大激发了人们编程的积极性和创造性。另一方面,自从 20 世纪末互联网泡沫破灭以来,很多原来为大型软件公司打工的有才华的计算机程序员和设计人员充分发挥自己的创造力,从用户角度开发大众真正需要的软件。与从前他们为大公司开发的大型软件不同,这些小软件有着明确的使用对象,而且大多都免费,因而更好地满足了个体用户的需求而备受欢迎。

---

① Stallman, R., "Why Software Should Not Have Owners," http://www.gnu.org/philosophy/why-free. html, 2006 - 11 - 23.

不仅如此,这些程序员和软件设计师们还利用自己开发的软件工具来彼此交流、讨论和优化现有的互联网基础设施。他们建立了许多网络社区,交流信息,互通有无,相互促进。博客和维客等工具就是他们开发出来的网络传播软件。正是众多这样的小型软件催生了今天的Web 2.0,吸引了更多的普通用户参与到这个自下而上的网络传播体系中来。

今天的 Web 2.0 是广大用户集体智慧的结晶,而集体智慧正是Web 2.0 的基本原则之一。美国《纽约客》专栏作家詹姆斯·索罗维基在《群体智慧》一书中提出了集体智慧产生的条件:(1)观点的多样性(diversity),每一个参与者就某一事务都提出了自己独特的观念;(2)关系的独立性(independence),每个参与者之间的关系都彼此独立,因而能独立决策;(3)网络的去中心性(decentralization),这些参与者中没有处于中心位置的领导人;(4)意见的聚合性(aggregation),存在收集和体现群体总体观点的有效手段。索罗维基认为,满足了这四个条件,个体与个体之间通过不同信息传递方式,交互融合,在达到某个临界数量后整体功能产生质的飞跃,产生了原本个体没有或大大超过个体的智慧,也就是集体智慧[①]。事实上,万维网自一开始就为群体(group)的形成提供了极大的便利。而 Web 2.0 时代的各种网络应用,可以使具有不同背景、彼此独立的网民在同一个平台上对同一事物自由发表意见,网络大众分类(Folksonomy)和维客(Wiki)就是集体智慧的最好体现。

二、网络效应进一步加强

网络效应又称网络外部性(network externalities)。它指的是这样一种情形:使用某一产品的消费者群体越大,单个消费者在使用该产品时获得的效用也就越大。因此,网络外部性又被称为"需求面的规模经济"(demand-side economies of scale),即需求越大,规模经济的效应就越明显。传统的通信网络中网络效应最典型的例子是电话。如果全世界只有一部电话,那这部电话对用户而言,一点用处也没有,如果

---

① Surowiecki, J. , *The Wisdom of Crowds: Why the Many Are Smarter Than the Few and How Collective Wisdom Shapes Business, Economies, Societies and Nations.*

有两部电话,就可以形成一个连接,随着电话数量的增加,所能形成的连接以几何级数增长。对于互联网而言,上网的人越多,单个网民获得的连接就越多,获得的信息也就越多,这样便会吸引更多的人上网,从而形成雪球效应。这表明,个别网民上网所获得的效用取决于网民的总人数。对每一个网民个体而言,网民数量越多则对自己越有利。正如社会交友网站 MySpace 在其使用说明中指出:一旦你(指用户)填写好了自己的个人信息,你就可以邀请你的网下朋友同样加入到 MySpace 中来。他们会成为你的 MySpace 中的"朋友",这些朋友又可以邀请他们的朋友加入,依此类推。而此时,如果你要结识新的朋友,你只要与你朋友的朋友联络上就行了①。

　　社会交友网站中网络效应的存在大大地降低了我们建立和维护社会关系的成本,同时却又大大提高了用户从中获得的收益。在现实生活的人际关系中,人们一对一地去扩大自己的社会交往圈,投入其中的时间和精力总是有限的,而且在很多情况下也不一定能成功。但是在社会网络服务网站中,加入其中的人越多,每一个人为建立一个新的人际关系所付出的成本就越低,而低成本能使社会关系网络进一步扩大,因此反而增加了用户从网络中获得更大收益的可能。

　　维客最初就是以支持多人合作写作的工具出现的,其内容就是由众人合作完成的。维客网站上的内容都是网民的无私奉献,为了使信息资源得到最大限度的整合,需要最大范围的参与者,而尽可能多的参与者的随意编辑修改,恰恰保证了信息的准确性,即便有个别破坏者、捣乱者,也会被正直健康的网民所淹没。因此可以说,正是网络效应赋予维客开放性和权威性,这也正是维客的魅力所在。

三、去中心化进一步凸显

　　计算机网络是由无数个节点组成的,从理论上讲,网络上的每一个节点都是平等的,也就是说,网络是没有中心的。互联网的前身,ARPANET 的设计者的初衷也是为了避免美国导弹防御系统在遭受核攻击时全面瘫痪。但是随着 Web 和浏览器的发展,随着网络上信息的增

---

　　①　"Introducing Myspace", http://media. wiley. com/product_data/excerpt/41/04700458/0470045841. pdf, 2006－12－27.

加,特别是门户网站的兴起和传统媒体上网,一方面给用户获取信息提供了方便,另一方面也在客观上形成了"信息中心"。用户或者浏览这些"中心",或者通过搜索引擎连接到这些"中心"获取自己感兴趣的信息。而网站也竭尽全力进行内容整合,以吸引"眼球",聚集"人气",使自己成为目标用户的"中心"。

而 Web 2.0 集广大用户的智慧,进一步凸显了网络传播的去中心化特色。用户可以不再将某一网站作为自己上网的第一落脚点,也可以不再通过搜索引擎搜索信息,而是可以通过 RSS 搜集和订阅自己需要的信息,可以通过网络大众分类与其他用户分享信息,并通过其他用户的链接进一步挖掘信息。当然,所谓去中心化并不等于绝对没有中心,而是传统的信息中心的地位受到了挑战,而普通用户只要提供的信息具有足够的"能量",也可以在一定的时候、一定的范围内成为中心。2003 年,当博客还不为中国大多数网民了解时,一个木子美的博客公开了自己的性爱日记,在一部分网民中成为中心。电影明星兼导演徐静蕾的博客("老徐的博客")自开办以来,点击量节节攀升,到 2007 年7 月突破了一亿。而点击量超过千万的博客有好几十个,它们分布在文化、娱乐、IT 和体育等行业,可以说是对这些行业感兴趣的网民的中心。推而广之,在社会交友网站,每一个用户在其好友圈内都有可能成为中心。正是 Web 2.0 带来的无数中心,消解了传统的大众传播中心,也动摇了网络媒体的中心地位。

第四节　关于 Web 2.0 的本质探讨

一般认为,互联网进入 Web 2.0 时代是社会去中心化、个体表达个性化趋势的结果和体现,而技术的发展将进一步推动这一趋势。至于今后是否还会有 Web3.0、Web4.0,现在讨论还为时过早,但是对 Web2.0 的本质进行一些探讨还是有必要的。

一、匿名与假名

"在网络上没人知道你是一条狗。"自从 1993 年《纽约客》杂志漫画作家彼特·斯特勒(Peter Steiner)最先使用这句话以来,人们在描述互联网传播中的匿名特征时频繁引用这句话。而匿名性也被普遍认为是网络传播的一个主要特征。

然而,今天的网络与20世纪90年代初的网络相比已经发生了巨大变化。Web 2.0的出现使得我们有必要重新思考建立在"网络上没人知道你是一条狗"这一"完全匿名性"假设上的各种推论。随着Web 2.0时代的到来,人们越来越多地在网络上留下各种个人信息,这使得互联网络空间的匿名性不仅大为降低,甚至已经发展到了隐私不保的程度。现在,任何网民若想知道其他网民的相关信息,只要通过Google和百度搜索一下就能基本达到目的。如果使用更高级的技术手段,加上多人合作,网络搜索甚至可以发挥"人肉搜索引擎"的功能。

对于Web 2.0时代的一般网民来说,网络假名被广泛用来作为网民真实身份的稳定替代,因而网络的匿名性效果大大降低。这是因为网络匿名和网络假名两者虽有重合之处,但并不是一回事。匿名指的是身份的消失。匿名者可以匿名发表信息而逃避责任,而为了逃避责任,匿名者一般不会使用持续稳定的名字,因此匿名者无名声可言。而假名则不同,假名是个人给自己取的一个真实姓名以外的名字,网民可以凭借假名在网上建立起一个虽然虚假但持续稳定的身份,因此使用假名的网民可以在网络空间建立起或好或坏的声誉。

真名、假名和匿名的差别在于这些"名字"是否能在现实生活中找到使用这些名字进行网络传播活动的个人。在网络上,一个使用真名但对其个人信息防护严密的人与一个使用假名但留下许多"踪迹"的人相比,有时更不容易在现实生活中被找到。而在网络上使用假名,但对以此名义从事的所有活动负责,或者在参与网络传播活动的过程中留下了在现实生活中可以被找到的线索,那么使用假名和使用真名并没有什么太大的区别。

因此,Web 2.0时代的各种网络应用增加了网民使用真名和假名的倾向,而降低了使用匿名的倾向。我们看到满足用户不同使用需求的Web 2.0网络应用种类繁多,而且大多都提供了API(应用程序编程接口),便于各种应用之间相互联通和结合,而用户出于登录便利性的考虑,倾向于使用共同的用户名,这样客观上造成了用户名使用上的持续和稳定。这样的用户名可以是真名,或更多的是假名,但不是打一枪换一个地方的"匿名"。同时,许多商业网站如 Google、Amazon 和 Yahoo! 等为了跟踪用户的使用行为,都要求用户在这些网站提供的不同服务之间使用相同的用户名登录,如 Google 就要求其用户使用 Gmail 账号登录其提供的 Google Reader、Google Documents、Google Notebook 等其他服务。这使得网民的网名倾向于持续和稳定,并成为很多网民的第二身份。另外,Web 2.0 的各种网络应用,如博客、网络大众分类网站和社会交友网站,都是网民在相对稳定的空间创作和搜集相对连续的内容,或与相对稳定的其他网民建立相对稳定的关系,因此一方面这些网民倾向于使用真名或假名,另一方面他们创作、搜集的网民内容以及建立的网络社会关系都能提供关于这些假名的真实社会线索,因而降低了网络的匿名性。

二、"媒介即讯息"与"整体性技术"

"媒介即讯息"是麦克卢汉的一个重要论点。麦克卢汉认为,人类有史以来,某种新的媒介一旦出现,无论其内容如何,媒介本身就会改变人们的思考方式和行为方式。"一旦一种新技术进入一种社会环境,它就不会停止在这一环境中渗透,除非它在每一种制度中都达到了饱和。"①

因此,作为新的网络媒介技术,各种 Web 2.0 网络应用,本身就是一种讯息。它们带来的不仅是信息传播方式的变革,也是人们生活方式和组织方式的变革。尽管随后人们能以各种不同的方式来使用它们并产生不同的具体效果,但这些效果都只是这些技术已有讯息的局部体现和补充。

技术哲学家尤瑟拉·富兰克林(Ursula Franklin)认为,不能将技术仅仅看作是一系列的工具,而应该同时将它们看作是一种实践或做法(practice)。这样我们才既能真正理解工具本身,又能理解它们对人类组织、文化和福利的影响。他认为,技术作为"工具"和"实践",在文化

---

① 麦克卢汉:《理解媒介:人体的延伸》,载张国良:《20 世纪传播学经典文本》,复旦大学出版社,2003 年,第 375 页。

和精神上都不是中立的。技术被人类网络所包围,并对后者有着重要的影响。除此之外,技术是人类社会的重要组成部分,它不分地域,无论朝代,都存在于各种人类文化之中①。

在《技术的真实世界》(*The Real World of Technology*)一书中,尤瑟拉·富兰克林还根据工作方式(而不是工作对象)将技术分为两类:整体性技术(holistic technologies)和规范性技术(prescriptive technologies)。前者指那些允许工匠或工人从头至尾对自己的创造进行控制的技术;后者指那些根据生产流程对工作进行严格分工的技术。在规范性技术环境中,生产流程中的每一个工序都由一个或一组专门负责该工序的工人完成,而整个流程常常由工头之类的人予以监管②。在工业时代到来之前,纺织厂的工人原本是在自己的家庭作坊自由地工作的,后来被迫放弃这种自由,进入工厂成为产业工人,这是一种从整体性技术到规范性技术的转变。

在 Web 2.0 时代,尤瑟拉·富兰克林的技术哲学理论能给我们深刻的启示。我们仅以博客为例,根据尤瑟拉·富兰克林的理论,那些隶属于正式机构的作者,如传统媒体的编辑和记者,同工业革命时代的纺织厂工人一样属于规范性技术的使用者。大规模媒体公司的出现使得这些作者丧失了创作的自由而成为听命于人的文字工人。在规范性技术环境下,工人的创作热情和灵感受到分工制度的影响,并且没有安全感,因为他们面临着随时被解雇的风险;而分工使他们丧失了对整个生产流程的了解和把握,这又增加了他们重新就业或者自己进行生产的难度。而博客这种零技术门槛、零成本的内容发布技术的出现使得很多规范性技术工人重新成为"整体性技术"的使用者,这将使已经或即将丧失自由的作者恢复或保持自由。现在,通过博客,他们可以在家里以自己的方式、按自己的进度写作并从头到尾对自己的工作负责。

由此看来,博客的意义不仅仅在于它能使更多的人进行网络发表,更重要的是,它可能意味着一种更高质量的生活方式,一种在新技术时代下,人类生活的本真回归。而这种更高质量的生活正是技术进步一

---

① Petch, J., "Luddites", http://web. uvic. ca/philosophy/sophia/issues/sophia2002/jpetch. htm, 2007 - 02 - 26.

② Ursula Franklin, *The Real World of Technology*, CBC Massey Lectures Series, Toronto: CBC Enterprises, 1990, http://www. stumptuous. com/comps/franklin. html.

直以来所追求但却未真正实现过的。

三、控制的革命与和谐社会的建立

詹姆斯·贝尼格（James Beniger）在《控制革命》（*Control Revolution*）一书中指出，微型计算机是人类历史上最伟大的发明之一。他认为，没有任何一种信息工具比它更具影响力。但是，贝尼格虽然在 20世纪 80 年代中期就看到了信息的影响力，但他并没有像其他多数研究者一样由此就得出信息和传播科技进步将会使得世界越来越"去中心化"的结论。相反，他认为这些技术进步将会促成社会的"控制革命"：新科技的出现不仅预示着信息时代的到来，让丰富且有系统的信息经过处理后更为有用，而且能使集体决策因此而更"中心化"。从这种意义上说，新技术会使社会更"中心化"，而不是"去中心化"①。

贝尼格指出，一个社会维持控制的能力同其信息技术水平成正比。他认为，每种新的技术创新都是应社会控制的需要而产生的：新的技术催生新的社会控制需要，而这一需要又会推动更新的技术的产生。随着信息化正悄悄地渗透到社会的每一角落，其"控制理论"在传播与信息科技的发展中的体现尤为明显。贝尼格还认为，现代广告业在消费领域的控制功能与大众传媒紧密相连。在美国现代新闻媒体中，广告是其内容的重要组成部分，也是实现社会控制的主要途径。

结合目前 Web 2.0 的某些发展看，贝尼格的"控制理论"不无道理。例如，Web 2.0 的到来，网民在得到更大的表达和社会交往自由的同时，也有更多的网民被许多商业公司企业视作网络广告和公关的新契机。以博客为例，在当今的中国，有条件上网，并建立自己的博客的人，都具有一定的教育背景、经济地位和社会地位，因此博客作者一般都具有很好的影响力。而且许多博客只关注某一方面的新闻、信息等，具有鲜明的差异性，这也有利于广告和公关信息的定位投放。为了方便博客空间的互动，博客服务网站还按博客的内容提供了博客搜索服务，这使得自我定位后的广告和公关可以方便地到达自己的目标受众。一般来说，博客作者自我出版的目的在于避开传统媒体的"把关人"作用，对于这样的群体，通过大众媒介发布的信息影响他们，效果相对较

---

① 张咏华：《媒介分析：传播技术神话的解读》，复旦大学出版社，2002 年，第 163—167 页。

小,而在博客空间发布信息,对他们影响较大。这些特点都使博客作者成为颇具广告和公关效用的群体。因此,在企业广告和公关方面,博客已经得到广泛的利用①。这似乎说明,Web 2.0 的到来并不当然会使得人类更自由,而有可能恰恰相反,在某种意义上 Web 2.0 是新的社会控制工具,使得对社会的控制更加容易实现。

在"信息和传播技术革命将会根本地改变人们的生活方式"这一点上,美国学者安德鲁·夏皮罗(Andrew Shapiro)认同贝尼格的观点,但他认为这样的科技革命与社会控制无关。在同样名为《控制革命》的专著中,他指出互联网的发展将使政治、商业和社会生活中的层级结构瓦解,使个人重新获得曾被各种组织机构所剥夺的力量。他认为,从前大型企业还可能通过垄断区域性媒体来掌握讯息,但是互联网使几乎每一个人都再次拥有信息权。人们可以在众多网络新闻中进行自主选择,也可以主动与他人互动。夏皮罗特别强调:"权力正下放到使用者手里。"在他看来,信息科技提供了千载难逢的机会让人们可以做自己的主人②。这就是所谓的"我的日报"(Daily Me)文化:个人只会接收到他们想看想听的信息,其他的信息都被"个人数字助理"给过滤了。"Daily Me"既是科技进步的结果,也是技术公司营销的结果,它强调的是个人化的经验,让消费者自己成为信息的守门人,企业对个人的决定"毫无影响"。如"我的主页"(博客)、Google 个性化主页和"My Yahoo"等就是将电子邮件、新闻搜索、个人日程、个人理财等功能全面虚拟化和自我化的网络工具。夏皮罗认为,这些工具都将重新定义人们之间、个人与工作之间以及个人和社会之间的相互关系。

从以上关于信息技术对人及社会的影响的争论我们可以发现,贝尼格关心的是,工业化严重打击了原有的人对人、人对社会系统的信任,因而必须依赖官僚体系、大众传播以及新的信息和传播技术作为社会控制的手段。夏皮罗关注的则是维护社会秩序之外的一面,也就是除了依顺于现有的社会秩序,个人的自主性能否保持?夏皮罗认为,如果人们的信息能力得到增强,并因此而创造新的自我角色定位,就能够在社会控制之外建立新的人际互动。而夏皮罗则认为,新的信息和传

---

① 邓建国:《网络空间里的"口耳相传"——博客的对话特性及其在公关中的运用》,载《现代传播》,2007 年第 8 期。

② Shapiro, A. L., "The Control Revolution: How the Internet Is Putting Individuals in Charge and Changing the World We Know," *Public Affairs*,1999.

播技术让个人有机会从大型机构（政府、企业和媒体）手中夺回对信息、经验和资源的掌控权，并唤起自我意识，从而获得更大的自由。

贝尼格从宏观社会着眼，而夏皮罗主要从具体个人着眼。与他们不同的是，我们认为，Web 2.0 有利于培养网络空间的社会信任，通过作用于人与人之间的社会关系，有利于建立和谐社会。

美国诺贝尔奖获得者彭齐亚斯（Arno Penyias）指出："随着技术变得更强有力和更为广泛地应用，系统之间的交互作用变得越来越重要。其结果是，一个系统或一个服务的价值较少地取决于它如何孤立地起作用，而是更多地依赖于它如何与其他使用者、与其他技术以及自然环境作为一个整体起作用。"彭齐亚斯将这种相互依赖称为"和谐"的概念①。

事实上，博客、网络大众分类网站以及社交网站都主要通过便利和提高网民之间的网络互动，增加了网民之间的相互接触、联络和依赖。"在每一台相连的电脑之后都有着一个通过电脑相连的人。"Web 2.0 使得网民能越过技术网络的障碍，走到人际亲密接触的前台。在高密度的互动中，网络之间的信息和情感传播获得了很好的效率和效果，从而有利于建立网民之间的信任，最终起到增加网民社会资本的客观结果，而社会资本的增加有利于和谐社会的建立。套用彭齐亚斯的话，"当一个人的价值较少地取决于他如何孤立地起作用，而是更多地依赖于他如何与其他人以及自然环境作为一个整体起作用时，这种相互依赖就构成了我们称之的'和谐社会'"②。

但我们也应该看到，就如同任何新技术都是"双刃剑"一样，Web 2.0 的网络技术在有利于提高网民社会资本和建设和谐社会的同时，也可能被利用来从事反社会甚至反人类的活动。因此，充分认识Web 2.0 的本质，将有利于促进 Web 2.0 的健康发展及充分发挥其积极意义，为构建和谐社会服务。

---

① 彭齐亚斯：《和谐——信息时代的商业技术和生活》，载《世界科学》，1996 年第 6 期。
② 同上。

参考文献

蔡筱英等:《信息方法概论》,科学出版社,2004 年。

陈炎:《Internet 改变中国》,北京大学出版社,1999 年。

程洁、张健:《网络传播学》,苏州大学出版社,2006 年。

杜骏飞:《网络传播概论》(第二版),福建人民出版社,2004 年。

方兴东、王俊秀:《博客——E 时代的盗火者》,中国方正出版社,2003 年。

冯鹏志:《伸延的世界》,北京出版社,1999 年。

高利明:《传播媒体和信息技术》,北京大学出版社,1998 年。

侯书森:《上网必读书》,地震出版社,2000 年。

黄瑚等:《网络传播法规与道德教程》,复旦大学出版社,2006 年。

黄少华、翟本瑞:《网络社会学:学科定位与议题》,中国社会科学出版社,2006 年。

匡文波:《网络媒体概论》,清华大学出版社,2001 年。

李湘虹等:《信息化浪潮》,京华出版社,1998 年。

陆俊:《重建巴比塔》,北京出版社,1999 年。

李跃珍:《信息检索与利用》,浙江大学出版社,2006 年。

孟广均等:《信息资源管理导论》,科学出版社,1998 年。

明安香:《信息高速公路与大众传播》,华夏出版社,1999 年。

彭兰:《中国网络媒体的第一个十年》,清华大学出版社,2005 年。

宋林飞:《社会传播学》,上海人民出版社,1994 年。

孙伟平:《猫与耗子的新游戏——网络犯罪及其治理》,北京出版社,1999 年。

童晓渝等:《第五媒体原理》,人民邮电出版社,2006 年。

王国荣:《信息化与文化产业》,上海文化出版社,2004 年。

王少磊:《网络传播与社会发展》,新华出版社,2006 年。

夏立容：《信息时代与信息科学》，湖北教育出版社，1998年。

谢新洲：《网络信息检索技术与案例》，北京图书馆出版社，2005年。

许榕生：《网络媒体》，五洲传播出版社，1999年。

许志龙：《中国网络问题报告》，兵器工业出版社，2000年。

严耕、陆俊：《网络悖论》，国防科技大学出版社，1998年。

阎立：《信息化纵横》，南京大学出版社，2003年。

游五洋、陶青：《信息化与未来中国》，中国社会科学出版社，2003年。

余开亮、张兵：《骇世黑客》，中国华侨出版社，2000年。

袁米丽：《现代广告学教程》，中南工业大学出版社，1997年。

张国良：《现代大众传播学》，四川人民出版社，1998年。

张厚生：《信息检索》，东南大学出版社，2006年。

张文俊：《当代传媒新技术》，复旦大学出版社，1998年。

张咏华：《大众传播社会学》，上海外语教育出版社，1998年。

约瑟夫·多米尼克等：《电子媒体导论》，复旦大学出版社，2006年。

比尔·盖茨：《未来之路》，北京大学出版社，1996年。

曼纽尔·卡斯特：《网络社会的崛起》，社会科学文献出版社，2001年。

保罗·莱文森：《手机：挡不住的呼唤》，中国人民大学出版社，2004年。

尼古拉·尼葛洛庞帝：《数字化生存》，海南出版社，1996年。

约翰·帕夫利克：《新媒体技术：文化和商业前景》，清华大学出版社，2005年。

查尔斯·普拉特：《混乱的联线》，河北大学出版社，1998年。

约瑟夫·斯特劳巴哈、罗伯特·拉罗斯：《今日媒介：信息时代的传播媒介》，清华大学出版社，2002年。

沙利文·特雷纳：《信息高速公路透视》，科学技术文献出版社，1995年。

后　记

　　作为"复旦博学·新闻与传播学系列教材(新世纪版)"之一的《网络传播概论》自 2001 年出版以来,已多次重印。网络传播的快速发展使其中的许多内容已不适时宜。几年前,该书的责任编辑顾潜先生就希望作者加以修订、再版,但我迟迟没有动笔。其中一个重要原因就是几年来不断跟踪网络传播的新发展,也在教学实践中不断对教材进行充实和更新,但总赶不上技术的发展,因此十分担心修订的版本很可能一出版就"过时"了。

　　2007 年,本书被教育部列为"十一五"国家级规划教材,顾潜先生再次敦促我动笔。而这时,我发现已不是修订的问题了,几乎要重写。现在奉献给读者的版本与原来的内容相比,重写部分超过 80%,因此书名改为《网络传播概论新编》。事实上,一出版就"过时"的可能性依然存在,至少部分内容会过时,这是网络传播迅速发展的特性所决定的。如果想一劳永逸,也许就永远无法写作有关网络传播的教材了。因此,对于过时的内容,只有在教学中不断修订。对此,我想读者是会给予谅解的。

　　原书的合作者滕谦先生近年来几度转行,加上业务繁忙,没有参与本书的写作,但在此我仍要向他表示感谢。尽管原书中他写作的部分本书没有采纳,但他的一些建设性理念使我受益匪浅,并且融入了我的写作之中。

　　复旦大学新闻学院院长赵凯教授、党委书记俞振伟副教授一向关注网络传播和新媒体的发展,他们同业界联系密切,经常对我的研究和教学提出意见和建议,并在各方面给予帮助。没有领导的支持和鼓励,没有复旦大学新闻学院这样一个学术环境和氛围,这本书是不可能完成的。

　　复旦大学新闻学院邓建国博士参与了本书第 11 章的写作。他攻读博士期间的研究课题就是 Web 2.0 与社会资本，本书第 11 章就是他的博士论文的一部分。我们希望这一章能够成为本书的亮点之一。

　　顾潜先生现已退休，但他仍十分关心本书的出版事宜。本书的责任编辑由年轻的李婷担任，她为这本书所做的大量工作是不可或缺的。在此，我要向新、老两位责任编辑表示谢意。

　　最后要说的是，这本书是纸质的印刷品，属于传统媒体。但是在书的最后，读者可以找到出版社的网址和电子邮箱，这是网络传播给我们提供的便利，使我们有可能与读者互动，获得读者的反馈。我想，对于作者来说，读者的指教是十分宝贵的。

张海鹰
2008 年 5 月于复旦大学

图书在版编目(CIP)数据

网络传播概论新编/张海鹰编著. —上海：复旦大学出版社，2008.10(2023.8 重印)
新闻与传播学系列教材(新世纪版)
ISBN 978-7-309-06078-2

Ⅰ. 网…　Ⅱ. 张…　Ⅲ. 计算机网络-传播学-高等学校-教材　Ⅳ. G206.2　TP393

中国版本图书馆 CIP 数据核字(2008)第 077150 号

网络传播概论新编

张海鹰　编著

责任编辑/李　婷

复旦大学出版社有限公司出版发行
上海市国权路 579 号　邮编：200433
网址：fupnet@ fudanpress. com　http://www.fudanpress.com
门市零售：86-21-65102580　团体订购：86-21-65104505
出版部电话：86-21-65642845
上海新艺印刷有限公司

开本 787×960　1/16　印张 17.25　字数 265 千
2023 年 8 月第 1 版第 14 次印刷
印数 33 801—36 900

ISBN 978-7-309-06078-2/G·755
定价：52.00 元

复旦大学出版社新闻传播类重点图书

复旦博学·新闻与传播学系列教材(新世纪版):

新闻学概论*(李良荣,32.00);马克思主义新闻经典教程*(童兵,28.00);新闻评论教程*(丁法章,36.00);中国新闻事业发展史*(黄瑚,30.00);外国新闻传播史导论*(程曼丽,29.00);当代广播电视新闻学(张骏德,32.00);中国新闻采访写作教程*(刘海贵,38.00);当代广播电视概论*(陆晔,36.00);网络传播概论新编*(张海鹰,28.00);新闻采访教程(刘海贵,25.00);西方新闻事业概论(李良荣,22.00);新闻法规和职业道德教程(黄瑚,29.80);中国编辑史(姚福申,49.00)

复旦博学·当代广播电视教程(新世纪版):

当代电视实务教程(石长顺,36.00);中外广播电视史*(郭镇之,36.00);当代电视摄影制作教程(黄匡宇,30.00);影视法导论:电影电视节目制作须知(魏永征、李丹林,38.00);电视观众心理学(金维一,28.00);当代广播电视播音主持(吴郁,28.00);电视制片管理学(王甫、吴丰军,38.00);广电媒介产业经营新论(黄升民等;30.00);电视节目策划学*(胡智锋);视听率教程*(刘燕南)

复旦—麦格劳·希尔传播学经典系列:

传播研究方法;传播学导论;大众传播通论;电子媒体导论(张海鹰,32.00);跨文化传播;公共演讲;说服传播;商务传播;倾听的艺术;访谈技艺:原理和实务;20世纪传播学经典文本(张国良,30.00);媒介与文化研究方法(Jane Stokes,22.00)

复旦博学·新闻传播学研究生核心课程系列教材:

马克思主义新闻思想概论(陈力丹,30.00);当代西方新闻媒体(李良荣,29.00);中国现当代新闻业务史导论(刘海贵,36.00);中国当代理论新闻学(丁柏铨,26.00);媒介战略管理(邵培仁等,38.00);数字传媒概要(闵大洪,25.00);传播学研究理论与方法*(戴元光,30.00);国际传播学导论*(郭可,25.00)

新闻传播精品导读丛书:

新闻(消息)卷——范式与案例(孔祥军,20.00);广播电视卷(严三九,27.00);通讯卷(董广安,20.00);外国名篇卷(郑亚楠,16.00);

打 * 者为教育部评审、确定的"十一五"国家级规划教材。

广告与品牌卷——案例精解(陈培爱,28.00);特写与报告文学卷(刘海贵、宋玉书,28.00)

新闻传播名家自选集丛书:

童兵自选集:新闻科学:观察与思考(童兵,39.00);李良荣自选集:新闻改革的探索(李良荣,39.00);陈力丹自选集:新闻观念:从传播到现代(陈力丹,36.00);喻国明自选集:别无选择:一个传媒学人的理论告白(喻国明,36.00);黄升民自选集:史与时间(黄升民,38.00);尹鸿自选集:媒介图景·中国影像(尹鸿,38.00);罗以澄自选集:新闻求索录(罗以澄,35.00);戴元光自选集:传学札记:心灵的诉求(戴元光,32.00);王中文集(赵凯主编,45.00);丁淦林文集(丁淦林,25.00)

全球传播丛书:

畸变的媒体(李希光,26.00);中西方新闻传播:冲突·交融·共存(顾潜,21.00);世界百年报人(郑贞铭,28.00);当代对外传播(郭可,15.00);中美新闻传媒比较:生态·产业·实务(薛中军,19.80);国家形象传播(张昆,25.00);跨文化传播:中美新闻传媒概要(高金萍,15.00)

传媒经营丛书:

中国传媒经济研究:1949—2004(吴信训、金冠军,48.00);报刊传播业经营管理(倪祖敏,29.80);图书营销管理(方卿,24.00);战略传媒:分析框架与经典案例(章平,30.00);报纸发行营销导论(吴锋、陈伟,29.80);报刊发行学概论(倪祖敏、张骏德,35.00);现代传媒经济学(吴信训,30.00);中国图书发行史(高信成,45.00);媒体战略策划(李建新,38.00);娱乐财富密码——引爆传媒心经济(张小争,30.00)

新闻传播学通用教材:

当代新闻采访(刘海贵,16.00);当代新闻写作(周胜林等,20.00);高级新闻采访与写作(周胜林,32.00);当代新闻编辑*(张子让,16.00);当代新闻评论(柳珊,26.00);传播学原理(张国良,10.00);新闻心理学(张骏德等,11.00);新闻与传播通论(谢金文,20.00);实用新闻写作概论(宋春阳等,40.00);新闻写作技艺:新思维新方法(刘志宣,36.00);新闻报道新教程:视角·范式与案例解析(林晖,38.00);电视:艺术与技术(张成华、赵国庆,15.00);创新启示录:超越性思维(王健,30.00);实用英汉汉英传媒词典(倪剑等,40.00);全球化视界:财经传媒报道(安雅、李良荣,48.00);财经报道(安雅·

谢弗琳);深度报道探胜(刘海贵,18.00)

影·响丛书(电影文化读物):

好莱坞启示录(周黎明,35.00);映像中国(焦雄屏,36.00);香港电影新浪潮(石琪,45.00);台湾电影三十年(宋子文,35.00);影三百:南方都市报中国电影百年专题策划(南方都市报,36.00)

请登录 www.fudanpress.com,内有所有复旦版图书全书目、内容提要、目录、封面及定价,有图书推荐、最新图书信息、最新书评、精彩书摘,还有部分免费的电子图书供大家阅读。

意见反馈、参编教材、投稿出书请联系 journalism@ fudanpress.com;fudannews@ 163.com;liting243@ 126.com。电话:021 - 65105932、65647400、65109717;传真:021 - 65642892。

《网络传播概论新编》反馈意见调查表

　　复旦大学出版社向使用本社《网络传播概论新编》的教师免费赠送多媒体教学资源,包括配套的教学课件及电子书,便于教师教学。欢迎完整填写下面表格来索取,也可登录复旦教学服务网(edu.fudanpress.com)填写课件索取表索取课件。

教师姓名:_____　　　职务/职称:_____

任课课程名称:_____

任课课程学生人数:_____

联系电话:(O)_____(H)_____手机:_____

E-mail 地址:_____

学校名称:_____　　　邮政编码:_____

学校地址:_____

学校电话总机(带区号):_____　　学校网址:_____

系名称:_____　　　　　系联系电话:_____

邮寄多媒体课件地址:_____

邮政编码:_____

您认为本书的不足之处是:

您的建议是:

请将本页完整填写后,剪下邮寄到上海市国权路 579 号

复旦大学出版社　李　婷　收

邮编:200433　　　　　　　　联系电话:(021)65109717

E-mail:liting243@126.com　　　传真:(021)65642892